"미래가 묻고 장석웅이 답하다"
스스로 길이 되는 사람들

“미래가 묻고 장석웅이 답하다”
스스로 길이 되는 사람들

초판 1쇄 인쇄 2022년 2월 15일
초판 1쇄 발행 2022년 2월 26일

지은이 장석웅
펴낸이 김승희
펴낸곳 도서출판 살림터

기획 정광일
편집 조현주, 송승호
북디자인 이순민

인쇄·제본 (주)신화프린팅
종이 (주)명동지류

주소 서울시 양천구 목동동로 293. 22층 2215-1호
전화 02) 3141-6553
팩스 02) 3141-6555
출판등록 2008년 3월 18일 제313-1990-12호
이메일 gwang80@hanmail.net
블로그 https://blog.naver.com/dkffk1020

ISBN 979-11-5930-216-9 03370

❝ 미래가 묻고 장석웅이 답하다 **❞**

스스로 길이 되는 사람들

장석웅 지음

살림터

차례

큰 힘에는 큰 책임이 따른다

박래훈(순천별량중학교 교사)

교육계 선배님이기도 한 장석웅 선생님이 교육감이 된 지 벌써 4년이 되어가는데, 교육감이라는 호칭이 입에 잘 달라붙지 않는다. 아직도 장석웅이라는 이름 뒤에는 선생님이라는 호칭이 있어야 할 것 같고, 그렇게 부르지않으면 뭔가 멀어질 것만 같은 느낌이다.

교육감님을 선생님이라고 부르고 싶을 정도로 개인적인 인연이 있는것은 아니다. 그런 인연은 찾아보려야 찾을 수가 없다. 같이 근무한 적도없고, 사석에서 만난 일은 더더욱 없다.

선생님과 나 사이에 유일한 공통점이 있다면 둘 다 역사교사라는 것이지만, 졸업한 학과가 달라서 한국 사회에서 가장 흔하게 내세울 수 있는 학연으로도 연결되지 않는다.

교육감이 아닌 선생님이라고 부르고 싶은 이유는 내가 전남의 교사로 근무하면서 보고 들었던, 누구보다 치열하게 교육에 대해 고민하고 아이들을 위해, 더 나은 세상을 만들기 위해 노력한 교사 장석웅의 모습 때문일 것이다.

좋아하는 영화 〈스파이더맨〉에는 이런 대사가 나온다.

"With great power comes great responsibility."(큰 힘에는 큰 책임이 따른다.)

교육감이 된 장석웅을 보면 이 대사가 가끔 떠오른다. 전남교육을 이끌어 갈 큰 힘을 얻었지만, 힘을 가진 사람의 모습보다는 그의 어깨 위에 놓인 막중한 책임감이 자꾸 보이기 때문이다.

'전남교육은 한 아이도 포기하지 않습니다.'

너무나 당연한 말이긴 하지만, 교사로서 그리고 학부모로서 나는 이 말이 참 좋다. 그리고 내가 알던 장석웅 선생님이 교육감으로서 이 말을 허투루 내뱉지 않았으리라 확신한다.

누구나 교육에 대해 말하고 쉽게 문제를 해결할 방법을 제시하는 세상이다. 하지만 그 많은 말 속에 교육을 바꿀 '방법'만 있을 뿐, 교육의 근본적인 목적에 대한 깊은 성찰과 고민은 보이지 않는 경우가 많다. 여전히 선생님은 전과 다름없이 그 자리에서도 우리에게 교육의 근본적인 목적을 되새겨 주고 있다. 교육은 모든 아이를 위한 것이어야만 한다고….

모두를 위한 전남교육을 고민해 왔던 선배 장석웅이 지난 4년 걸어온 길을 글로 담고 앞으로 걸어가야 할 길을 책으로 내놓았다.

변방의 전남이 처한 절망적인 현실을 '희망'으로 읽어 낸 그는 분명 '희망주의자'이다. 전남의 미래를 교육에서 찾는 그는 철저한 '교육주의자'이다. 대전환의 시대, 전남교육의 미래상을 미리 준비해가는 그는 담대한 '미래주의자'이다.

교육에 대한 장석웅의 희망이 식지 않는 한 우리가 꿈꾸는 미래는 현실이 될 것이다. 무거운 책임을 짊어진 그의 새로운 길, 책장을 펼치며 모두가 동행하길 권한다.

'담대한 변화'의 약속에 대한 그의 성찰은 어떤 것일까

장성모(학다리중앙초등학교 교장)

장석웅은 전남교육감이다. 나에게는 그것이 명확한 그와의 관계다. 예전부터 오랜 인연이 있었던 것도 아니고, 지근거리에서 인간적으로 함께한 시간도 없었으며, 대부분 거리감 있는 교육감 대 교육장, 교육감 대 교장으로서 자리를 했다.

　그럼에도 간혹 만나면서 개인적으로 갖는 그에 대한 소회는, '교육감의 위치에 대한 계급적 형식을 무척 거부하는구나!', '말수는 적지만 인간 개인에 대해서는 따뜻한 감성을 가졌으면서도 교육적 판단에는 단호하구나!', '급하게 마음 열고 친해지기보다는 신뢰의 시간이 걸려야 하는구나!' 정도이다.

　임기 초기 장석웅 교육감을 바라보는 불안한 시선에는 나도 포함되어 있었다. 분권과 자율, 공동체의 행정만이 가능한 시대, 교육감이 되었다고 누구나 할 수 있는 일은 아니다.

　그러면서도 한편으론 교육계에 40여 년을 몸담으며 맞이했던 모든 교육감에 대해 그러했듯이, 시대가 요구하는 혁신의 교육감이 되기를 간절히 바랐다. 내가 선택했든 선택하지 않았든, 도민들도 누구나 교육감이 우리 전남의 학생들을 위해 잘해주기를 기원했을 것이다.

　장석웅 교육감의 철학과 신념은 '한 아이도 포기하지 않는 전남교육'이라는 짧은 선언에 담겨있다. 한 인간에 대한 무한한 존중과 더불어 살아가는 포용의 의미가 담긴 이 선언은, 장석웅이라는 이름 석 자만큼이나 상징적으로 그를 대변했다.

　장석웅 교육감이 임기를 마무리하는 시점에서 그간을 정리하는 저서를 발간했다. 자신을 선출해준 도민들 앞에 책이든 어떤 형태로든 인사를 드리는 것은 마땅하다고 본다.

　처음 교육감이 되고자 할 때 제시했던 공약들은 얼마나 실현되었을까? 교육감으로서 교육의 기본 가치를 수호하고 실천하는 실행자, 시대를 뛰어넘는 교육의 혁신가, 행정의 안정을 통해 학교 교육을 지원하고 변화시키는 창의적인 최고 책임자로서 역할을 잘 수행했을까? 그가 선언하고 결의했던 것처럼 '담대하게, 한 아이도 포기하지 않는 전남교육'은 잘 이루어졌을까? 그 스스로의 성찰은 어떤 것일지 자못 궁금하다.

나만의 교육감이 아니라 우리의 교육감이기에, 장석웅과 함께한 4년의 기록을 살펴보고 우리는 그를 냉정하게 평가해볼 필요가 있다.

읽고서 뼈아픈 조언이라도 해 준다면 더 없이 전남교육에 의미 있는 일일 것이다.

그가 내민 손 잡아봐도 좋을 것 같다

임경환(전 순천풀뿌리교육자치협력센터 센터장)

생의 대부분을 평교사로 살다가 시대의 부름에 이끌려 교육감의 역할을 맡게 된 한 사람의 이야기다. 한 개인의 흐름 속에서 '교육자'라는 정체성은 크게 변하지 않지만, 전남교육 전체를 고민해야 하는 상황과 마주하며 그 역할을 충실히 해나가는 과정에서 나온 결과물이다.

급격한 변화의 물결에 휩쓸릴 만도 한데, 교육감의 역할을 자처하게 된 시작점을 잊지 않기 위해 애쓴 흔적들이 글 곳곳에 배어 있다.

교육감에 선출되었다고 해서 하루아침에 완벽하게 전남교육의 '수장'이 된 것은 아니었다. 장석주 시인의 「대추 한 알」에 나오는 시구처럼 그렇게 그 직을 수행하는 과정에서 점점 여물어가며 전남교육의 '수장'이 되어가고 있었다.

이야기할 자리가 생길 때마다 끊임없이 전남교육의 비전을 교육가족들에게 제안한다. 의례적인 인사말에 그치는 것이 아니라 때로는 선명하게, 때로는 따뜻하게 편지를 보내는 느낌으로 전남교육 구성원들에게 비전을 전한다. 무엇에 집중해야 할지 이야기하고 함께 손잡고 실천해 나가 자고 한다.

학령인구 감소, 지역 소멸 등 전남이 처한 교육환경에서 실현 가능한 교육정책을 만들어내기 위해 고심한 흔적이 역력하다.

'변화하는 상황에서 무엇을 해야 하는지, 참된 교육이 가능한 사회를 만들기 위해 어떻게 해야 하는지 고민하는 과정에서 지금의 전남교육정책이 만들어졌구나.' 하는 점을 새삼 깨닫게 된다.

'한 아이도 포기하지 않겠다'는 구호가 박제되지 않고, 구체적으로 교육현장에서 실현되기 위해 기울인 노력들도 책 곳곳에 등장한다.

상황은 녹록지 않지만, 그 상황에 좌절하지 않는다. 끊임없이 희망을 노래한다. 쉼 없이 달려가면서도 뒤를 돌아볼 줄 안다. 혼자서는 절대로 만들어 갈 수 없다는 겸손함을 잃지 않는다.

'혁신할 수 있는 유일한 방법은 바로 그것을 하는 것'이라는 구절을 읽을 때는 '현재 전남교육의 변화가 이런 수많은 실천 속에서 이루어졌구나.' 하는 마음에 눈시울이 붉어진다.

사람은 혼자서 완성되지 않는다. 그 사람을 만든 수많은 사람, 사건들, 책들이 있다. 책을 읽다 보면 인간 장석웅을 만든 사람, 사건, 책들을 만날 수 있게 된다. 현 전남교육감은 그것들에 고마워할 줄 아는 사람이라는 사실도 알게 된다.

4년을 돌아보며, 그 토대 위에서 더 밝고 희망찬 미래를 꿈꾼다. 미완의 과제를 완수해야 한다는, 강하지만 따뜻한 결기가 느껴진다. 이 책은 미래의 전남교육을 함께 만들어 가자고 내미는 장석웅 교육감의 손짓이다. 내민 손, 살며시 잡아봐도 좋을 것 같다.

아이들은 어떤 미래의 별로 빛나게 될지

신원섭(전남학부모회연합회 회장)

"따뜻한 혁신을 합니다."

장석웅 교육감은 '혁신'이라는 단어를 자주 말합니다. 혁신은 낡은 관행에서 벗어나 새로움을 찾는 것이라고 기회 있을 때마다 강조합니다. 말뿐 아니라 실천으로 그것을 증명합니다. 책을 읽고 '장석웅 교육감의 혁신은 따뜻하구나.' 하고 느낄 수 있었습니다.

번듯한 취임식 대신 첫 출근을 무안 청계면 청계남초등학교로 달려 갔습니다. 그곳에 전남교육의 현실과 희망이 있다고 생각했기 때문입니다. 인구감소로 전남의 많은 학교가 폐교 위기에 있지만, 청계남초등학교는 교사와 마을의 노력으로 학생들의 웃음소리가 돌아온 곳입니다.

이렇게 교육감으로서 첫 업무를 현장에서 시작한 장석웅 교육감은 가슴 따뜻한 혁신가입니다.

"덕분에, 학부모도 성장합니다."

2019년 3월 14일, 전남에 학교 학부모회 설치 조례가 만들어졌습니다. 학부모 교육활동이 제도적으로 보장되고 예산도 편성되었습니다. 22개 시·군 지역회장이 모여서 만든 전남학부모회연합회는 도교육청과 학부모들의 소통창구 역할을 합니다.

법제화된 학교 학부모회가 실질적 학교 참여를 할 수 있도록 학부모들의 소통망인 온라인 밴드 '전남학부모한마당'을 만들었고, 4,300여 명의 회원이 모였습니다. 우리는 거기서 전남의 교육을 이야기하고 활동을 공유하며 의견을 모아 정책을 발굴합니다.

내 아이를 잘 키우기 위해 남의 자식을 돌보고 생태적 측면에서 우리의 삶도 돌아보기 시작합니다. 교육의 주체로 당당히 서기 위해 열심히 참여하고 학습합니다.

이 모든 것은 학부모회에 관심과 힘을 실어주고 세심하게 살펴주는 장석웅 교육감이 있어 가능했습니다. 학부모가 있는 곳 어디든지, 학부모가 요청하면 언제라도, 그는 우리를 만납니다. 이러한 그의 열정에 학부모가 공감하고 변했습니다.

"반짝반짝 빛이 납니다."

'경청올레'라는 행사가 있습니다. 교육감이 현장을 방문하여 학부모들과 교육에 대해 논의하는 자리입니다. 처음에는 주로 학부모와 지역 교육지원청 관계자들만 참석했습니다. 그러다가 '온마을이 학교'라는 교육감 철학에 힘입어 마을학교, 학교운영위원, 이장, 청년회, 부녀회 등 동네 사람들이 한자리에 모이게 되었습니다. 이제 온 동네 사람들이 진짜 교육에 대해 고민하고 해결방안을 찾기 시작했습니다.

다양한 사람들이 모이다 보니 질문도 여러 가지가 나옵니다. 그런데 장석웅 교육감은 늘 다른 사람 도움 없이 스스로 답변합니다. '설마, 저런 것까지 알까?' 싶은 것도 막힘없이 대답합니다.

장석웅 교육감이 주도하는 '미래교육 대전환'으로 전남의 아이들이 어떤 미래의 별로 빛나게 될지 기대됩니다. 책장을 넘기며 함께 빛나는 별을 만나보길 권합니다.

혁신의 꽃길에서 마주한 희망 이야기
- 두 번째 책을 내면서

익숙한 것들을 떠나오니 두려웠습니다. 교실과 거리에서 익혔던 것들로 헤쳐온 4년이지만 때로는 익숙한 그것으로 인해 앞으로 나아가기 힘들기도 했습니다. 특히 처음 2년은 너무도 낯설어 몸에 맞지 않은 옷을 입고 있는 것은 아닌지 의심도 많이 했습니다. 그동안 누적된 변화에 대한 기대가 여기저기서 일순간에 표출되면서 엄청난 부담감과 두려움도 컸습니다.

하지만 사람은 낯섦에서 배우며 성장합니다. 새로운 사람들과 만나 함께 지혜를 모으니 위기의 전남교육도 기회의 동아줄을 붙잡을 수 있었습니다. 그 과정에서 저도 더 넓고 깊어졌길 희망합니다.

첫 번째 책『끝나지 않은 마지막 수업』은 무지개를 찾아 나선 길에서 만난 사람들의 이야기입니다. 목포 신항 세월호 앞에서 아이들과 나눈 마지막 수업이 지난 4년을 쉼 없이 달리게 한 다짐이었습니다. 내 교실에서 꾸었던 꿈을 나를 키운 어머니의 땅, 전남의 곳곳에서 펼치고 싶었습니다. 그리하여 두 번째 책에서는 혁신의 길에서 만난 사람들과 함께 약속하고 실천한 '언약'과 '희망'의 이야기를 전하고 싶습니다.

도민과 교육가족들의 소중한 부름을 받고 주민 직선 3기 전남교육감 직을 수행해왔습니다. 취임 후 "모든 학생은 소중하고 특별하다. 그리고 행복할 권리가 있다."는 신념으로 전남교육의 담대한 변화를 위해 노력해 왔습니다.

　취임 첫날, 첫 발걸음으로 찾은 무안 청계남초등학교에서 만난 아이들의 재잘거리는 소리가 지금도 귀에 생생합니다. 주민과 교직원들 노력으로 폐교 위기를 딛고 '작지만 강한 학교'로 거듭난 청계남초에서 얻은 긍정의 에너지는 4년 내내 저를 지탱해 주었습니다. 힘들고 지칠 때마다 용기를 주었고, 위기를 기회로 만드는 지혜로 작동했고, 혁신을 넘어 미래로 나아가는 희망의 좌표가 되어주었습니다.

　돌이켜보면 쉽지 않은 여정이었습니다. 무지개를 찾아 나선 소년의 마음으로 '학교를 학교답게 교육을 교육답게' 만들기 위해 앞만 보고 걸어왔지만 어려움도 많았습니다. 안에서는 변화를 거부하는 기득권의 저항, 익숙한 것에 길들여진 관성과 낡은 관행이 혁신의 발걸음을 더디게 했고 밖에서는 생각지도 못했던 코로나19 위기가 막아섰습니다.

　그렇지만 좌절하지 않고 포기하지 않았습니다. 현명하고 지혜로운 전남교육가족 모두의 손을 맞잡고 거센 파도를 헤쳐왔습니다. 그 결과, 우리 전남교육은 많은 어려움 속에서도 의미 있는 변화와 발전을 이루어 냈습니다.

　선제적인 교육복지 확대, 교실수업 혁신과 맞춤형 진로·진학지도, 미래교육 기반 조성, 민주적 조직문화 형성, 민·관·학 거버넌스 토대 구축 등 여러 분야에서 괄목할 만한 성과를 거두었습니다. 코로나19 상황에서도 선제적이고 창의적인 대응과 정책으로 위기를 기회로 바꾸는 지혜를 발휘했습니다.

지치지 않고 지난 4년을 달려온 원동력을 묻는다면, 단연 아이들과 약속 때문이었다고 말할 수 있습니다. 오직 아이들만 바라보며 달려온 순간들이었기에 값지고 행복했습니다. 다음으로는 변방에 위치한 내 고향 전라도를 사랑하는 마음이라고 말하고 싶습니다. 변방은 변화와 창조의 산실입니다. 중심부는 지키기에 급급하지만 변방은 새로움을 찾아 변화를 꿈꿉니다. 변방에 머물던 전남교육은 중심부에 주눅 들지 않고 그들에 진 빚 없이 혁신의 아이콘이 되었습니다.

'한양의 불빛 그리워한 적 없던' 공재 윤두서의 기개가 독보적인 당당함을 가진 자화상으로 태어났듯 '전라도, 촌스러움의 미학'은 이제 우리의 자랑이 될 것입니다.

이 책에 실린 글들은 지난 4년간 전남교육감으로, 인간 장석웅으로 세상에 내놓은 것들입니다. 교육감의 역할과 쓰임의 특성상 여러분의 도움을 받을 수밖에 없었지만, 제 경험과 생각을 바탕으로 제 입말에 맞게 쓴 글입니다.

대부분의 글은 아이들의 빛나는 미래를 향한 혁신의 여정에서 만난 사람들과 함께한 이야기입니다. 1부에서는 변화의 여정에서 마주한 '길'을 주제로 '사람'들과 나눈 언약을 담았고, 2부에서는 '미래교육 대전환'을 준비하는 우리의 희망을 담았습니다.

이야기마다 소중한 '길'이 되고 '미래'가 되길 바라며 두렵고 설레는 마음으로 두 번째 책을 내놓습니다. 가시밭 돌무덤 생채기를 마다하지 않고 스스로 꽃길이 되어준 이 땅의 수많은 사람들을 응원하며, 그들과 함께 처음처럼 다시 새길을 헤쳐가는 심정으로 감히 내보냅니다.

글을 쓴다는 것은 온 마음을 드러내는 것, 그래서 두렵습니다. 행여 정제되지 못했거나 편협함을 발견하셨다면 그것은 전남교육이 아닌 순전히 부족한 저의 능력 때문이라고 말씀드립니다.

글 작성에 도움을 주신 분들과 원고를 잘 다듬어 책으로 내주신 도서 출판 살림터에도 깊이 감사드립니다.

2022년 2월 남악에서
장석웅

제 **1** 부

변화 속에서

마주한 길들

제1장

변방에서
길을 묻다

"길 없는 어둠을 걷다가

별의 지도마저 없다고

주저앉지 말라.

가장 빛나는 별은 지금

간절하게 길을 찾는 너에게로

빛의 속도로 달려오고 있으니,"

(박노해, 「별은 너에게로」에서)

'끝나지 않은 마지막 수업', 그 이후

무지개를 찾아 나선 사람들

2018년 봄, 주민직선 3기 전라남도교육감 후보 출마를 앞두고 『끝나지 않은 마지막 수업』을 출간한 바 있습니다. 이 책에서 저는 전국교직원노동조합 출신 교사로 살아왔던 삶을 무지개를 좇아온 삶에 비유했습니다. 무지개의 일곱 빛깔이 아름다운 조화를 이루듯이 각자 존중받고 함께 어울려 사는 아름다운 세상을 꿈꾸었기 때문입니다.

이 책의 첫 장에 등장한 인물이 바로 어머니입니다. 선하고 반듯하신 남평댁입니다. 광주 봉선동에서 건어물 장사를 하던 총각에게 시집온 어머니는 광주 금동시장에서 허름한 식료품 가게를 하다 잘 안 되니까 떡집을 차렸습니다. 인절미, 반달떡, 송편, 계피떡… 계절별로 맞추어 팔면서 우리 네 형제를 가르쳤습니다. 덕분에 우리는 고슬고슬 쪄진 고두밥을 나눠 먹는 떡보 형제들이 되었습니다.

하늘에서 눈발이 떡가루처럼 휘날리는 날이면 그 옛날 골목길, 김이 모락모락 피어나던 떡집 풍경이 눈에 선합니다. 속을 많이 썩인 자식의 삶을 지지하며 평생을 헌신해 오신 94세 노모를 모시고 있지만, 솔직히 모신다기보다는 구순이 넘은 어머니의 따뜻한 품에 아직도 안겨있는 것이 사실입니다.

저와 함께 무지개를 찾아 나선 존경하고 사랑하는 사람들의 이름은 그간 수많은 좌절과 역경 속에서도 저를 흔들리지 않게 지켜준 삶의 등대와도 같았습니다. 제 삶의 고비마다 중요한 순간에 저와 함께 무지개를 찾기 위해 분투한 평범한 사람들의 이야기는 교육감이 되고 난 후에도 여전히 소중한 푯대로 남아 있습니다.

'그 길에서 다시 만나자'는 약속

> "이제 이별이지만 너희들의 생명과 미래를 지키고 꿈과 희망을 만드는 일에 앞으로도 함께할 것이다. 그 길에서 다시 만나자."
>
> (『끝나지 않은 마지막 수업』에서)

2017년 8월 26일, 목포 신항에 인양되어 있는 세월호 선체 앞에서 교사로서 마지막 수업을 하면서 제자들에게 남긴 말입니다. 우리 사회에 뿌리 깊게 내장된 적폐를 여실히 보여준 세월호는 자본과 권력에 경도된 국가의 자화상이나 다름없었습니다.

침몰의 책임은 교육이라고 예외일 수는 없다고 생각했습니다. "가만히 있으라." 교실 수업이건 교실 밖의 시간이건 아이들에게 가만히 있기만을 주문(呪文)처럼 반복했던 우리 교육이었습니다. 학생들 스스로 삶을 선택하고 결정할 수 있는 힘을 키우기보다 그것을 포박시키기에 급급했던 대한민국 교육의 부끄러운 민낯이었습니다.

절체절명의 위기에서도 아이들 스스로 아무것도 하지 못하게 만든 '대한민국교육호'가 무게를 견디지 못하고 침몰한 것이라 해도 과언이 아닐 것입니다.

녹슬어 누운 그날의 세월호 앞에서, 생명과 미래가 꽃피는 "그 길에서 다시 만날 것"이라는 아이들과의 약속은 제게 너무나 소중했습니다. 다시는 진실이 침몰하지 않을 세상을 만들기 위해 우선 교실부터 일으켜야 했습니다. 지켜주지 못한 어른들의 '회한'과 '각성'으로 또다시 가슴에 노란 리본을 묶으며, 그렇게 마지막 수업은 끝났습니다.

교육감 수업을 이어가며

교사로서 수업이 끝난 그날 이후 저는 남악에서 새로운 길을 마주했습니다. 평교사에서 교육감으로 새로운 직분을 맡은 후, 지난 4년간 현장에서 묻고 현장에서 함께 답을 찾으며 아이들의 희망을 지켜내고자 했습니다.

저의 '끝나지 않은 마지막 수업'은 제가 교육감이 되고 난 후 현장에서 계속되고 있습니다. 교육다운 교육, 학교다운 학교를 바로 세워 우리 아이들을 대한민국의 당당한 인재로 키워달라는 도민들의 바람을 안고 교육감으로서 무거운 책무를 시작한 지 4년이 되고 있습니다.

한 아이도 포기하지 않은 교육, 모두를 삶의 주인으로 일깨우는 교육, 아이들의 잠재력을 최대한 발현시키는 교육, 모두에게 공정하며 차별하거나 차별받지 않는 교육, 우리 아이들의 미래를 책임지는 교육을 위한 교육감으로서의 첫 발걸음은 사실 무겁고 두려운 것이었습니다.

하지만 그럴 때마다 현장을 찾아 사람들을 만났습니다. 모든 진실은 현장 사람들에게 있었기 때문입니다. 현장 사람들은 교과서보다 정확한 진실을 품고 있었습니다.

4년여 동안 저는 현장을 돌며 학생, 교직원, 학부모님 그리고 도민들로부터 새로 배우는 늦깎이 학생이 되어 다시 수업을 이어가고 있습니다.

교육감직을 수행하는 동안은 물론 평범한 도민의 삶으로 돌아가더라도 이 소중한 배움은 계속될 것입니다. 사람다운 세상을 향한 변화의 여정에서 만나는 모든 사람을 소중히 품으며, 그들 속에서 배우며 '끝나지 않을 마지막 수업'을 이어갈 것입니다.

　매 순간 사람들과의 만남이 꽃처럼 피어나리라는 믿음을 안고 그곳에 희망과 언약의 씨앗을 뿌리고 키워나갈 것입니다.

변방에서 다시 쏘아 올린 큰 희망

변방, 끝이 아니라 길이 시작되는 곳

전라남도는 동쪽으로는 섬진강이 영남권과 경계를 이루고 국토 최서남단 가거도 앞바다에서 중국과 국경을 맞대고 있습니다. 북쪽으로는 노령을 경계로 중앙과 멀어지고 남쪽으로는 한반도 땅끝(土末)을 끼고 있는, 지리적으로 변방(邊方) 중의 변방에 속합니다.

한반도 전체 해안선 길이의 절반을 전라도가 차지하고 있으며, 전체 섬의 65%가 전라남도에 있습니다. 이러한 변방으로서의 특성 때문에 예로부터 전남의 많은 지역이 극변안치(極邊安置), 절도안치(絶島安置), 위리안치(圍籬安置) 등으로 말미암아 유배지로 취급되기도 했습니다.

고(故) 신영복 선생은 '인류 문명사는 변방이 다음 시대의 중심이 되어온 역사'라고 규정한 바 있습니다. 변방인 지중해의 그리스 로마로 중심을 옮겨간 오리엔트 문명을 비롯해 고대 주(周), 진(秦)에서부터 금(金), 원(元), 청(淸)에 이르기까지 변방이 차례로 중심부를 장악한 중국의 문명사가 그렇듯이, 새로운 시대는 언제나 변방으로 중심을 이동해 온 것이 인류의 문명사였다는 발견입니다. 한마디로 변방의 역동성이 주입되지 않았더라면 중국이나 서양의 문명은 지금껏 유지되지 못할 수도 있었다는 겁니다.

지금까지 우리에게 변방의 역사는 중앙집권적인 시각에서 보면 영향력을 미치지 못하는 소외된 역사로 인식되곤 했습니다. 중심부의 시각에서 보면 주류에서 밀려나고 근대적 가치에서 소외된 곳일 수 있으나, 변방의 시각에서 중심을 접근해 보면 얼마든지 새로운 기회는 열려 있습니다.

몽골제국의 칭기즈칸은 "길을 만드는 자는 흥하고 성을 쌓는 자는 망한다."고 했습니다. '성(城)'이 곧 중심이요 그것을 지키려는 희망에서 쌓은 것이라고 한다면, '길(道)'은 변방이요 새로운 경계로 나아가려는 욕망에서 비롯된 것이라 할 수 있습니다. 성이 스스로를 가두는 것이라면 길은 사방으로 통하는 것입니다. 성이 고여 있는 우물에 의존하는 삶이라면 길은 흐르는 강물을 따르는 삶과도 같다고 봅니다.

따라서 스스로 쌓은 성에서 나와 스스로 선택한 길을 걸어가는 삶이야말로 변방인의 삶과 맞닿아 있다고 생각합니다.

그러고 보면 전남은 변방에 속하면서도 땅, 바다, 하늘 모두 새로운 출발의 지점입니다. 목포에서 신의주까지 한반도를 남북으로 종단하는 국도 1호선의 기점이자 신안에서 부산까지 한반도 최남단을 동서로 연결하는 국도 2호선의 출발점입니다.

지도를 거꾸로 놓고 보면 전남은 지구에서 가장 큰 바다인 태평양에 인접한 해양(海洋)의 진출 기지이며, 나로호와 누리호를 발사시킨 우주의 관문이기도 합니다.

이처럼 전남은 끝이 아니라 길이 시작되는 곳입니다. 남도 삼백 리 길과 영산강 황포 뱃길을 따라 흐르는 강물처럼 살며 새로움을 창조해왔던 곳입니다.

변방은 새로운 시작이 일어나는 창조적 공간이요, 낡은 것을 혁신하려는 에너지를 품고 있기에 대안적인 미래를 선도해 낼 가능성이 큰 곳이라 할 수 있습니다.

변방은 해체가 아닌 희망의 공동체

'변방'을 '희망'으로 재해석해 내신 신영복 선생은 2012년 발간된 『변방을 찾아서』의 첫머리를 해남 송지초등학교 서정분교에서 시작했습니다. 학생 수가 줄어 한때 폐교 위기에 몰렸다가 살아난 학교입니다.

서울에서 자동차로 6시간을 달려야 도착할 수 있는 이곳을 선생은 첫 방문지로 선택한 것입니다. 거기서 꿈을 키우며 뛰노는 아이들을 보며, 변방임에 틀림없는 이 학교가 바로 창조의 공간임을 확인하셨다 합니다.

2003년 당시 학생 수 5명의 분교에서 폐교 위기에 몰린 이 작은 학교는 '학교가 무너지면 지역공동체도 무너진다'는 절박감 속에서 폐교 반대 공청회를 도화점으로, 인근 미황사 공동체를 비롯해 주민 전체가 똘똘 뭉쳐 통폐합을 막아낸 곳으로 유명합니다.

분교로 격하된 탓에 턱없이 부족한 교육예산을 주민들의 재능기부가 대체하여 '서정분교에 가면 잘 배울 수 있다'는 소문이 외부로까지 퍼져나갔습니다. 주민들이 자발적으로 마련한 음악회와 바자회로 통학버스를 마련해 학생 등·하교 문제를 해결했습니다.

이렇게 하여 학생을 꾸준히 유치한 결과, 2015년 70명으로 학생 수가 늘어 21년 만에 다시 서정초등학교 본교로 승격하게 됩니다. 폐교 위기를 기적적으로 극복한 이 학교의 사례는 변방이 그 약점을 극복하기 위해 어떻게 노력하는지를 보여주는 전국적인 사례가 되고 있습니다.

역사적으로 전남은 주류와 지배, 물질적 풍요와는 거리가 먼 삶을 주로 경험했다고 할 수 있습니다. 오히려 비주류와 궁핍의 삶 속에서 늘 변화를 꿈꾸어 왔습니다. 이러한 지역민들의 삶은 교육을 통해 출구와 삶의 전환점을 찾아야 한다는 절박함을 품게 되었다고 봅니다.

"전남의 미래는 교육에 달려 있다."는 도민들의 공감대는 이러한 절박함을 더욱 공고화시켰으며, 교육에 대한 탄탄한 지지와 협력을 낳은 토양이 되었을 것입니다.

실제로 1970년대 초 전남 고흥에서 시작되어 전국 각지로 확산된 '온마을교육(全村教育) 운동'은 오늘날 마을교육공동체와 교육사회화 운동의 효시로 공인되고 있습니다.

이러한 도민들의 공동체적 유전형질(DNA)은 마을교육공동체로 이어지고 있습니다. 2022년 현재 전남에 234개의 마을학교가 확대 운영되는 등 마을교육공동체의 열기가 학교의 담을 허물어, 마을과 학교가 하나 되는 교육생태계를 구축해 가고 있습니다.

이렇듯 변방은 공동체의 힘이 살아나는 곳으로서, 소외와 배제, 폐쇄와 해체를 극복할 대안을 갖고 있습니다.

전남교육, 지속가능성의 길목에서

현재 전남을 둘러싸고 있는 제반 여건은 매우 열악합니다. 인구감소에 따른 지방소멸은 심각한 단계로 접어들었으며, 이는 교육 문제뿐만 아니라 경제, 사회, 문화 등 지역공동체 전반에서 위협적인 요인이 되고 있습니다. 아시다시피 전남의 도민소득은 전국 최하위 수준입니다. 저출산 고령화로 17개 시·도 중 인구소멸지수가 가장 높습니다.

인구가 줄어든 가장 큰 원인은 인구구조의 고령화 탓도 있지만 타지역으로의 유출도 한몫합니다. 타지역으로 떠나는 사람들의 80%는 20~30대 젊은이들입니다. 이들은 전남에서 결혼해서 아이 낳고 정착하여 자녀들을 학교에 보내야 하는데 정주 여건이 취약해 이곳을 떠나고 있습니다.

이런 상황은 지속 가능한 교육, 지속 가능한 전라남도에 대해 많은 우려를 낳게 합니다.

전남의 학생 수는 1978년 93만 명을 정점으로 점차 줄어들어 현재는 19만여 명에 불과합니다. 1982년 이후 통·폐합으로 농어촌학교 828개가 사라졌습니다. 전남은 저출산, 인구유출 등으로 2030년에 학생 수가 16만 4천여 명으로, 2020년 대비 약 15% 감소할 것으로 예측됩니다.

정상적인 교육과정 운영이 어려운 30명 이하의 학교도 186교로 전체의 22%에 달합니다. 2021년 신입생이 단 한 명도 없는 초등학교가 42곳에 이르고 23곳(본교 14곳, 분교 9곳)은 '나 홀로 입학식'을 치렀습니다. 중학교도 본교 2곳과 분교 2곳에서 '1인 입학'이 현실화됐습니다.

폐교나 폐원 위기에 놓인 학교와 유치원도 상당수에 이르며, 학생 수보다 교사 수가 많은 학교도 적지 않게 나타나고 있습니다. 이처럼 전남의 작은학교는 그 자체로 생존이 위협받고 있으며, 교육적 측면에서도 여러 어려움들이 예상되고 있습니다.

이러한 인구사회학적 취약성에 덧붙여 도시, 읍, 농촌, 산간벽지, 어촌, 섬 지역 등 전국에서 가장 복합적인 교육환경을 지닌 전남은, 다양한 여건을 충족시킬 수 있는 교육과정 마련과 재정 운용 등의 측면에서 큰 어려움을 겪고 있습니다.

인구는 줄어들고 학생 수도 줄고 학교는 통·폐합되고 다시 인구가 줄어드는 악순환이 계속되고 있습니다. 이런 악순환의 고리를 끊어내야 합니다. 교육력을 높여 전남교육에 대한 신뢰를 회복하고 떠나지 않는 학교, 찾아오는 학교를 만들어야 합니다.

전남교육의 출발점은 바로 이 지점입니다. 변방의 열악성을 벗어나기 위한 창발적인 교육혁신이 어느 지역보다 절실히 요구되는 이유입니다.

『주역(周易)』 「계사전(繫辭傳)」에는 '궁즉변 변즉통 통즉구(窮則變, 變則通, 通則久)'란 말이 있습니다. '궁하면 변하고 변하면 통하고 통하면 오래 간다.'라는 뜻입니다. '궁'하다 함은 극에 이르는 경지로, 삶에서 지극함을 의미할 것입니다.

이미 살폈듯이 전남이 처한 현실은 위기 그 자체입니다. 하지만 지극한 경지에 이를 만큼 어려울수록 변해야 하고, 변하면 통할 수 있고, 통하면 오래 지속될 수 있을 것입니다. 경직된 사고방식으로는 도저히 변할 수 없습니다.

지극히 간절한 바람을 안고 새로운 변화를 준비해 간다면, 전남은 위기 속에서도 더 큰 성장의 기회를 잡아 오래도록 지속하게 될 것입니다. 바로 이 점에서 변방은 희망을 쏘아 올리는 기점이며 새로운 기회를 확장해가는 미래의 플랫폼이 될 수 있습니다.

'작은 것'이 강점이 되는 곳

이처럼 작은학교가 많은 전남교육의 여건은 열악한 것이 사실이지만, 한편으로는 교육과정 운영과 교육환경 및 지역사회 협력 등의 측면에서 다양한 장점도 있습니다.

우선 교육과정 운영과 교육환경 측면에서 소규모 학교는 교사 1인당 학생 수가 적어 학생 개인별 특성 파악과 학습 이력 관리가 용이하여 미래형 교실이 꿈꾸는 개별화된 맞춤형 교육이 가능하다는 점, 학생 1인당 투여되는 교육적 자원이 풍부하다는 점 등이 큰 장점이 될 수 있습니다.

또한 다양한 교육정책의 신속한 적용이 가능하여 '작지만 특색 있고 강한 학교'(강소학교)를 만들 수 있다는 점도 특징입니다. 특히 전남 작은학교는 자연 친화적인 환경교육으로 생태적 감수성을 키우기에 적합한 환경, 감성교육과 인성교육에 유리한 여건 등도 강점이라 할 수 있습니다.

다음으로 지역사회 협력 측면에서, 학급 수 감소로 유휴 교실이 늘어나 지역민과 복합적인 교육문화 공간으로 활용할 수 있으며, 지역사회의 천연자원과 역사문화자원 등을 마을 교육과정에 활용할 수 있습니다. 그리고 지역사회와 긴밀한 유대관계 증진으로 학교교육에 대한 참여와 협력을 강화할 수 있다는 장점이 있습니다.

아울러 조직문화 측면에서도 구성원 간 친밀한 관계 형성이 가능하고 협력적 분위기에서 조직의 순기능을 살릴 가능성이 열려 있습니다.

실천적 경제학자이자 환경운동가로 유명한 슈마허는『작은 것이 아름답다』에서 경제성장이 물질적인 풍요를 약속한다 해도 그 과정에서 환경 파괴와 인간성 파괴라는 결과를 낳는다면, 성장지상주의는 맹목적인 수용의 대상이 아니라 성찰과 반성의 대상이라고 지적합니다.

규모의 경제에 기반한 근대적 산업사회의 '거대주의'에 대한 그의 비판은 기후위기와 환경파괴의 위험에 노출된 우리 시대에 '작은 것'과 '인간적인 것' 그리고 '협력적인 활동'이 얼마나 중요한지를 암시해 줍니다. 산업뿐만 아니라 교육에서도 전남은 근대교육의 폐해를 극복해 낼 수 있는 대안적 발전의 거점이 될 수 있을 것입니다.

'작은 것이 장점이 되는 초개인화 시대', '변방이 중심이 되는 자치와 분권의 시대'를 맞아 생각을 혁신하고 미래의 푯대를 새롭게 세워, 교육공동체와 함께 손잡고 대안의 길을 만들어가야 할 것입니다.

"변방은 끝이 아니라 새로운 희망이 시작되는 곳",
국토 최서남단에 위치한 신안흑산중 가거도분교장 학생들.
(2021년 전남교육 사진공모전 당선작-이연서)

제2장

- - - - - - - -

또 하나의 길이
시작되고

- - - - - - - -

"가지 않을 수 있는 고난의 길은 없었다.

몇몇 길은 거쳐 오지 않았어야 했고

또 어떤 길은 정말 발 디디고 싶지 않았지만

돌이켜보면 그 모든 길을 지나

지금 여기까지 온 것이다."

(도종환, 「가지 않을 수 없는 길」에서)

같은 방향 다른 길, 교사에서 교육감으로

양심이 이끈 학생운동의 길

1973년, 가정형편이 넉넉지 않은 탓에 전남대 사범대를 택한 것이 인생의 전환점을 만들었습니다. 그것도 국사교육과였습니다. 암울했던 박정희 군사정권이 1년 전 유신독재체제를 공고화한 후 대학가는 그야말로 반독재 민주화 운동의 전진기지가 되었습니다.

그러한 역사의 소용돌이 속에서 펼쳐진 저의 학창시절은 순탄치 않았습니다. 1974년 4월 벌어진 민청학련사건으로 윤한봉을 비롯한 18명이 체포될 당시만 해도 저는 학생운동 하는 사람들을 알지도 못했습니다. '내가 다니는 전남대에 민주화를 위해 활동하다가 고난당하는 사람도 있구나.'라는 생각에 자랑스러움과 긍지를 느끼는 정도였습니다.

이후 구속학생 석방을 위한 대학생들의 시위에 발을 내딛게 되었습니다. 1975년 4월, 박정희 정권은 민청학련 배후조직이라 하여 구속한 인혁당 사건 관계자 8명에게 사형을 선고하고 다음 날 바로 집행해 버린 세계사적인 만행을 저지르게 됩니다.

소중한 생명과 민주주의를 잔혹하게 사형시켰다는 사실에 저는 큰 충격을 받고 양심에서 끓어오르는 분노와 함께 대오각성하였습니다. 민청학련사건으로 구속되었다 석방된 선배들을 알게 되었고, 이들을 따라 기독학생회 참여를 계기로 본격적인 학생운동의 길에 들어서게 됩니다.

1976년 1월, 군에 입대했습니다. 대학가에서는 박정희 유신정권을 규탄하는 투쟁이 더욱 가열차게 전개되었습니다. 1978년 9월 복학 후 학생운동에 치열하게 참여했고, 강신석 목사님이 설립한 무진교회를 다니게 됩니다. 민주화 운동의 사랑방과도 같은 이곳에서 저는 평생 반려자인 아내 윤명숙을 만났습니다.

지금도 생각해보면 신경림 시인의 시구처럼 "내가 만난 모든 사람이 길"이었다고 말할 수 있겠습니다.

평교사로 37년, 시대의 물음을 마주하며

1979년 9월 보성 율어중학교 교사로 발령 난 후 담양 한재중, 화산중, 나주 문평중, 해남 옥천중, 영암 미암중에 이르기까지 37년 동안 아이들 곁을 지키며 우리 사회의 민주화, 우리 교육의 민주화에 온 힘을 다했지만 험난한 가시밭길을 감내해야 했습니다.

1979년 9월 보성 율어중학교에 부임한 지 한 달도 안 되어 대학 재학 중 시위와 유인물 배포 등 긴급조치9호 위반 사건으로, 학교에서 수업 중 연행되어 모진 고문 끝에 구속 기소되었습니다.

박정희가 죽은 후 긴급조치가 해제되어 다시 교단으로 돌아와 광주 YMCA중등교사협의회와 전국교사협의회 활동을 거쳐 1989년 전국교직원노동조합 결성을 주도했고, 이로 인해 해직되었습니다. 1994년 복직한 후 전국교직원노동조합 전국 사무처장, 전남지부장, 전국 위원장을 역임했습니다.

교사에서 교육감이 되기까지 그동안 5차례나 법정에 섰던 저는 세 차례 학교를 떠나고 복직되는 수난을 겪어야 했습니다. 그때마다 "새벽이 오지 않을 만큼 깊은 밤은 없다."는 일념 하나로 단단하게 버텼습니다. 시대가 요구하고 필요하면 시대적 책무를 외면하지 않았다는 자부심은 저의 양심의 원천이었고, 어떠한 유혹에도 중심을 지키는 등불이 되었습니다.

　　교육민주화 운동 과정을 통해 저는 한국 교육의 구조적 문제를 극복하기 위한 열쇠가 교육에만 있지 않고 정치와 경제체제 전반에 걸쳐있음을 깨달아 갔습니다. 자연스럽게 교육운동은 시민운동 및 노동운동과 연대하지 않으면 안 된다는 점을 깨달았고, 이 나라의 민주와 진보를 위한 민주화운동 진영에 합류하게 되었습니다.

　　2년간의 전국교직원노동조합 위원장 임기를 마친 후 2013년 학교로 복직한 저는 2016년 11월 영암 미암중학교 재직 시 박근혜 국정농단 사태에 항의해 영암촛불대표와 전남공동대표를 맡아 새로운 시대 참여를 통한 변화의 물결을 일으키고자 했습니다.

　　돌이켜 보면 저는 시대가 던진 물음을 피하지 않았던 것 같습니다. 제가 민주화운동에 뛰어든 것도 무슨 능력이 출중해서가 아닙니다. 그때까지만 해도 여전히 마음이 여리고 나이에 걸맞지 않은 수줍음을 지닌 순박한 학생이었습니다.

　　그런데 박정희 정권의 폭압적인 실상을 목도하며 치솟은 분노는 저를 학생운동으로 투신하게 했습니다. 책임감과 의무감 때문에 중심적 위치에 서게 되었습니다. 시대의 요구와 시대적 과제, 대중들의 기대를 외면할 수 없었고 그럴 때마다 대열의 선봉은 어느새 제 차지가 되었던 것입니다. 그렇다 보니 이 자리까지 온 것 같습니다.

교사의 길에서 교육감의 길로

　　전국에서 촛불이 한창 불타오르던 2016년 겨울, 몇 명의 후배 교사들이 저를 찾아왔습니다.

"형! 시대가 바뀌었다. 민주주의에 대한 열망과 참여를 통한 변화의 요구가 분출되고 있다. 교육도 마찬가지다. 교육을 바꾸어야 한다. 2018년 교육감 선거에 형이 나서야 한다."

급기야 올 것이 오고야 말았다는 생각이 들었습니다.

당시 교육감이 도지사에 출마할 거라는 설도 있었지만 3선 출마할 가능성이 높았기 때문에 진보진영에서 출마한다면 승산은 거의 없다고 생각하고 있었습니다. 단칼에 거부했습니다.

"안 돼! 필패야. 현 교육감을 어떻게 이겨. 3선 출마한다는데…."

"3선이 쉽게 되지는 않아. 형! 그리고 시대정신은 새로운 변화를 요구하고 있어. 그동안 촛불 들면서 보지 않았어?"

"어허, 나도 그동안 할 만큼 했어. 이제 곧 정년인데 퇴임 후 평화롭게 살고 싶어."

몇 차례 입씨름 후 다들 풀이 죽어서 돌아갔습니다.

박근혜 대통령이 국회에서 탄핵된 후인 2017년 1월 초, 그들은 또 저를 찾아왔습니다.

"이번 교육감 선거에 출마해야 해. 그러려면 지금부터 준비해야 해."

"승산이 적더라도 선거 국면에서 교육을 바꾸고 혁신해야 할 당위성을 설파하고 설득해야 해."

"지더라도 당선자가 정책에 반영하면 좋은 거 아냐?"

아주 작심들을 하고 온 것 같았습니다.

"아니야. 너무 순진한 생각이야. 다른 사람 알아봐. 나도 올 8월 정년하고 쉬고 싶어. 나 그동안 고생 진짜 많이 했어. 좀 내버려두면 안 돼?"

그러자 한 후배가 큰 소리로 말했습니다.

"그래, 그동안 우리는 형이 앞에서 깃발 들고 가자! 하면 지금까지 같이 왔어. 그래서 해직도 되고 온갖 고생 다 했어. 이제 일신의 안녕을 위해 시대의 대의도 저버리고 못 하겠다고? 비겁하게시리."

결국 고민 끝에 나서기로 했습니다. '내가 할 일은 아직 끝나지 않았구나.' 하고 생각했습니다. 승패를 불문하고 '백척간두 진일보'의 심정으로 나서기로 했습니다.

2018년 2월, 민주진보교육감 전남추진위원회로부터 단일후보로 추대된 저는 '준비된 촛불교육감', '한 아이도 포기하지 않은 교육'을 기치로 교육감 선거에 출마해 주민직선 3기 전남교육감에 당선되었습니다.

교육감에 당선되고 나서 맨 먼저 찾아간 곳은 고(故) 윤영규 선생님 묘지였습니다. 초대 전국교직원노동조합 위원장으로서 우리 시대 참교육운동의 사표이자, 제 삶에 큰 영향을 주신 선생님은 "교사 스스로 완성체를 향하는 마음가짐이 우선돼야 한다."라고 늘 강조하셨습니다.

평교사로 정년하실 때까지 당신은 온갖 고난을 짊어지고 평생을 가난 속에서 자신을 다 태우며 대의를 따랐습니다. 그 모습이 지금도 잊히지 않습니다.

다음으로 찾아간 곳은 영광 불갑면에 있는 친구 박관현 기념비와 동상입니다. 대학에서 만난 관현이는 검정 고무신을 신고 다니면서 '법관이 되어 사회정의를 실현하는 게 꿈'이었다고 했습니다. 그러나 질곡의 시대는 그를 법관으로 만들지 않았습니다.

1980년 전남대학교 총학생회장으로 5·18을 이끌었던 박관현은 죽어 민주화의 상징이 되었습니다. 그는 부끄럽지 않은 삶을 끊임없이 일깨우는 내 인생의 별이기도 했습니다. 어쩌면 저 때문에 죽었을지 모른다는 생각을 문득 떠올리며 관현이 몫까지 더욱 치열하게 살아야겠다고 다짐합니다.

세 번째로 찾은 곳은 담양 한재중학교였습니다. 제가 해직된 곳입니다. 1989년 어느 날, 빗속에 "선생님 가지 마세요."라고 울부짖으며 버스를 가로막는 아이들을 떼어 놓고 올 때의 심정은 지금도 절절합니다.

바쁜 일상에 지칠 때면 이전에 근무하던 학교와 아이들이 생각납니다. 아이들이 학교에서 뛰노는 소리, 수업시간에 눈을 반짝이는 모습, 전남교육을 함께 고민하던 동료 교사들, 정들었던 학교 교정의 꽃과 나무들이 많이 그립습니다.

지금은 어디선가 학부모가 되어, 도민이 되어, 신문으로든 방송으로든 그 시절 그 역사 선생님을 또렷이 지켜보고 있을 거라 생각하니 그리움도 잠시, 정신이 번쩍 들 때가 많습니다.

가지 않을 수 없던 길; 같은 방향으로 뻗은 다른 길

제가 걸어온 길은 한 마디로 운명 같은 길이었습니다.

도종환의 「가지 않을 수 없던 길」이라는 시에서처럼 지금까지 내가 걸어온 길은 내 의지대로 내가 걸어온 길이지만, 가지 않을 수 있는 길은 없기도 했을 것입니다.

그동안 제가 걸어온 37년 평교사로서의 삶과 4년에 걸친 교육감으로서의 삶은 결코 결을 달리한 삶은 아니었습니다. 같은 방향으로 뻗은 다른 길에 서 있는 삶이었다고 회고할 수 있겠습니다.

돌아보니 아쉬운 발자국들이 눈에 밟힙니다. 그 심정을 대신하여 도종환의 시 「가지 않을 수 없던 길」을 함께 새기고 싶습니다.

"가지 않을 수 있는 고난의 길은 없었다.

몇몇 길은 거쳐 오지 않았어야 했고
또 어떤 길은 정말 발 디디고 싶지 않았지만
돌이켜보면 그 모든 길을 지나
지금 여기까지 온 것이다.

한 번쯤은 꼭 다시 걸어보고픈 길도 있고
아직도 해거름마다 따라와
나를 붙잡고 놓아주지 않는 길도 있다.

그 길 때문에 눈시울 젖을 때 많으면서도
내가 걷는 이 길 나서는 새벽이면
남모르게 외롭고
돌아오는 길마다 말하지 않은
쓸쓸한 그늘 짙게 있지만
내가 가지 않을 수 있는 길은 없었다.

그 어떤 쓰라린 길도
내게 물어오지 않고 같이 온 길은 없었다."

민주진보교육감으로 막중한 사명을 안고 제게 주어진 엄중한 시대적 요구와 함께 어깨를 짓누르는 과제들로 한동안 몸을 제대로 가눌 수 없을 만큼 힘들었던 것도 사실입니다. 매일매일 수없이 쌓이는 보고서와 결재건, 이런저런 행사와 끊이지 않은 인터뷰, 수많은 민원과 노사갈등 등이 교육의 본질에 대해 고민하는 시간을 빼앗아 갔습니다.

정신 차리지 않으면, 핵심을 틀어쥐고 분투하지 않으면 첩첩이 둘러싸인 현안 문제들로 인해 칼날은 무디어지고 본질적인 문제의식도 희박해질까 봐 두렵기도 합니다. 처음의 기대와 달리 또 하나의 그저 그런 교육감으로 전락하는 것은 아닌지, 위기감 속에 매일매일 칼끝 위에 서 있는 느낌으로 보낼 때가 많았습니다.

하지만 그럴 때마다 학생들과의 약속을 생각합니다. 저를 뽑아주신 도민들을 생각합니다. 위기에 처한 전남교육을 이대로 둘 수 없다는 간절함과 절실함, 절박함으로 저를 도왔던 수많은 교사들, 학교 비정규직 동지들, 학부모님들, 시민사회 회원들과 존경하는 도민들을 생각하며 다시 신발끈을 동여매고 있습니다.

한때 젊은이들의 우상이었던 지오디(GOD)의 〈길〉이라는 노래 가사한 구절처럼 "내가 선택한 길이 맞는 건지", "이 길의 끝에서 내 꿈이 이루어질 것인지" 하루에도 수없이 반문하며 청사를 출입하고 있습니다만, "오늘도 난 이 길이 옳음"을 믿으며 걸어갈 것입니다.

교육, '사람의 크기'로 세상을 바꾸는

'사람'을 중심에 세우는 전남교육

제가 추구하는 전남교육의 으뜸 가치는 인간입니다. 모든 사람은 그 자체가 목적적 존재이기 때문입니다. 인간은 그 자체로 차별 없이 존중되어야 하며, 교육은 인간이 전인적 인격체로 성장하도록 돕는 것이어야 합니다.

이러한 믿음 속에서 '한 아이도 포기하지 않는' 책임교육을 추구하는 것은 공교육의 당연한 존재이유라고 생각합니다.

모든 아이들은 또한 특별한 존재입니다. 이들이 각자 능력과 소질, 잠재력을 잘 키워 사회의 일원이 되도록 지원하는 것이 우리 교육의 역할입니다. 그리고 모든 아이들은 평등합니다. 차별받지 않고 평등하게 교육받고 성장할 수 있도록 지원해야 한다는 게 저의 확고한 믿음입니다. 특히 보이지 않는 곳에서 어려움을 겪고 있는 취약계층 아이들이 차별받지 않도록 관심을 가져야 합니다.

2018년 7월 취임사에서도 밝혔듯이, 세상을 바꾸는 것은 사람이지만, 사람을 변화시키는 것은 교육입니다. 박노해 시인은 "힘으로 이기는 것이 아니다. 사람의 크기로 이기는 거다. 미래의 빛으로 이기는 거다."라고 했습니다. 교육을 통해 세상을 변화시키려는 사람들에게 '하늘에 떠있는 별빛'처럼 명확한 함의를 주는 말로 여겨집니다.

교육의 본질은 인간을 인간답게 만드는 것입니다. 힘의 크기가 아닌, 자본의 크기가 아닌 '사람의 크기'로 이기는 세상을 만들기 위해 필요한 것이 바로 교육입니다.

결국 '인간'의 가치를 가장 중심에 둔 전남교육은 교육을 교육답지 못하게 만든 온갖 허례와 관행에서 벗어나 교육 본연의 길을 회복하고자 '혁신'과 '민주', '미래'의 가치를 함께 지향하는 것입니다.

'혁신'과 '미래'는 교육의 본질

전남교육에서 혁신은 낡은 관행에서 벗어나 새로움을 찾는 것입니다. 우리 교육이 추구하는 인간의 변화와 성장은 혁신에서 시작됩니다. 제가 4년간 주창해 온 혁신은 거창한 구호가 아닙니다. 혁신의 대상은 남이 아니며 부정과 해체의 언어가 아닙니다. 혁신의 시작과 끝은 끊임없는 자기성찰이어야 합니다.

전남이 추구하는 혁신교육은 가르침과 배움을 중심에 두어 교육의 본질을 회복하는 것입니다. 살아 숨 쉬는 교실, 호기심과 질문이 가득한 교실에서 협력하며 스스로 배워가는 전남교육을 만드는 것이 우리가 지향하는 혁신교육의 참모습이라 할 수 있습니다.

다음은 '미래'의 가치입니다. 교육은 아이들이 현실에 안주하기보다 다가올 미래를 향한 성장과 변화를 돕는 과정이어야 합니다. 미래는 먼 훗날이 아니라 아이들이 당당한 주체로 살아갈 내일이며, 오늘이 모이고 모여 내일이 된다는 점에서 오늘은 곧 미래와 맞닿아 있습니다.

그런데 미래는 단순히 인공지능(AI)과 디지털테크놀로지로 대변되어서는 안 됩니다. 미래의 중심은 여전히 인간이어야 하며, 교육은 인간의 의미 있는 성장과 변화를 이끌어내는 데 초점을 맞춰야 합니다. 미래 교육 담론에서 빠질 수 없는 것 또한 인간입니다. 에듀테크 구축과 공간혁신도 중요하지만 그 모든 것은 인간을 인간답게 하는 데 필요한 부차적인 것일 뿐입니다. 결국 전남교육의 가치가 출발하는 지점과 귀결되는 지점은 모두 인간이라는 점에서 전남교육은 '사람을 바로 세우는 교육'이라 할 수 있습니다.

학교는 '오늘의 주인'을 키우는 곳

민주주의는 인류 역사가 만들어 낸 소산 중에서 가장 위대한 사회를 운영해 가는 보편타당한 원리로, 교육에서도 매우 큰 경쟁력이 있습니다.

학교는 아이들이 학교 밖 큰 사회로 나아가기 위한 예비사회이기도 하지만 '오늘의 주인'으로 살아가는 학생들의 온전한 삶의 공간이기도 합니다. 학생들은 학교에서 다양한 민주적 사회과정을 경험해야 합니다.

학교에서 민주주의의 실현은 개별 학생이 인격체로서 존중받고 인간으로서 권리를 누릴 수 있게 해주는 상태를 의미하는 것으로, 우리 학생들은 민주시민교육을 통해 삶의 주인으로 살아가는 힘을 키우게 됩니다.

〈교육기본법〉도 명시하듯이 우리 교육의 목표는 민주시민의 자질을 함양하는 것입니다. 우리가 발 딛고 있는 민주주의는 인류가 합의한 최선의 정치체제이자 이념으로, 시민이 권력을 가짐과 동시에 책임을 다하는 삶의 원리이기도 합니다. 학생, 교직원, 학부모, 도민 모두가 이제 교육의 당당한 주체들입니다.

이러한 맥락에서 전남교육이 추구하는 교육비전은 바로 '미래사회를 함께 여는 민주시민'입니다. 삶의 역량을 길러 자신을 바로 세우고 이웃을 배려하며 미래사회를 함께 열어가는 정의로운 민주시민으로 성장하는 것이 전남교육이 추구하는 당당한 학생의 모습입니다.

그런데 "민주주의는 학교 문 앞에서 멈춘다."라는 말이 있을 정도로 학교에서는 '민주주의'라는 말이 여전히 낯설고 불편할 수 있습니다. 일부 교원과 학부모님들도 경우에 따라 학생들의 입에서 나오는 '민주'라는 단어를 마치 무슨 정치적 행위를 도모하려는 의도가 있는 것으로 여겨 불안하게 받아들일 수 있습니다. 이와 같은 인식은 민주주의의 참 정신과 교육적 원리에 대한 오해에서 비롯된 것이라고 봅니다.

이제는 광장의 민주주의에서 일상의 민주주의로 전환이 중요합니다. 이를 위해서는 학교가 제 역할을 해야 합니다. 학교는 민주주의자 재생산 구조의 핵심에 있기 때문입니다. 제가 취임 후 조직개편을 통해 민주시민교육팀을 신설하고 〈전라남도교육청학교민주시민교육진흥조례〉 제정을 서두르는 등 민주시민교육을 주창한 것도 이러한 이유 때문입니다.

민주주의의 원리에는 평등의 가치가 빠질 수 없습니다. 학교는 세상에서 가장 평등한 곳이어야 하며, 교육이 삶의 전환점을 이루는 기회가 되도록 차별 없는 교육복지를 구현하고자 하는 것도 이러한 맥락에서입니다.

담대한 변화의 문을 두드리며 - 취임의 변(辯)

"농부는 밭을 탓하지 않습니다."
"세상을 바꾸는 것은 사람이지만, 사람을 바꾸는 것은 교육입니다."
"우리가 아이들을 품으면, 아이들은 세상을 품습니다."

취임식을 대신한 작은학교 방문

2018년 여름, 존경하는 교육가족과 전남도민들의 성원에 힘입어 평교사였던 제가 주민직선 3기 전남교육감으로 취임하였습니다.

이날 저는 '교육감'이라는 자리를 '학교를 학교답게 교육을 교육답게' 만들어 "전남교육의 미래를 열어 달라."는 도민들의 엄명으로 받아들였습니다. 도민들께서는 개인 장석웅을 선택했다기보다는 전남의 열악한 교육적 상황을 헤쳐나갈 공인(公人) 장석웅을 택했다고 생각합니다.

교육감으로서 막중한 사명을 안고 첫 출근을 한 날, 저는 취임식 대신 무안 청계면에 자리 잡은 청계남초등학교를 방문했습니다. 학교에 들어서자 들리는 아이들의 재잘거리는 소리는 전남의 미래를 여는 가슴 벅찬 소리였습니다.

청계남초등학교는 폐교 위기에 있는 작은학교였지만, 해남 땅끝 서정초등학교의 경우와 같이 "학교가 살아야 마을이 산다."는 주민들의 간절한 염원과 교직원들의 노력으로 다시 살아난 학교였습니다. '작지만 강한 학교!' 저의 첫 발걸음을 이곳에서 시작한 이유입니다.

"진보는 실용과 결합하지 않으면 허상"

교육감이 되고 나서 교사로서의 시각을 넘어 전남교육 상황을 총체적인 시각에서 면밀히 들여다보았습니다.

미래교육을 대비하는 혁신교육은 지체되고 관료적인 행정문화도 여전했습니다. 교직원들의 눈빛은 지쳐 있고 자존감 또한 떨어져 있었습니다. 많은 학생이 공부하는 이유와 목적도 잘 모르는 채 시계추처럼 학교를 오가고 있다는 자괴감 섞인 풍경들이 제 마음을 너무 아프게 했습니다.

지역사회와 교육청의 연결고리는 취약했고 교육에 대한 지방자치단체의 관심도 낮았습니다. 그들에게 교육은 지역발전의 부수적인 역할로 취급되기 일쑤였고 "교육 문제는 교육청이 알아서 하라."는 인식이 지배적이었습니다.

하지만 "농부는 밭을 탓하지 않는다."는 신조로 저는 현장을 찾아 문제를 찾고 거기서 답을 찾고자 했습니다.

무엇보다 지난 시기에 대한 냉철한 평가와 현실에 대한 정확한 진단이 시급했습니다. 진보는 실용과 결합하지 않으면 허상이라는 사실을 저는 잘 알고 있었기에 추상을 넘어 현실로, 구호를 넘어 실천으로 접근하고자 했습니다.

교육감 취임 직후 지는 맨 먼저 전남교육 혁신에 대한 열정과 전문성을 지닌 현장 교직원들을 중심으로 '전남교육혁신기획단'을 꾸려 이러한 작업에 착수했습니다. 현장의 의견을 모으고 치열한 논의를 거쳐 전남교육의 미래 지평을 열기 위한 교육적 아젠더를 발굴함과 동시에 혁신 우선 과제를 취합했습니다.

전남교육혁신기획단은 사업의 실효성과 현장 적합성을 높이기 위해

매 순간 본청 각 부서와 열띤 토론을 이어갔고, 여기서 나온 의제와 과제들은 최종 검토를 거쳐 정책으로 기획되었습니다.

삶의 나침판이 된 다섯 가지 언약

'세상을 바꾸는 것은 사람이지만, 사람을 변화시키는 것은 교육'이라고 합니다. 저는 아이들이 저마다 꿈을 꾸게 하는 것이 교육의 사명이어야 한다고 생각했습니다. 전남교육정책의 모든 방향은 아이들에게로 모아지게 했습니다.

저를 교육감으로 선택해 주신 도민들의 소중한 뜻을 받들어, 오직 아이들만 바라보며 다음과 같이 전남교육을 이끌어가겠다고 약속드렸습니다.

<u>학교를 즐겁고 안전한 배움터로</u> 첫째, 학교를 즐겁고 안전한 배움터로 만들어, 전남의 아이들을 당당하고 행복하게 키우고자 했습니다.

학교는 학생이 있어 존재합니다. 세월호의 처절한 아픔을 통해 깨달았듯이, 학생 스스로 삶을 살아내는 힘을 키우도록 교육이 바뀌어야 했습니다. 학생 스스로 삶의 문제를 결정하고 책임지는 역량을 키우기 위해 학생자치활동을 실질적으로 보장하여, 학생을 학교의 당당한 주인이자 민주시민으로 성장하도록 만들고자 했습니다. 각종 위험과 감염병, 미세먼지로부터 안전하고 자유로운 건강한 학교, 다양한 문화체험 활동과 놀이 활동 활성화로 아이들이 살아 숨 쉬는 학교를 만들겠다는 약속이었습니다.

<u>교실수업 혁신으로 전남의 교육력 제고</u> 취임사에서 밝힌 두 번째 다짐은 교실수업 혁신과 특화된 교육과정 운영으로 전남의 교육력을 높이겠다는

것이었습니다.

즐겁게 살아 숨 쉬는 교실에서 아이들은 꿈을 키울 수 있습니다. 호기심과 질문이 가득 찬 교실, 협력하며 스스로 배워가는 교실은, 바로 전남교육이 추구하는 교실혁신의 모습이라고 생각했습니다.

아울러 학교와 지역의 특색을 살린 특화된 교육과정 운영과 기초학력 향상을 위한 맞춤형 교육 강화의 필요성을 역설했습니다. 또한 통·폐합의 기로에 서 있는 작은학교를 살리고자 학교마다 장점을 살린 특화 교육과정과 '전남형 미래학교 프로젝트' 추진 포부를 밝혔습니다.

<u>학교 권한 확대와 현장 중심의 행정</u> 셋째 다짐은 교육청의 권한을 학교로 대폭 이양하고 학교 현장 중심의 청렴하고 투명한 교육행정을 펼치겠다는 것이었습니다.

단위학교의 권한과 책임이 클수록 교육의 힘은 커질 것을 믿었습니다. 그래서 기존 각종 규제와 지침을 대폭 완화하여 학교로 권한을 돌려드리고자 했습니다. 관행적인 전시성 사업이나 공모 사업을 축소·폐지하고 학교의 자율적인 교육과정 운영에 필요한 학교기본운영비를 늘리는 방침도 밝혔습니다.

선생님이 온전히 아이들 곁에 있도록 불필요한 행정 절차나 지침을 대폭 간소화하고 교사 전문적학습공동체 활성화로 학생 중심의 수업혁신을 지원하고자 했습니다.

아울러 공정한 평가와 예측 가능한 인사, 그리고 모두에게 기회가 주어지는 새로운 인사제도를 통하여 존중받고 능력 있는 사람에게 일을 맡기고자 했습니다. 주민추천교육장공모제 확대, 교장공모제 확대 등은 교육감의 권한을 교육주체와 나누기 위한 구체적인 청사진이었습니다.

<u>차별없는 교육복지 실현</u>　네 번째 언약은 차별 없는 교육복지로 교육의 기회균등과 공공성을 강화하겠다는 것이었습니다.

　태어난 곳은 달라도 배움은 같아야 하고 교육을 통해 부가 세습되거나 가난이 대물림되어서는 안 되기 때문입니다. 교육이 삶의 전환점을 이루도록 교육기회를 공정하게 보장하고 복지를 확대하는 등, 공교육의 책무성을 강화하는 문제가 중요했습니다.

　이런 맥락에서 저는 촘촘한 생활복지의 토대 위에 선제적인 학습복지까지 책임지는 전남교육을 약속했습니다. 교육약자와 취약계층을 배려하는 교육기회 균등 보장으로 '한 아이도 포기하지 않는 책임교육'을 이루고자 했던 것입니다.

<u>지역사회와 상생하는 교육자치</u>　다섯째 약속은 지역사회와 상생하는 교육자치 공동체 구축이었습니다.

　학교교육의 주체인 학부모의 학교교육 참여 기회를 확대하고 예산·감사 등에 도민의 참여 기회를 확대하고자 했습니다. 교육감실 문턱을 낮추고 '경청올레' 등을 통해 늘 지역민과 소통하고 협력하는 교육감이 되리라 다짐했습니다. 또한 '교육참여위원회' 활성화와 지역사회 교육거버넌스 구축을 강조했습니다.

　마을은 또 하나의 학교입니다. 마을의 공동체적 기능을 학교교육에 활용하고 학교의 교육적 기능을 주민의 평생교육 배움터로 제공하여 상생·발전하는 '전남형 마을학교'를 운영하겠다는 청사진을 밝혔습니다.

　아울러 전남이 가진 건강하고 풍부한 자연환경과 넉넉한 인심을 기반으로 지방자치단체와 함께 '전남농산어촌유학 프로젝트'를 추진함으로써 '떠나는 전남'에서 '돌아오는 전남', '희망이 있는 전남'을 지역민과 함께 만들어가겠다는 포부도 밝혔습니다.

(이상 취임사 발췌, 2018. 7. 2.)

더디 가더라도 함께

시대의 변화에 따라 교육에 대한 관점과 방식도 다양해졌고 학교를 둘러싼 수많은 집단의 요구와 이해관계가 표출됨에 따라 무엇보다 탄력적인 조직 리더십이 요구되는 시대가 되었습니다.

저는 화합과 통합의 리더십을 발휘해, 안정과 개혁이라는 양 날개를 튼튼히 하겠다고 말씀드렸습니다. 더디 가더라도 함께 고민하며 발맞추어 가는 길이 목표에 빠르게 정확히 도달할 수 있기 때문입니다.

도민들의 고귀한 명령을 받들어, 모든 아이들이 성공적인 삶을 누리는 '전남교육 성공시대', 모든 교육가족이 행복한 '전남교육 행복시대'의 막을 열고자 다짐했던 4년 전의 언약들은 지금도 매일매일 저의 나침반이 되고 있습니다.

취임식 대신 방문한 작은학교

(2018. 7. 2. 무안 청계남초등학교)

제3장

희망과 언약의
길목에 서서

"다른 사람들보다 나 자신을 바꾸는 것이 훨씬 쉽단다."

(로버트 기요사키, 『부자 아빠, 가난한 아빠』에서)

현장에서 묻고 현장에서 답을 찾아 - 취임 첫해의 희망과 언약들

경계를 허물면 혁신이 보입니다

주민직선 3기 교육감으로서 2개월 동안 쉼 없이 달려왔습니다. 긴장의 연속이었고 칼끝 위에 서 있는 느낌이었습니다.

지난 2개월은 참으로 소중한 시간이었습니다. 제가 이렇게 대과 없이 직무를 수행하는 것도 늘 웃으며 저를 대해주시고 힘을 주시는 여러분 덕분입니다.

<u>서로를 불러주는 주체적 만남</u> 출근길 청사 정문을 지나니 목백일홍이 피어 있었습니다. 전에는 보지 못했던 꽃입니다. 초여름부터 피어 있었을 텐데 그동안 느껴지지 않아서인지 그 존재조차 몰랐습니다.

도종환 시인이 「목백일홍」이란 시에서 간파했듯이, 가만히 들여다보니 한 꽃이 백일을 아름답게 피어 있는 게 아니었습니다. "수없는 꽃이 지면서 다시 피고/ 떨어지면 또 새 꽃봉오릴 피워 올려/ 목백일홍 나무는 환한 것"이었습니다.

하나의 꽃잎은 또 다른 꽃잎을 피워내며 나무 전체를 백일 동안 붉게 만드는 꽃, 그리하여 꽃잎이라는 하나의 개체는 하나로 끝나지 않고 수천 수만 개체로 거듭 살아 피어나는 것이었습니다. 아무도 모르게 나무는 여전히 꽃으로 아름다운 이치를 품고 있었던 것입니다.

두 달 동안 일에 치여 보지 못했던 그 꽃을 보며 새삼 자신을 돌아보게 되었습니다.

쇼펜하우어는 "세계는 있는 그대로 존재하는 것이 아니라 내가 보는 대로 존재한다."라고 말했습니다. 세계가 나의 표상이라는 뜻이겠지요. 우리가 좋아하는 김춘수의 「꽃」이라는 시에도 이런 구절이 있습니다. "내가 그의 이름을 불러주기 전에는/ 그는 다만/ 하나의 몸짓에 지나지 않았다." 맞는 말인 것 같습니다.

우리가 어떤 대상을 인식하기 전에는 무의미한 존재일지 모르지만 내가 인식했을 때 비로소 나에게 의미 있는 존재가 되는 것입니다.

교육감과 본청 직원들, 그리고 직원과 직원, 학교에서 학교장과 교사, 교사와 학생 등등 교육을 둘러싼 수많은 관계도 서로에게 의미 있어야 합니다. 그러기 위해서는 서로에게 눈길을 주며 서로 불러주고 존재를 인정하는 주체적 만남이 되어야 한다고 생각됩니다. 이러한 만남 속에서 새로운 관계, 주체적 관계가 형성되리라 봅니다.

첫 번째 인사 단행과 메시지 지난 7월 행정국 인사를 마치고 9월 1일 자 교육국 인사를 단행했습니다. 이로써 주민직선 3기 전남교육을 이끌어갈 진용을 갖추었습니다. 교육국 첫 번째 인사이니만큼 현장에 주는 메시지가 클 것이라 생각하여 나름대로 고심했습니다. 여러 사람의 의견을 들었고 인사 이후 많은 평가도 접했습니다. 역시 인사는 모두가 만족할 수 없는 것이라 생각했습니다.

이번에 중용되지 못한 분들 중에는 정말 아까운 분들이 많이 계십니다. 유능한 분, 저와 친한 분도 있습니다. 그중에는 대의를 위해 저의 짐을 덜어주신 분도 계십니다.

이 자리를 빌려 고마운 마음을 전합니다. 가신 빈 자리에 백일홍꽃처

럼 또 다른 꽃잎이 피어나 전남교육이 거듭나고 거듭나 영원히 발전해가
리라 믿습니다.

혁신이 어려운 이유 우리가 당면한 과제와 목표의 화두는 역시 '혁신'이 아
닐까 생각합니다. 그동안 교육전문직원, 행정직원, 교장 선생님들을 두루
만나보면서 저는 혁신에 대한 여러분의 생각이 저와 다르지 않다는 사실
을 확인했습니다.

일부에서는 혁신이 어렵다고들 말씀하십니다. 그런데 혁신을 다른 데
서 찾으면 안 됩니다. 혁신은 결국 낡은 생각과 가치와 관행을 버리는 과
정, 익숙한 것과 결별하는 과정, 칸막이를 치우고 새로운 가치와 절차를
만드는 과정입니다.

혁신은 각오와 준비가 되어 있지 않으면 어렵고 불편하게 여겨지는
것이 당연합니다. 민주적이고 협력적인 학교문화, 그것을 통해 학생과 학
교가 교육의 중심이 되도록 바로잡는 것이 바로 혁신입니다.

혁신은 칸막이를 없애는 것부터 시작 혁신이 성공하기 위해서는 구성원들
간의 공감과 다짐이 있어야 합니다. 혼자만 혁신을 실천하면 외롭고 힘들
어집니다. 서로의 마음을 단절시키는 칸막이를 없애는 것부터 시작해야
합니다.

무엇보다도 부서 간 협업을 강화하는 것이 중요합니다. 협업은 분업
과 다릅니다. 자기 일만 잘하는 칸막이식 작업이 아니라 총체적 맥락에서
함께 일하는 것입니다. 나의 업무와 다른 사람의 업무가 어떤 관계를 맺고
있는지 살피면서 함께 일하는 방식입니다.

눈앞에 쌓인 업무에만 매몰되면 중요한 점을 놓칠 수 있습니다. 학교

현장의 눈으로 내용물을 살펴야 할 것입니다.

학교와 교육기관에서 칸막이를 없애고 민주적인 토론을 통해 혁신과제를 하나 이상 발굴하여 자체 해결방안과 중장기 청사진을 만들어 추진하는 것도 한 방안일 것입니다.

현장의 눈으로 사업을 설계 얼마 전 보성에서 장학사님들, 교육연구사님들이 워크숍을 하는 것을 봤습니다. 저도 참여했습니다. 나중에 들어보니 교육청 예산을 지원받지 않고 자비로 연수비용을 충당했다고 합니다.

그날 대화에서 저는 전남교육의 혁신이 성공할 수밖에 없을 거라고 느꼈습니다. 현장의 입장에서 문제점을 찾아내고 함께 해결하려고 고민하는 그들에게 전남교육을 맡겨도 좋겠다는 생각을 했습니다.

그동안 교육감직인수위원회, 전남교육혁신기획단을 통해 '모두가 소중한 혁신 전남교육' 5대 시책과 4대 역점사업 밑그림이 만들어졌습니다. 총론이 어느 정도 완성됐으니 이제 각론을 준비할 때입니다.

'학교 현장에 어떻게 실천 가능한 사업으로 만들 것인가' 하는 것이 관건입니다. 각 실·과와 부서에서는 새로운 사업에 필요한 예산을 확보하고 교육공동체와 공감을 통해 실행할 수 있는 방법을 강구해 주시기 바랍니다.

당장 2학기부터 학교기본운영비가 증액되고 교단환경개선비가 70% 이상 학교에 지원될 것입니다. 이러면 학교에서는 이를 어떻게 써야 할지, 어떻게 집행해야 할지 막연해 한다고들 합니다.

단순히 돈을 더 쓰는 것만이 학교의 역할과 권한을 높이는 것이 아닌 만큼 운영비만 늘려주고 손을 놓아서는 안 됩니다. 무작정 본청 사업을 줄이고 "학교에서 알아서 하라."라고 하면 학교 구성원들에게는 엉뚱한 신호로 읽힐 위험이 있습니다.

각 부서별로 새로운 정책에 대한 학교 현장의 이해도와 책무성을 높여주시고 학교 자율능력을 키울 수 있도록 지원해야 합니다.

우리 모두 '혁신의 전도사' 저는 2개월여 교육청에 근무하면서 능력과 열정에서 누구 못지않게 우수한 인재들이 많이 모인 곳이라는 사실에 감탄에 감탄을 거듭하고 있습니다. 모든 직원이 '혁신의 전도사'라는 생각을 가져야 합니다.

여러분이 교육감, 그리고 교육부장관의 위임을 받아서 실행하는 하나의 기관이라고 생각해 주시기 바랍니다. 정말 우리가 경계해야 할 것은 이견이 없는 조직, 토론이 없는 조직, 서로에게 가치 없는 조직입니다. 그것이야말로 혁신의 걸림돌입니다.

누구보다도, 시대의 변곡점에서 변화와 혁신을 선도해야 하고 선도하고 계시는 본청 직원 여러분의 역할이 크고 무거울 것입니다.

오래된 관습과 적폐로부터 교육을 온전히 지켜가는 과정에서 다소간의 불만과 보이지 않는 저항도 예상되지만 능히 극복하시리라 믿습니다.

혁신에 소극적이거나 냉소적인 분들에게 물리력보다는 격려와 비전을 제시하고 진정 어린 호소를 통해 함께 품고 나아가려고 노력할 때 혁신은 반드시 성공할 것입니다.

저는 가슴속에 '거울'과 '저울'을 간직하고 다닐 것입니다. 매일매일 거울을 보면서 자신을 성찰하고, 저울을 통해 매사에 치우치지 않고 균형을 잃지 않으려는 저의 다짐입니다.

2018년 9월을 열며

취임 100일째, '굿모닝, 전남교육!'

"자전거를 저어서 나아갈 때 풍경은 흘러와 마음에 스민다."

김훈 작가의 '자전거 탄 풍경'이 아니더라도 가을은 무엇을 하든 잘 어울리는 아름다운 계절입니다.

취임 100일을 맞아 아이들의 함성 가득한 전남교육의 현장 곳곳에서 수고하시는 교육가족들께 사랑과 존경의 인사를 드립니다.

전남교육의 변화를 바라는 도민과 교육가족들의 열망으로 출범한 주민직선 3기가 100일을 맞이하였습니다. 선생님들이 수업과 학생에 집중할 수 있도록 학교를 지원하는 데 최선을 다하고자 했지만, 새로운 변화를 실감하기에는 부족한 점이 많을 겁니다.

지금은 덜어내는 것이 혁신이라 생각합니다. 도교육청과 직속기관의 사업과 인원을 덜어내어 학교를 지원하는 곳에 배치하고 예산을 지원하는 한편 학교 단위의 자율성을 최대한 부여하고자 합니다. 우리가 혁신하면 학교가 빛나고 아이들이 성장한다고 믿기 때문입니다.

어리석을 정도의 우직함과 실천이 세상을 조금씩 바꾸어 갑니다. 오랜 관행에서 벗어나 학생과 학교를 중심에 두는 따뜻한 교육행정을 바라는 많은 분의 응원이 저를 나아가게 합니다. 쉬운 지름길을 찾으려는 마음을 다잡기가 쉽지는 않습니다만, 첩경에 연연하시 않고 제 걸음으로 우직하게 걸어가겠습니다.

저에게도 행복한 시간이 있었습니다. 시골에 살면서 아침 산책을 즐기고 아이들과 축구하며 지내던 그때가 사무치게 그립습니다. 830개 학교에서 매일 가꿔 가시는 교육가족들의 꿈과 저의 그것이 다르지 않도록, '모두가 소중한 혁신전남교육'이 공허한 구호가 되지 않도록 더욱 매진하겠습니다. 낮은 자세로 교육가족의 목소리에 귀 기울이겠습니다.

취임 100일을 맞으며

'절차탁마(切磋琢磨)'하고 있는가?

아침에 출근하면서 진입로 양쪽에 교육공무직 노동자들이 걸어놓은 플래카드를 봅니다. 그리고 곳곳에서 1인 시위를 하고 있는 그분들을 봅니다. 퇴근 때도 봅니다. 다가가 인사하고 악수도 하지만 마음이 무겁습니다. 뾰족한 수가 없어 답답하기도 합니다. 우리 교육청만의 일이 아니라, 전국적으로 연계되어 있는 상황이기 때문입니다.

교육청이 사용자의 위치에 있지만 따지고 보면 우리도 똑같은 노동자입니다. 같은 노동자 입장에서 그들의 간절한 마음을 이해하는 한편 연대의 손길을 뿌리치지 말아야 한다고 생각했습니다.

교육청에서 벌이는 다양한 사업 현장도 사람을 존중하고 노동의 가치를 인정하는 현장이 되어야 합니다. 출근하고 퇴근할 때 1인시위 하는 교육공무직 노동자들에게 따뜻한 시선을 보내주면 좋겠습니다.

매일 아침 청사 주변에서 조경 관리하시는 직원분들, 화장실과 계단 앞에서 청소하시는 분들의 바쁜 손놀림을 봅니다. 현관에 들어서서 왼쪽에 새로 마련한 부스를 보면 마음이 따뜻해집니다. 방호 업무를 맡고 있는 분들이 좋은 환경에서 근무할 수 있게 되었기 때문입니다. "왜 지금까지는 이렇게 못했지?" 하는 자책과 함께 "이분들이 우리 식구라는 생각을 잠시 잊고 지냈다."는 생각이 스치기도 합니다.

물론 이분들은 직업인으로서 당연한 일을 한다고 생각할 수 있겠습니다. 하지만 그 당연한 노동의 결과가 나에게 어떤 영향을 미치는지 성찰해 볼 수 있는 사람은, 남보다 한 걸음 앞선 사람일 겁니다. 타자의 노동이 나의 삶과 어떻게 관계 맺고 있는지, 더 나아가 타자의 존재가 나와 어떤 관계인지를 생각하는 것은 사람을 교육하는 우리에게 매우 중요한 성찰일 것입니다.

이분들의 노고 덕분에 근무환경이 좋아지고 덩달아 나의 자존감도 커지기 마련입니다. 그래서 교육청이 움직이고 학교가 변화하는 것입니다. 이처럼 제각기 직업에 충실하고 있지만, 최선을 다하는 삶들이 강물처럼 모여서 결국 아름답고 힘 있는 세상이 만들어지는 게 아닐까 생각합니다.

윤기 나는 계단과 복도를 지나며 한 번이라도 이분들의 노고를 생각해 본 사람이 있다면, 그 사람은 분명 세상을 총체적 관점에서 보는 사람일 겁니다. 세상 돌아가는 이치를 제대로 통찰한 것입니다.

방금 '총체적 관점'이라는 표현을 썼습니다. 총체적 관점이라는 것은 분절적이고 단편적인 이해에서 벗어나 온전한 관점에서 세상을 보는 것을 의미합니다.

단순하게 부분만 모여서는 결코 전체가 되지 못합니다. 모든 존재는 그냥 있는 게 아니라 서로 엮여 관계를 맺고 있습니다. 부분과 부분이 모여 이룬 전체가 지닌 동적 에너지, 관계성이 있어야 큰 힘을 낼 수 있는 것입니다.

우리가 몸담고 있는 '교육행정 조직'이라는 것은 상당히 기능적이고 분절적인 형태를 취하고 있습니다. 그러기에 각자 자기가 처한 틀에서 교육을 바라보게 됩니다.

그런데 교육청 직원들, 교육청의 업무들을 하나하나의 독립된 부분으로만 취급한다면 그것은 분절적 사고방식일 겁니다. 총체적 관점에서 우리 교육청 조직을 보면, 너와 나 혹은 너의 일과 나의 일은 보이지 않게 서로 연결되어 '전남교육'이라는 전체를 구성하고 있습니다.

교육청의 각 실·과, 각 담당자들에게는 서로 분리된 일이지만, 학교나 학생들에게는 '교육'이라는 단 하나의 일일 뿐입니다. 그러니 너의 일, 나의 일을 따로 분리시켜 교육에 접근하면 학교는 더욱 혼란스러워집니다.

옛말에 "한 사람이 소 한 마리는 다 못 먹어도, 천 사람이 소 천 마리는 다 먹는다"는 말이 있습니다. 이해가 가는 말입니다. 여기서 한 사람은 '부분'을, 천 사람은 '전체'를 가리킨다고 생각하면 이해가 분명해집니다.

우리가 교육청에서 하는 일도 '천 명이 천 마리의 소를 잡아먹듯'이 분절 짓지 말고 서로의 에너지를 받으면서 의기를 투합하며, 나 자신이 전남교육을 대표한다는 생각으로 임하면 좋겠습니다.

최근 본청 조직개편안에 대해 각 실·과의 의견을 수렴한 적이 있습니다. 매번 그렇겠지만 조직개편안이 나올 때면 모든 촉각이 이곳으로 쏠립니다.

사람이 자신의 안위나 신상 문제에 관심을 갖는 것은 당연한 일입니다. 하지만 『정의론』의 저자 존 롤즈(J. Rawls)가 말했듯이, 누구나 원초적 상황에 놓여 있다고 가정한 '무지의 베일' 상태에서 합의를 해내는 것이 보다 정의로운 방식이라 생각합니다. 즉, 누구나 동일한 조건인 원점에서 시작하자는 겁니다.

아시다시피 이번 조직개편은 비대해진 도교육청의 권한을, 현장에서 학교를 지원하는 교육지원청으로 돌려 지원기능을 강화함으로써 학교의 교육력을 키워내자는 것이 핵심입니다.

'모두가 소중한 혁신전남교육'을 위한 공공재로서 교육행정 조직의 생명력을 되살리자는 것이 그 목표입니다. 그럼에도 조직개편이라는 본질적 취지보다는 너와 나, 우리 부서와 너희 부서 간 '밥그릇 싸움'으로 이를 해결하려 든다면 매우 안타까운 일입니다.

그래서 당부하건대, 조직개편에 대한 사사로운 잣대를 들이대기 전에 무엇이 더 교육적으로 정의로운가를 생각하며, 혁신에 동력을 실어주셨으면 합니다.

학생과 학교의 교육활동을 지원하고자 하는 조직개편에 전문직과 일반직, 교무실과 행정실이 따로 있을 수 없을 것입니다. 모두 함께 원점에서 보다 정의롭고 효율적인 조직을 만들어주시길 부탁드립니다. 모두가 전남교육의 당당한 주인으로서 오직 학교와 학생을 바라보며 하나가 되었으면 좋겠습니다.

지난달 초, 취임 100일을 맞아 목포 항도여자중학교에서 수업을 한 적이 있습니다. 그때 전남교육 홍보대사로 누가 좋겠냐고 질문했더니, '방탄소년단'이라는 대답이 많았습니다. 방탄소년단의 인기가 실로 하늘로 치솟고 있죠?

〈너 자신을 사랑해(LOVE YOURSELF)〉로 컴백한 그들은 미국 빌보드 메인 음악 차트에 5주 연속 1위라는 전례 없는 기록을 세우고 있다고 합니다. 미국 뉴욕 공연, 두 차례 빌보드 차트 1위, 유엔 정기총회 연설, 영국 공연 등 기념비적인 성취를 이루어가고 있습니다. 그런데 방탄소년단이 인기몰이를 하고 있는 것은 이유가 있다고 생각합니다.

이들에겐 다른 아이돌 가수들의 멋진 외모, 칼군무 같은 외적인 요소 외에 더 중요한 게 있는 것 같습니다. 즉, '너 자신을 사랑하라.'는 분명한 메시지를 통해 사람들과의 소통에 성공한 것, 바로 그것이 아닐까 싶습니다.

자신들과 같은 젊은 세대가 공유하는 불안과 자괴감, 그리고 기성세대에 대한 비판, 소박한 희망을 내용으로 사람들의 공감을 이끌어낸 것지요. 60년대 영국의 비틀즈나 90년 초 한국의 서태지 음악이 세대를 초월해 공감을 얻은 것도 시대적 메시지를 품었기 때문인 것처럼 말입니다.

11월이면 행사들도 많습니다. 농부들의 바쁜 일손처럼 교육청도 바쁘게 돌아가고 있습니다. 한 해의 수확을 거두는 시기이니만큼, 각 실·과의 사업들이 집중 배치되어 있음을 느낍니다. 각종 축제와 나눔 한마당 등 본청과 직속기관, 교육지원청마다 행사 풍년입니다.

하지만 이러한 행사에 꼭 필요한 것은 전달력입니다. 화려한 부스나 현란한 이벤트 등 외형적 기교에 의존하는 것은 한계가 있습니다. 행사마다 전달하려는 메시지가 분명해야 합니다. 아울러, 올해를 반성하고 내년을 준비하는 기간이니만큼 주요 사업의 경우 도의회를 상대로 이해와 공감대를 형성하려는 노력이 필요할 것입니다.

한 가지 아쉬운 것은, 몇 가지 조례안 준비과정입니다. 2학기 들어 '전남교육참여위원회' 조례안 제정을 위한 공청회를 두 차례 연 적이 있습니다. 교육자치에 관심이 많은 터라 사람들로부터 많은 관심을 모았고 다양한 의견을 들을 수 있었습니다. 하지만 도의회를 비롯한 교육공동체를 향해 우리 정책에 대한 이해를 구하려는 적극적이고 선제적인 노력이 부족하지는 않았는지 반성해볼 필요가 있습니다.

이분들에게 조례 제정의 명분과 정당성을 주장하기에 앞서 내부의 치열한 토론을 통해 외부의 협력을 이끌어내려는 전략이 부족했던 것으로 보입니다. 아무리 중요한 일이라도 합당한 절차와 과정, 사전에 충분한 설명과 협조 요청을 거쳐야 함에도 이를 놓친 것 같습니다.

어떤 일을 할 때는 본질(목적)과 일의 순서(절차적 정의)를 모두 고려해야겠습니다. 『시경(詩經)』에 '절차탁마(切磋琢磨)'라는 말이 있습니다. 좋은 옥을 만들려면 순서와 선후를 밟아 다듬고 또 다듬어야 한다는 뜻입니다.

특히 목적이 선하니 절차적 정의를 무시해도 된다는 생각은 금물입니다. 또한 힘들어도 의견수렴 과정을 넓히고 투명하게 하면 뒤탈이 없을 것입니다.

흔히 인생을 마라톤에 견줍니다. 출발선에 선 마라토너는 기대와 흥분으로 들뜨게 되고, 자제력을 잃고 오버페이스하는 경우도 있습니다. 변화와 혁신을 완성하기 위한 마라톤 경주에서 완주를 위해 호흡과 자세를 다시 점검해야 하는 시점이 지금이 아닌가 싶습니다.

바쁘시겠지만 틈틈이 산책도 하시면서, 길섶의 억새풀과 함께 깊어가는 가을을 느껴보시기 바랍니다. 혼자보다 함께 길을 가면 더 좋을 것입니다.

2018년 11월 첫날

꽃샘추위도 교문 앞에서는 멈춥니다

새 학기가 시작됐습니다. 우리 아이들의 얼굴은 그 자체가 이미 봄이며 꽃보다 아름답습니다. 그리고 학교의 봄을 알리는 전령사들입니다.

본청 전입한 직원 한 분 한 분께 축하 인사드리며, 함께 일하게 되어 기쁩니다. 많은 사람 중에 내가 왜 이 자리에 있는지, 내가 선택받은 이유가 무엇인지 잘 생각하시면서 새로운 사람과 업무에 잘 적응해주기 바랍니다. 직원 여러분도 불편함이 없도록 잘 돌봐주시고 이분들이 역량을 잘 발휘할 수 있도록 도와주시기 바랍니다.

올해 3월은 3·1운동 및 임시정부 수립 100주년 기념행사를 시작으로 출발했습니다. 휴일임에도 행사를 잘 기획하고 준비해주신 분들, 그리고 가족과 함께 참여하여 의미를 더해주신 모든 분께 감사드립니다.

저는 이날 행사에서 "우리 전남교육청은 선열들의 자주 평화 정신을 계승하여 통일코리아의 희망을 피우는 원년으로 삼겠다."라고 말씀드렸습니다. 그리고 "우리 학생들이 자랑스러운 삶의 주인이자 미래의 주역으로 우뚝 설 수 있도록 역사교육과 통일교육을 강화해 과거에서 배우며, 통일코리아의 미래를 준비할 수 있도록 하겠다."라고 다짐했습니다. 이 일을 위해 모든 교육가족들이 노력해줄 것을 특별히 당부드립니다.

3월 신학기를 앞두고 2월 중·하순쯤 학교 구성원들이 모여 새학기 준비기간을 운영하는 모습을 여러 곳에서 확인했습니다. 모든 교직원이 모여 학교혁신을 위한 연수를 하고 자율형 선택과제 선정, 업무분장 등 지혜를 모아 교육과정을 짜는 모습이 너무 좋아 보였습니다.

새봄을 시샘하는 꽃샘추위도 선생님들의 열정이 뜨겁게 응축된 교문 앞에서는 멈추었으리라 생각합니다. 물론 도교육청이 공문을 시행한 것이지만 현장은 이미 받아들일 준비가 돼 있었습니다. 예년과 다른 모습이었습니다. 우리는 거기서 전남교육의 희망을 발견했습니다. 우리가 보내는 공문 한 장 한 장에, 소집하는 회의 한 건 한 건마다 이러한 가치와 정책 방향을 담아내도록 신경 써야 하리라 생각했습니다.

넬슨 만델라는 "세상에서 가장 어려운 일은 세상을 바꾸는 일이 아니라 나 자신을 바꾸는 일이다."라고 말했습니다.

20년 동안 베스트셀러를 기록한 로버트 기요사키의 『부자 아빠 가난한 아빠』라는 책에는 "다른 사람들보다 나 자신을 바꾸는 것이 훨씬 쉽단다."라는 구절이 있습니다. 대부분의 사람들은 자기 자신은 그대로 놔두고 늘 남들을 바꾸려고만 하다 보니 변화에서 낙오된다는 의미일 것입니다.

이처럼 남이 문제라고 단정 짓는 것은 결국 자신은 변화하지 않겠다고 선언하는 것과 같습니다. 주로 다른 사람 탓을 하는 사람들에게 더 이상의 발전보다 급속한 쇠퇴만이 기다리고 있을 것입니다.

만델라가 세상에서 가장 어려운 일이 자신을 변화시키는 일이라고 한 것도 결국, 그 어려운 일을 해내는 사람이야말로 능히 다른 사람을 바꾸고 세상을 바꿀 힘을 지닌 사람이라는 뜻으로 해석될 수 있습니다.

요즘 일부 학교에서는 혁신에 부담을 느끼고 혁신조차도 일 또는 사업으로 받아들여 기피하는 경우가 있습니다. 혁신이란 것은 온갖 형식적 절차, 간섭, 사업을 최소화하고 학교가 자율적으로 학생교육에 전념하도록 하는 것입니다. 그래서 본청 조직을 슬림화하고 일을 줄이는 대신 예산과 권한을 학교로 돌려주고 있습니다.

그런데 아직도 학교 현장이 혁신에 두려움을 느끼고 피로감을 느낀다면 정말 문제입니다. 무엇이 잘못됐는지 엄중히 생각해야 합니다. 도교육청의 정책 신호가 학교 현장에 제대로 잘 전달되지 않은 것이 원인일 수 있습니다. 현장의 눈으로 혁신에 접근하지 않았을 때 생기는 문제일 수도 있습니다.

교육혁신, 학교혁신을 구현할 때, 사업 중심과 성과 중심으로 접근할 경우 이전과 다를 것 없이 구태의연한 구호에 그칠 수 있다는 점을 명심하시기 바랍니다.

학생과 동료 직원들에게서 희망과 길을 찾는 자세로 새 학기를 시작하면 좋겠습니다.

지금 이 순간 전남의 학교들은 새로운 만남, 첫 만남에 들떠 있을 것입니다. 새 학기 부푼 희망으로 학교를 찾은 학생과 학부모들의 기대에 찬 눈빛을 떠올리며 꽃샘추위도 물리칠 전남교육청의 힘찬 3월, 지금부터 출발합니다.

2019년 3월 첫날

'좋은 노동'으로 몰입

4월이 눈 깜빡할 사이에 가버린 느낌입니다.

우리 교육청의 붉고 흰 철쭉이 화려한 자태를 뽐내고 있습니다. 연초록 산하에 생명력이 충만합니다. 그래서 사람들이 '5월은 계절의 여왕'이라 부르는 것 같습니다.

5월에는 어린이날, 어버이날, 성년의 날, 부부의 날 등 가족 간 사랑을 확인하고 서로의 관계를 되새겨보는 날이 많습니다. 가정의 달이자 청소년의 달입니다. 참스승의 사표를 새기는 스승의 날도 있고, 교육민주화선언과 전국교직원노동조합 결성 등 한국 교육운동의 새 지평을 연 '교육의 달'이기도 합니다.

이처럼 5월은 우리 자신과 가정, 학교 현장에서 새로운 성장이 시작되고 따뜻한 관계를 확인하며 열매를 품는 성장의 달입니다.

오늘 5월 첫날은 근로자의 날, '메이데이'입니다. 근로자의 날을 맞아 여러분과 참된 노동의 의미에 대해 생각해보고자 합니다.

우리나라에는 노동에 지친 사람들이 많습니다. 우리나라 사람들, 일 정말 잘하고 또 너무 많이 합니다. 우리나라 사람들만큼 일 많이 하는 국민도 없습니다. 그러나 정작 자신이 하는 일의 가치와 의미를 놓치고 사는 경우가 많습니다. 매일 일에 치여 살면서 무거운 노동에 짓눌려 산다고 생각하면, 그것은 불행한 일입니다.

이렇게 장시간 노동이 이어지는 한국 사회에서 언제부터인가 일과 삶의 조화, 이른바 '워라밸'에 대한 사회적 공감대가 확산하기 시작했습니다. 우리의 삶을 노동으로부터, 그로 인한 영혼의 탈진으로부터 구해야 한다고 하는 것입니다.

사람들은 노동을 우리가 벗어나야 하는 지긋지긋한 감옥처럼 생각하는 경우가 많습니다. 하지만 독일의 유명한 저널리스트 토마스 바세크는 노동을 옹호합니다. "나쁜 것은 노동이 아니라 우리의 능력이 발현되지 못하게 하며, 우리 자신을 발전시키는 데 장애가 되는 일자리와 노동 형태"라는 것입니다. 그는 "우리에게 필요한 것은 노동으로부터의 탈주가 아니라 좋은 노동으로의 몰입이다."라고 합니다. 좋은 노동이란 우리를 풍요롭게 하고 이를 통해 성취감을 주는 것이겠지요.

우리 본청도 직원들이 자신에게 맞는 일 속에서 보람과 행복을 느낄 수 있는 시스템을 만들어야 하는 숙제를 안고 있습니다.

개학 후 우리 본청도 각급 사업설명회, 연수, 예산 등으로 바쁜 나날을 보냈습니다. 밤늦도록 우리 식구들이 많은 고생을 하는 것, 잘 알고 있습니다. 고맙고 미안하고 안타깝습니다.

지금까지 그토록 "혁신은 일을 덜어내는 것에서부터 출발한다."라고 하였지만, 아직도 일이 줄어들지 않는 원인이 무엇인지 냉철하게 살펴보고 해결책을 마련할 때입니다.

어제 본청 장학사님들, 그리고 6급 주무관님들과 경청올레의 일환으로 대화의 시간을 가졌습니다. "본청에서 일하는 것에 긍지와 자부심을 높여주고 일과 삶의 조화를 이룰 수 있는 직장문화를 만들어달라."는 간절한 말씀들을 해주셨습니다. 최선을 다해서 그 방안을 마련하고 실현해갈 수 있도록 하겠습니다.

이제 5월입니다. 우리 전남교육에 소통과 협력의 물결이 넘쳐나고 있습니다. 희망의 풍경입니다. 마을교육공동체, 전문적학습공동체, 학부모회, 교육참여위원회, 그리고 학교지원센터 등이 그렇습니다.

모두가 소중한 혁신전남교육의 핵심과제인 '소통과 협력의 교육차지'가 구현되는 과정으로, 매우 바람직한 현상으로 생각합니다. 이제 시작이니만큼 방향을 잘 잡아주시기 바랍니다. 아울러 추진하는 담당 부서들의 노고에 고마움을 전합니다.

알랭 드 보통이라는 프랑스 작가가 "행복은 추구의 대상이 아니라 발견의 대상이다."라는 유명한 말을 했습니다. 행복과 불행은 조건이 아니라 우리의 선택이라는 것입니다. "행복을 추구하려다 보니까, 또 어떤 조건을 만족시키려다 보니까 결핍이 생기는 것이고 불만이 생기는 것이다."라는 말입니다.

"행복은 우리 주변에 널려 있지만, 우리가 찾지 못해서 못 느낀다."는 겁니다. 알랭 드 보통의 말처럼 밤에 빛나는 별빛에서 경이감을 맛보는 삶, 그것을 행복하게 대하는 삶의 자세가 인생의 중요한 부분이 아닐까 생각합니다.

일이 바쁘시더라도 이번 달에는 가족들과 숲길을 걸으면서 내 몸에 푸른 에너지를 가득 채워보시기 바랍니다. 친목 행사도 하시고 체육행사도 하시면서 정말 사람 사는 전남도교육청이라는 말을 들을 수 있도록 함께 노력해주시면 좋겠습니다.

2019년 5월을 열며

혁신은 관계 속에서 꽃핀다 - 취임 1주년의 희망과 언약들

"산다는 일은

더 높이 오르는 게 아니라

더 깊이 들어가는 것이라는 듯

평평한 길은 가도 가도 제자리 같았다"

(나희덕, 「속리산에서」 중)

다시 신발끈을 고쳐 매겠습니다

전남교육의 변화에 대한 도민들의 열망을 안고 교육감에 취임한 지 1년이 되었습니다. 취임사에서 저는 오직 아이들만 바라보며 달리겠다고 약속한 바 있습니다.

많은 어려움 속에서도 교육의 본질과 원칙을 지키며 현장에서 문제를 찾고 현장에서 답을 찾기 위해 노력했습니다. 여러분과 함께 걸어온 길이기에 무엇보다 소중하고 값진 시간들이었습니다.

사실 1년 전, 7월 2일 처음 이 자리에 섰을 때 정말 낯설고 어색하고 긴장됐습니다. 30년을 지켜 온 교단과 너무도 다르고, 뜨거운 촛불혁명의 기운이 넘쳐났던 거리나 광장과도 사뭇 달랐습니다.

하지만 든든한 여러분이 계셔서 대과 없이 막중한 책무를 잘 수행할 수 있었습니다. 도민들께서도 저의 지난 1년 직무수행에 과분한 평가를 해주셨습니다. 이는 저 개인에 대한 평가라기보다는 도교육청 구성원들 그리고 전남 3만여 교직원들의 노력과 헌신에 대한 평가로 생각합니다.

그동안 저는 '혁신은 덜어내는 것에서부터 시작한다.'는 믿음으로 비민주적 관행과 구습을 떨쳐내고자 노력했습니다. 그 결과 현장 곳곳에서 변화와 혁신의 바람이 불고 있습니다.

얼마 전 강진고등학교에서 민주시민교육팀이 주관한 연수행사에 참석한 20여 명의 학교장들이 다른 참석자들을 위해 주차 도우미와 행사장 뒷정리까지 도맡았다는 소식을 언론을 통해 접했습니다. 감동받았습니다. 이렇듯 권위와 폐습을 덜어낸 자리에 존중과 배려, 협력의 새살이 돋고 있습니다.

하지만 인구절벽의 시대, 전남의 아이들을 당당한 미래의 인재로, 민주시민으로 키우기 위해서는 풀어야 할 과제가 여전히 많습니다. 전체 학교의 절반에 이르는 작은학교를 살리는 문제, 배움의 출발선에서 뒤처지는 학생이 없도록 기초학력을 신장시키는 문제, 창의융합교육을 위한 하드웨어와 소프트웨어 구축의 문제, 교육공동체 내부의 다양한 요구와 갈등을 해결해야 하는 문제, 도의회 및 지방자치단체와의 협력 문제 등 산적한 문제가 많습니다.

수업혁신의 내실화, 학교 특성을 살린 교육과정 운영, 학생과 학교 지원 중심의 조직개편 완성, 도의회 및 지방자치단체와의 협치체제 구축을 통해 이들 과제를 정면 돌파해야 할 것입니다.

주민직선 3기 전남교육은 변곡점에 서 있습니다. 지난 1년은 전남교육혁신을 위한 하나의 주춧돌을 놓은 것에 불과했습니다. 지금부터가 중요합니다. 각 실·과에서는 지난 1년에 대한 냉철한 평가와 성찰을 토대로 내년도 사업의 방향과 골격을 새롭게 다듬어야 합니다.

우리 전남교육청은 전남교육에 관한 한 최고 핵심기관입니다. 때문에 구성원 모두가 개개인의 역량 강화에 힘써야 합니다. 칸막이를 허물고

끊임없이 학습하고 토론해야 합니다. 도교육청 자체의 전문적학습공동체가 어떻게 운영되고 있는지 궁금합니다.

학습과 토론에 머물러서는 안 됩니다. 현장 한복판에 들어가 적극적으로 경청하고 이를 통해 각자의 사업을 점검해야 합니다. 현장은 내 사업을 어떻게 바라보고 있는지, 우리는 과연 현장과 학생의 교육활동을 중심에 두고 일하는지 꼼꼼히 살펴야 합니다.

이상의 사항에 대해서는 상반기 사업평가를 위한 팀장 워크숍에서 치열한 토론과 의견 개진을 바랍니다. 우리 본청 사업 중 아직도 덜어낼 것이 많습니다. 더욱 과감히 덜어내야 합니다. 각 부서 사무 중 기능조정이 필요한 게 무엇인지, 통·폐합할 것이 무엇인지에 대해서도 의견을 모아주시기 바랍니다.

"혁신을 제안하기는 쉽지만 실행하기는 어렵다, 지속하기는 더욱 어렵다."는 말이 있습니다. 하나의 정책을 제안하기는 쉬우나 이것을 현장에서 구현하기는 어렵고, 이것을 문화로까지 정착시키기는 더더욱 어렵다는 이야기입니다. 따라서 혁신은 구호나 문서보다는 일상의 실천 속에서, 현장과의 관계 속에서 꽃필 수 있도록 해야 합니다. 훌륭한 정책과 제도도 중요하지만 사람의 마음을 움직이는 혁신에 초점을 모아야 할 것입니다.

새로운 2주년은 이러한 성찰 속에서 시작하고자 합니다. 전남교육을 둘러싼 환경이 여전히 녹록지 않고 예기치 않은 장애물들이 변화와 혁신을 위한 장정에 걸림돌이 될 수도 있을 것입니다. 하지만 오직 학생만을 바라보며 가겠다는 처음의 다짐과 약속만 기억하면서 우직한 걸음으로 흔들림 없이 나아갈 것입니다.

취하지 않겠습니다. 권력에 취하지 않고 듣기 좋은 소리에 취하지 않겠습니다. 깨어 있겠습니다. 스스로를 낮추고 경계하고 1년의 출발선에서 신발 끈을 고쳐 매겠습니다. 여러분께서 힘껏 도와주시면 고맙겠습니다.

여름철 장마가 시작됩니다. 더위에 건강 잘 살피시고 일과 쉼이 조화로운 7월이 되시길 바랍니다.

2019년 7월 첫날

산다는 것은 더 낮게 들어가는 것

9월이 시작되었습니다. 우리 도교육청의 배롱나무도 꽃이 예쁘게 피었습니다. 배롱나무는 하나의 꽃잎이 떨어지면 또 다른 꽃잎이 계속 피어나와 100일 동안 반복된다고 해서 백일홍이라고도 한답니다. 혼자만 두드러지지 않고 함께 어우러져 살아가는 이치가 엿보입니다.

예로부터 우리 선조들은 백일홍꽃이 질 때면 벼를 수확하기 시작했다고 합니다. 새로 시작하는 2학기, 학교마다 기관마다 의미 있는 성과를 위해 그간의 사업을 돌아보고 보완하는 시간이 되었으면 합니다.

지난 7월 행정국 인사와 9월 교육국 인사를 단행하면서 주민직선 3기 2년 차 혁신전남교육을 이끌어갈 진용을 갖추었습니다. 덕망과 능력 그리고 평판이 좋은 분들을 모시려고 노력했습니다.

어떤 언론에서 '평판이 곧 인사다.'라는 말로 장석웅의 인사행정을 함축해서 표현하는 것을 보았습니다. 평판이 좋은 사람은 능력과 덕망을 모두 갖추었기에 가능한 것입니다. 굳이 내가 떠들고 다니지 않아도 사람들의 눈과 귀를 통해, 마음을 통해 평판은 저절로 만들어진다고 생각합니다.

남과 좋은 관계를 유지하면서 최선을 다해 교육의 본질 구현과 혁신에 앞장서는 사람들에게는 자기도 모르는 사이에 기회가 올 수 있을 것입니다.

이 시대는 사람은 물론이고 조직이 홀로 독립해서 할 수 있는 일은 거의 없습니다. 그것은 가능하지도 바람직하지도 않습니다. 갈수록 협치(協治)가 중시되는 상황에서 이제 교육은 교육청과 학교만의 일이 아닙니다. 교육이 마을과 지역사회로 외연을 확장하고 함께 가야 하는 이유가 바로 이것입니다.

그동안 우리 교육청은 도와 22개 시·군에 교육참여위원회를 구성했습니다. 그리고 학부모회 네트워크, 주민참여예산제, 시민감사관제, 전국 최초의 학생의회, 마을교육공동체, 지방자치단체와의 교육행정협의회 등 교육주체는 물론 도민들과 혁신전남교육 추진을 위한 협력의 틀을 새롭게 정비했습니다.

이러한 자치와 협치의 틀 속에서 우리 교육청은 짧은 시간 동안 여러 혁신교육정책을 추진했습니다. 학교기본운영비 증액을 통한 자율사업선택제 도입, 학교회계전출금 확대, 권역별 진학지원센터 구축, 청소년미래도전프로젝트 그리고 교육지원청에 학교지원센터 구축, 전남형 미래학교, 공간혁신 추진, 교육복지 확대, 전문적학습공동체 운영, 학교 밖 청소년 지원, 민주시민교육 강화, 조직문화 혁신, 교원업무 정상화, 학교내 친일잔재 청산작업, 청렴문화 기반 조성 등이 그 예입니다.

조직개편도 마무리 단계에 접어들고 있습니다. 저와 함께 혁신교육 철학을 이해하고 힘을 주신 여러분께 감사드립니다.

서서히 현장에서 변화의 기운이 일어나고 있습니다. 한 사람 한 사람이 교육청을 대표한다는 자세로 최선을 다해 주신 여러분께 다시 한 번 감사의 말씀을 드립니다. 거듭 강조하지만, 하반기에는 새로운 사업을 늘리기보다는 기존 사업이 잘 정착되도록 추진하는 것이 중요합니다. 부족한 부분과 현장에 맞지 않는 부분은 보완하여 추진해 주십시오.

1년 전 9월 월례조회 때 저는 "이견이 없는 조직, 토론이 없는 조직, 서로에 관심이 없는 조직은 위험하다. 혁신의 걸림돌이다. 따라서 무엇보다도 부서 간 협업을 강화해주시라."고 부탁드렸습니다. 여전히 유효하고 우리에게 중요한 과제입니다. 협업과 분업은 다르지요. 자기 일만 잘하는 칸막이식 사업이 아니라 총체적 맥락에서 함께 일하는 방식이 협업입니다. 내 업무와 다른 사람의 업무가 어떻게 연관성이 있는지 파악하며 함께 일하는 방식입니다.

예를 하나 들겠습니다. '소니', 잘 아시지요. 50년대부터 80년대까지 전 세계의 가장 대표적인 혁신기업이고 글로벌 기업입니다. 세계 최초의 트랜지스터라디오, 컬러 TV 그리고 VCR, 그 유명한 워크맨 CD를 만들어낸 회사입니다. 그런데 이 회사가 몰락했습니다. 이제는 엔터테인먼트나 게임으로 연명하고 있습니다.

몰락의 원인을 여러 가지로 이야기합니다. 핵심적인 원인은 개방과 공유, 협력의 문제였습니다. 소니는 1994년 각 사업부에 독립채산제를 도입했습니다. 경쟁을 유도해서 실적을 높이려 한 것이었지요. 그러나 역효과였습니다. 자기 사업부만의 이익을 추구하고 기술 공유를 꺼렸습니다. 사업부 간 제휴가 이루어지지 못했고 컨트롤타워 부재로 시너지 효과도 없었습니다.

스티브 잡스는 "소니는 사업부 간의 칸막이 때문에 애플이 되지 못했다."고 말했습니다. 또 하나 예를 들어볼까요. 미국 마이크로소프트 CEO 스티브 팔머 이야기입니다. 빌 게이츠의 은퇴 이후 2000년부터 2014년까지 마이크로소프트의 2대 최고경영자를 맡은 사람입니다. 그는 CEO에 취임한 이후 상위 20%는 인센티브를 주고 하위 20%는 불이익을 주는 경쟁

중심의 인사제도를 폐지했습니다. 경쟁을 통해 혁신을 꾀하고 경쟁력을 높이려 했지만 오히려 "정보를 동료와 공유하지 않는다. 심지어 정보를 훔쳤다. 구글과 경쟁하지 않고 동료끼리 싸웠다."는 판단 때문이었습니다.

이 사례는 소통과 공유와 개방을 통한 협업능력이 창의력의 원천이고 발전의 원동력임을 시사합니다.

눈앞에 쌓인 내 업무에만 매몰되면 중요한 점을 놓칠 수 있습니다.

학교 현장의 눈으로 업무를 다시 살펴봐 주시기 바랍니다. 실·과별로 업무를 공유하고 협력하면서 주민직선 3기의 교육시책이 현장에 안착될 수 있도록 최선을 다해 주시기 바랍니다.

매일 아침 출근하면서 본청 외벽에 있는 글판을 봅니다. '산다는 일은 더 높게 오르는 것이 아니라 더 깊이 들어가는 것이다.'라고 씌어 있지요. 물은 높은 곳에서 낮은 곳으로 흐릅니다. 그것이 순리입니다. 낮은 곳에 있기 때문에 사방에서 모일 수 있으며 모두를 품을 수 있습니다. 큰 바다가 되는 법이지요.

서로가 높이 오르려고 위쪽만 쳐다보기 쉬운 이 시대에 내가 딛고 선 땅, 내가 처한 현실부터 차분히 제대로 볼 수 있는 눈을 가지면 좋겠습니다. 현실에서 우리는 더 치열하고 깊게 생각하고 일하고 서로 만나면 좋겠습니다. 그리하여 큰 바다에서 함께 만나기를 소망합니다.

2019년 9월을 열며

실패해 보지 않은 자를 신뢰하지 않습니다

벌써 11월입니다. 달력도 두 장만 남겨놓고 있습니다. 시간이 참 빠르다는 생각을 합니다. 여러분도 그렇게 생각할 것입니다.

그리스 신화에 보면 시간을 관장하는 신이 등장합니다. 절대적인 시간을 관장하는 '크로노스'와 상대적 시간을 관장하는 '카이로스'라는 신입니다. 크로노스는 시계바늘과 함께 흘러가는 이른바 물리적 시간입니다.

우리가 성장하고 늙고 죽게 하는 절대적 시간을 지배하지요. 반면 카이로스는 의식적이고 주관적 시간을 지배합니다. 우리가 먼 길을 여행할 때 사랑하는 사람과 함께하면 시간이 빨리 간다고 느끼지요? 반면 싫은 사람과는 1분을 함께 있어도 길게 느껴집니다. 그것이 바로 상대적 시간, 주관적 시간, 카이로스입니다.

우리는 절대적 시간으로 100년을 넘게 살 수 없습니다. 마음대로 할 수 없습니다. 그러나 상대적 시간을 주관하는 카이로스는 마음먹기에 따라, 생각하기에 따라 얼마든지 늘일 수도 줄일 수도 있다고 생각합니다.

여러분은 어김없이 올해 들어 절대적 시간, 즉 크로노스의 시간 10개월을 살았습니다. 이 10개월이 길었다고 느끼시는 분들도 있겠지만, 많은 분은 어떻게 지냈는지 모르게 후딱 지났다고 느끼실 것입니다. 그것은 전남교육에 열정을 갖고 헌신해 오면서 긍지와 보람을 느꼈기 때문일 것입니다. 여러분이 느낀 카이로스의 시간을 존경합니다.

덕분에 우리 도교육청에 의미 있는 성과들이 나타났습니다. 모든 공은 여러분의 것이며, 아직 채워야 할 부분은 저의 몫으로 남겨 놓겠습니다.

이제 물리적 시간은 2개월 남았습니다. 그동안 추진해온 사업의 마무리와 함께 도의회 행정사무 감사, 내년도 예산안, 조직개편 처리 등 산적한 일들에 직면해 있습니다. 마음이 바쁘실 것입니다. 그동안 어려움 속에서도 차분히 준비해주신 직원 여러분께 감사드리며, 좋은 결과를 기대합니다.

우리 본청은 그간 학교 현장을 지원하는 데 최선을 다해왔습니다. 사업마다 지원센터가 생겨나고 지원단이 조직되고 지원행정을 펼쳐가고 있습니다. 그런데 그러한 지원이 현장의 힘을 키우는 것이 아니라 자생력을 줄이고 교육청에 대한 학교 현장의 의존도만 높이는 것이 아닌지 돌아보아야 할 시점이 되었습니다.

현장은 자율을 원합니다. 그런데 업무를 경감하고 자율을 주면 "다 잘 될 것이다, 알아서 잘 할 것이다."라고 하는 생각을 이제는 되짚어봐야 합니다. 자칫하면 이것이 학교 구성원들에게 엉뚱한 신호로 읽힐 위험이 있습니다. 자율이 주어지지만 관행과 편의에 젖어서 일하거나, 무소신, 안일 그리고 책무를 소홀히 하는 행태까지도 자율이라는 이름으로 용납할 수는 없습니다.

자율은 자율을 누릴 수 있게 준비된 학교, 그리고 받아들일 자세가 된 곳에만 부여되어야 합니다. 본청은 이에 대한 구체적인 방안과 함께 학교나 직속기관에 대한 점검과 아울러 책무성을 높이는 방안과 정교한 평가 시스템을 만들어야 합니다. 사업 부서별로 내년도 사업계획을 수립할 때 지원과 자율의 확대에 따른 학교 현장의 이해도와 책무성을 높이는 방안도 만들어주시기 바랍니다.

《내셔널지오그래픽》지에 따르면, 우리는 하루에 수많은 선택을 한다고 합니다. 약 150개의 선택을 한다고 해요. 아침에 일어나서 무엇을 먹을까, 어떤 옷을 입고 출근할까를 비롯해 가지 수가 그렇게 많다고 합니다. 그중에서 신중하게 고민하는 것은 30개 정도에 불과하고, 올바른 선택이라는 생각에 미소 짓는 경우는 다섯 차례도 안 된다고 합니다.

어떤 선택도 후회와 미련에서 자유로울 수 없습니다. 훗날 가지 않은 길을 돌아보며 한숨 쉬지 않으려면 자신이 선택한 길에서 최선을 다해야 할 것입니다. 최선을 다했지만 실패할 수도 있습니다. 실패도 자산입니다.

'피터 드러커'라는 사람은 "뛰어난 사람일수록 잘못이 많다."고 했습니다. 저는 어느 정도 이 말에 수긍합니다. 그것은 그만큼 새로운 시도를 많이 했다는 말이지요.

저는 "실패한 적이 없다."라는 사람의 말을 믿지 않습니다. 크게 신뢰하지 않습니다. 한 번도 잘못해 보지 않은 사람, 한 번도 실패를 경험해 보지 않은 사람, 다른 사람에게 욕먹어 보지 못한 사람에게 중책을 맡겨서는 안 된다는, 그런 역설을 저는 믿습니다. 그런 사람은 어떻게 잘못했고 그 잘못과 실수에 어떻게 대처해야 하는지 모릅니다.

그러니 실패를 두려워하지 마십시오. 실패를 용인하는 문화, 실패를 딛고 한 걸음 더 나아갈 수 있는 도교육청 문화를 만드는 데 제가 역할을 하겠습니다.

시간 이야기로 마무리하겠습니다. 우리는 누군가를 만나면 "언제 시간 나면 밥이나 같이 먹자."고 합니다. 이런 약속 해놓고 어느덧 1년이 지나고 2년이 지난 경험 있으시죠. 저도 그런 경험 많습니다. 훗날 그분들이 떠나고 나면 그 약속 지키지 못해 못내 아쉬운 경우가 많습니다. 바쁘지만 성찰과 쉼 그리고 만남이 있는 11월을 보내시기 바랍니다.

2019년 11월 첫날

함께 가면 멀리 갈 수 있습니다

오늘 아침 책상에 놓인 탁상 달력 한 장을 넘기면서 비로소 올해도 한 달밖에 남지 않았다는 것을 실감했습니다.

지난달 이 자리에서 말씀드린 카이로스의 시간을 다시 떠올렸습니다. 절대적 시간, 상대적 시간 말입니다. 누구에게는 올 1년이 길었을 것이고 누구에게는 짧았을 것입니다. 돌이켜 보건대 저에게 1년은 너무도 짧은 시간이었습니다. 여러분들은 어땠는지 모르겠습니다.

2018년 대학교수들이 뽑은 올해의 사자성어는 '임중도원(任重道遠)'이었습니다. 『논어』에 나오는 말이지요. '맡은 일은 무겁고 갈 길은 멀다.'라는 의미입니다. 《교수신문》이 2019년을 전망하면서 '문재인 정부 개혁 추진 과정에서 여러 어려움이 있을 것이다.'라는 뜻으로 선정한 사자성어입니다.

우리 전남교육에도 맞는 이야기라고 생각했습니다. 우리가 혁신전남교육을 위해 해야 할 일도 많고, 이에 따른 여러 어려움도 많을 것인데, 이는 좀 더 긴 호흡이 필요하다는 의미이기도 합니다. 함께 가면 짐도 나누어질 수 있고 먼 길도 갈 수 있습니다. 올 한 해가 그랬다고 생각합니다.

올 1년은 혁신전남교육을 향해 앞만 보고 달려온 한 해였습니다. 작년에 이어 민주적 조직문화, 업무감축 및 경감을 강력하게 추진했습니다. 3·1운동 임시정부 100년을 맞아 일제 잔재 청산작업을 전국 어느 곳 못지않게 선도적으로 추진했고 역사교육과 민주시민교육을 강화했습니다.

'청소년미래도전프로젝트'로 자율과 창의의 학생활동 신기원을 개척했습니다. 학교를 힘들게 했던 학교폭력 업무가 학교지원센터의 지원, 학교장 종결제의 선제적 시행으로 대폭 경감되고 회복적 생활교육으로 학생지도의 변화가 이뤄지고 있습니다.

지난 1년 수많은 일들을 저와 여러분이 함께 했습니다. 성과가 나타나기 시작한 것도 있고 시행착오를 겪는 것도 있습니다. 그렇지만 크게는 더디더라도 한 발 한 발 나아가고 있습니다. 결코 되돌릴 수 없는 변화와 혁신의 흐름이 만들어지고 있습니다. 이를 앞장서서 선도하는 도교육청 구성원의 능력과 헌신성에 대한 평가도 높아지고 있습니다. 자부심을 가져도 좋습니다.

돌이켜 보면, '너무 앞만 보고 가면서 주변을 다그치지 않았나.'라고 생각하기도 합니다. 연말이 되면 뒤도 돌아보게 되고, 그러면 보이지 않던 것도 보이게 됩니다. 어느 시인의 말처럼 올라갈 때 보이지 않았던 꽃이 내려갈 때 보이듯이 말입니다. 1년 동안 고생한 직원들에게 진심으로 감사의 말씀을 드립니다.

이제 한 달여 남았습니다. 남은 한 달 여유를 갖고 성찰과 전망의 시간을 가져주시기 바랍니다. 각 실·과에서는 올해 사업들을 학교 현장의 눈으로 파악하고 부족한 점들을 찾아서 내년 사업계획에 반영해 주시기 바랍니다. 못다 한 아쉬움을 새로운 설렘으로 바꾸는 12월 보내시기 바랍니다.

2019년 12월 첫날

앞물결 뒷물결 모여 새로운 강을 이루고

정책국장님을 비롯한 과장님들, 함께 일하게 되어서 반갑고 축하드립니다. 또한 이번에 전입하신 장학관님, 장학사님, 주무관님들, 직접 뵙고 따뜻하게 환영해야 하는데 코로나19로 인해 확대간부회의에서 영상으로 축하드리게 되어 아쉽습니다. 함께 일하게 되어 기쁩니다.

지난주 임용장 전수식 자리에서 저는 새로 중책을 맡으신 분들을 '낭중지추(囊中之錐)'에 비유했습니다. 뛰어난 인재는 주머니 속 송곳처럼 보이지 않아도, 쉽게 눈에 띄지 않아도, 어떤 자리, 어떤 상황에 있어도 결국 드러나 눈에 띈다는 말입니다. 바로 여러분이 그렇습니다.

노자『도덕경』에 '후기신이신선(後其身而身先)'이라는 말이 있습니다. "자신을 뒤에 놓으면 앞서게 된다."는 뜻입니다. 여러분도 이처럼 평소 공과 성과는 다른 사람들에게 돌리고 자신을 내세우지 않았으리라 생각합니다.

임명장은 제가 드렸지만, 전남교육 변화와 성장을 염원하는 우리 교육가족과 도민들이 부여한 준엄한 책무라 생각하시고 최선을 다하리라 믿습니다.

코로나19로 개학도 연기되고 걱정들이 많습니다. 휴일도 없이 밤낮으로 고생하시는 비상대책본부 구성원, 특히 상황실 요원들께 감사드립니다. 덕분에 아직까지 우리 전라남도에는 큰 피해가 없어 다행입니다. 한 분 한 분 각자의 건강도 잘 챙겨주시기 바랍니다. 본청과 교육지원청, 학교, 지방자치단체 등 코로나19 관련 모든 정보와 상황은 가장 신속하게 상황실에 최우선적으로 보고되고 지침도 상황실에서 단일하게 전파될 수 있게 해주시기 바랍니다.

현재 상황으로 볼 때 개학이 더 연기될 가능성이 높습니다. 따라서 교육과정 운영, 교외생활지도, 돌봄, 교직원 복무 등에 대해 만반의 대책을 마련해 주시기 바랍니다. 휴업이 더 길어지면 방학이 대폭 줄어들겠지요.

각 과에서는 전반적인 연중계획을 수정·보완해야 할 겁니다. 또한 본청, 직속기관, 교육지원청 직원들은 이 휴업 기간 중 우리 과에서는 무슨 일을 해야 할지, 어떻게 해야 할지 심도 있게 논의하고 방안을 마련해 주시기 바랍니다.

3월 1일 자로 조직이 3국으로 개편되고 관련 인사가 마무리되었습니다. 사무실도 재배치되고 업무도 조정·개편되었습니다. 새로운 업무를 본격 추진하는 과정에서 다소 혼란이나 갈등이 있을 수 있겠지만, 자기 부서의 입장이나 기존 관성에서 벗어나 소통과 협업 속에 조직이 운영되도록 노력해 주시기 바랍니다.

아시다시피 제대로 된 조직은 똑똑한 한 사람의 힘으로 움직이는 '인치(人治)'가 아니라 여러 사람의 힘으로 움직이는 '협치(協治)'가 시스템으로 작동되는 조직입니다.

학교나 교육기관을 보면 뛰어난 활동이나 성과물들도 담당자가 떠나고 나면 묻히거나 원점으로 돌아가 버리는 경우가 종종 있습니다. 훌륭했던 혁신학교 교장 선생님이 떠나고 나면 그 학교가 곧 원점으로 돌아가 다시 처음부터 시작해야 하는 사례가 간혹 있습니다. 이는 전남교육의 지속 가능한 발전에 도움이 되지 않습니다.

훌륭한 리더십이란 혼자서 현명한 판단을 내리고 큰일을 하는 것이 아니지요. 함께 일하는 사람들의 내면에 잠재해 있는 역량과 긍정의 에너지를 이끌어내 좋은 판단을 하고 그들이 더 나은 일을 하게 하여 함께 성장하는 것입니다. 간부님들이 안 계시더라도, 간부님들이 떠나더라도 앞물결 뒷물결들이 모여들어 새물결, 새로운 강물로 흘렀으면 좋겠습니다.

교육감이 된 지 햇수로 3년, 이제 반환점을 향해 달려갑니다. 전남교육을 혁신하고 아이들을 미래의 인재로 키우겠다고 천명하면서 달려왔는데, 참 세월이 빠릅니다.

지금까지의 혁신을 기반으로 미래를 준비하고자 합니다. 혁신을 뛰어넘어서 미래교육을 추진하고자 합니다. 지난번에 우리 청 관계자와 외부 전문가들이 모여 미래교육전문가 협의회를 열었습니다.

학령인구 감소와 제4차 산업혁명에 대비해 미래교육 추진과제를 추출하고 실행방안을 논의하는 뜻깊은 자리였습니다. 내용을 더 다듬고 발전시켜 전남교육의 미래를 설계하고 함께 만들기 위한 지혜를 모아주시기 바랍니다.

'춘래불사춘(春來不似春)'이라, '봄이 왔으되 봄 같지 않다.'는 이 말이 지금처럼 실감 난 적은 없었던 것 같습니다. 때 이른 봄꽃이 다투어 피고 날씨도 완연한 봄인데 전혀 봄이라는 생각이 안 듭니다. 봄꽃에 눈길도 덜 가고 별로 예쁜지도 모르겠습니다.

희망과 설렘, 기대와 축복이 아니라 근심과 걱정, 불안에 휩싸여 있습니다. 그러나 봄은 '새로운 봄'으로 올 것입니다. 어렵고 힘들지만 봄은 오고야 말 것입니다. 새로운 봄, 우리의 힘으로, 우리의 헌신과 관심과 연대로 함께 만들어 갑시다.

2020년 3월 첫날

'뉴노멀(New Normal) 사회'를 앞두고

5월은 어린이날, 어버이날, 스승의 날, 부부의 날, 성년의 날 등 좋은 날들이 많습니다. 5월은 관계의 소중함, 가정의 소중함을 새삼 깨닫는 달이지요. 그동안 바쁘게 살면서 놓쳤던 소중한 사람들에게 안부 전화를 하거나 문자 한 통이라도 나누며 사는, 그런 5월이 되면 좋겠습니다.

작년은 3·1운동 100주년, 임시정부 수립 100주년이어서 '역사의 해'로 불렸습니다. 올해는 4·19혁명 60주년, 5·18민주화운동 40주년을 맞는 해라서 그런지 '민주주의의 해'라고 합니다. 우리 도교육청에도 1980년대 대학시절 우리 사회 민주화를 위해 주역으로 활동하신 분들이 많이 계시지요. 특별히 감회가 새로울 것입니다.

아시다시피, 우리나라는 4·19, 5·18, 6월항쟁 그리고 촛불혁명을 거치면서 세계사에 유례없이 짧은 시간에 가장 역동적으로 민주화를 이룬 나라입니다. 그러나 절차적 민주주의는 이뤘지만 생활논리로서의 민주주의, 일상에서의 민주주의는 미흡하다는 평가를 받고 있습니다.

우리 도교육청은 지난 2년간 민주주의 원리를 교육현장에 구현하고 관철하기 위한 민주적 조직문화 조성에 노력해 왔습니다. 코로나 위기에서 우리 전남교육청이 잘 대응할 수 있었던 것도 구성원들의 토의와 협력이 살아 있는 민주적 학교문화 덕분이라고 생각합니다.

민주적인 학교, 학교장의 민주적 리더십이 잘 발휘된 학교는 세대 간, 과목 간, 학년 간, 부서 간 장벽을 넘어서 그 어느 때보다 활발한 소통과 경청, 협력적 배움이 일어났고, 당면한 어려움을 극복해갈 수 있었습니다. 반면 학교장의 권한이나 상부 지침 또는 교직원 다수결에만 의존하는 학교는 그러하지 못했습니다.

코로나 국면을 거치면서 "민주주의가 힘이고 자산이며 경쟁력이다, 위기 속에서 민주주의는 더욱 빛을 발한다."라는 사실을 확인했습니다.

오늘부터 생활방역으로 전환합니다. 우리 사회가 이제 생활 속에서 코로나19를 충분히 관리하고 통제할 수 있는 상황이라는 의미이지요. 등교개학 일정도 발표됐습니다. 우리 청은 교육부가 발표한 일정을 기본으로 하되, 긴급 논의를 거쳐 학생 60명 이하의 초등학교, 중학교도 13일부터 개학하기로 했습니다. 일선 학교의 준비상황을 고려하여 신속하게 결정한 것입니다.

60명 이하 초·중학교의 우선개학은 전라남도교육청이 전국 시·도교육감협의회에 요구했던 사항으로, 전남 학교들의 제반 상황을 고려하고 또 우리 전남 교직원들을 믿고 결정했지만 한편으로는 부담도 됩니다. 잘 준비해서 차질 없이 등교개학이 이뤄질 수 있도록 수고해 주시기를 부탁드립니다.

아울러 우리 도교육청 산하 공공도서관, 평생교육관, 학생수련장 또 직속기관에 있는 각종 체험시설도 늦어도 다음 주 월요일에는 개관할 수 있도록 준비해야 할 것입니다.

등교개학 하면 곧 일상으로 돌아갈 거라고들 합니다. 그러나 그 일상은 코로나19 이전과는 다를 것입니다. 코로나19로 인한 크나큰 변화와 충격을 '모르쇠' 하고 없었던 것처럼 예전으로 돌아갈 수는 없을 것입니다. 우리 사회는 이른바 '뉴 노멀(New Normal) 사회'로 진입했습니다. 단언컨대 우리는 과거의 일상으로 돌아갈 수 없습니다.

4차 산업혁명의 거센 파고와 코로나 사태는 모든 것을 바꿔야 한다는 강력한 메시지입니다. 신인류의 등장으로 변화의 폭과 깊이는 더욱 넓어지고 깊어질 것입니다. '신인류'는 스마트폰을 신체의 일부처럼 사용하는 사람들, 즉 '포노 사피엔스(Phono Sapience)'라고 하지요. 이 신인류는 디지털 기술과 온라인 플랫폼을 결합해서 새로운 공간을 만들고 새로운 생활양식을 창출해 가고 있습니다.

그러나 우리 사회의 기득권 세력은 신인류의 디지털 혁명에 규제로 맞서왔습니다. 암호화폐, 차량공유, 숙박공유, 원격진료, 인터넷은행 등 기존 생태계에 충격을 줄 만한 모든 플랫폼을 규제했습니다. 정보기술이 발전했다지만 아직 구시대 문명 기준으로 사는 게 우리 사회의 현재 모습입니다.

'붉은 깃발법'이라는 것이 있지요. 1865년 영국에서 만든 법입니다. 자동차가 등장하니까, 마차산업을 보호하고 마부들의 일자리를 지키기 위해 시속 30km로 달리는 자동차의 속도를 최고 6km, 최하 2km로 제한한 법입니다.

30년간 유지된 이 법으로 영국 소비자들은 자동차를 구매할 수 없었고 결국 자동차 산업을 위축시켜 후발주자라 할 수 있는 독일과 미국에 주도권을 내주고 말았습니다.

이 '붉은 깃발법'처럼 신기술과 신산업을 반대하거나 규제하고 새로운 사회의 도래를 깨닫지 못하는 무지와 시대착오적 인식이 아직도 우리 사회에 엄존하고 있습니다.

디지털 문명은 이미 정해진 미래입니다. 시그널은 명백합니다. 디지털 문명으로의 전환은 생존을 위한 선택입니다. 어렵고 불편하지만 신문명에 적응하고 도전해야 하는 것이지요. 역사가 증명하듯 문명 교체기는 절체절명의 위기이자 기회입니다. 이 순간 아이들의 생존과 미래가 달려 있습니다.

이 시기에 우리 도교육청은 무엇을 해야 할지 깊이 성찰하고 숙고해야 합니다. 분명한 것은 획일화, 표준화된 방식으로 지식을 주입하는 근대 학교교육의 유효기간은 끝났다는 것입니다.

집단적 효율성이 강조된 '교실 공유 교육 시대'는 가고 개인의 개성과 요구가 특화된 '인공지능', '원격교육 시대'가 도래하였습니다. 당연히 기존 교육의 패러다임은 바뀌어야 합니다.

학교의 기능과 역할, 교사의 역할, 교수학습 방법론 그리고 시간과 공간은 물론 격식마저 파괴하는 교육행정 등등이 그것입니다. 원격학습이 시간과 공간을 뛰어넘는데 교육행정도 당연히 시간과 공간을 뛰어넘어야 합니다.

두 달여 진행된 온라인 학습 과정에서 우리는 많은 것을 배우고 느꼈습니다. 사상 초유의 위기적 상황에서 학교 현장의 구성원들이 발휘한 소통과 협력 속에 이룩한 성과를 앞으로 어떻게 더 발전시킬 것인가, 드러난 오류와 한계는 어떻게 극복할 것인가, 당면한 과제와 중장기적인 전망은 어떻게 해결하고 세워나갈 것인가 등입니다.

우리 교육청이 올 3월에 구성한 미래교육 추진 관련 TF팀뿐만 아니라 각 실·과에서도 이 문제에 대해 심도 있는 논의가 있기를 바랍니다.

미래는 불확실하고 예측할 수 없지만 다가올 것이고, 그래서 준비해야 합니다. 미래를 언젠가 다가올 먼 훗날로 보는 게 아니라 2030년까지 10년 교육을 어떻게 만들어 갈 것인가를 구체적으로 고민하며 다양한 영역에서 새로움을 시도하고 모범을 만들어야 할 때입니다.

변화의 동력은 관료주의와 시장이 아니라 민주주의와 공동체에 있습니다. 변화의 동력은 중앙에 있지 않고 지방에 있습니다.

교육의 본질을 잃지 않고 경계를 넘어 융합과 창의성을 발휘하여 전 지구적인 문제를 고민하고 해결하는 사고력과 실천이 필요한 때입니다.

끝으로 등교개학 이후 교사들이 수업과 생활지도 그리고 방역 관련 일에만 집중할 수 있도록 교과수업 외에 불요불급한 행사를 폐지하거나 축소하는 방안을 마련해 주시기 바랍니다.

아울러 공문 및 교육 외적 업무를 대폭 경감하고 최근 개통한 화상회의시스템을 적극 활용하여 출장 등을 최소화할 수 있는 방안도 마련해 주시기를 부탁드립니다.

2020년 5월을 시작하며

혁신을 넘어 미래로 - 취임 2주년의 희망과 언약들

"먼 일까지 미리 잘 헤아려 생각하지 않으면
반드시 가까이에서 근심이 생겨난다.(人無遠慮 必有近憂)"

(『논어』)

불망초심의 자세로 미래를 열겠습니다

2년이 지났습니다. 2년 전 이 자리에서 느꼈던 떨리는 마음, 지금도
떨리기는 마찬가지입니다. 항상 떨리는 마음으로 살아가야겠다고 생각합
니다.

그동안 저와 함께하신 우리 도교육청 직원 여러분, 2년 전 처음 이 자
리에 섰을 때를 생각해 봅니다. '떨림'이라고 했습니다. 전남교육의 녹록지
않은 현실과 마주하면서, 전남교육이 뭔가 변해야겠다는 도민들의 열망
을 어떻게 반영해서 충족시킬지 정말 낯선 분위기와 부담 속에 시작한 것
같습니다. 하지만 든든한 여러분이 계셔서 어렵지 않게 그리고 많은 성과
를 거뒀다고 생각합니다.

이것을 어찌 저 혼자의 힘으로 해냈겠습니까? 다 여러분의 노력 덕분
이고 여러분의 공입니다. 다시 한번 고마움을 전합니다.

지난 2년간 우리는 학생과 교실을 중심에 놓고 전남교육을 혁신하여
아이들을 미래인재로 키우고자 노력해 왔습니다.

가만히 2년을 돌아보니, 앞만 보고 달려왔다고 생각합니다. 그 속에
서 구성원들은 많이 힘들었고 혁신에 대한 피로감도 쌓였을 것이라는 생

각이 들었습니다.

맹종죽의 한 종류로, 중국에 '모소대나무'가 있습니다. 이 나무는 씨를 뿌리면 4년 동안은 1년에 3cm밖에 자라지 않는다고 합니다. 성질 급한 사람은 갈아엎기도 한답니다. 그런데 5년째가 되면, 하루에 30cm씩 커서 단 6주 만에 15m 이상 자라 숲을 이룬다고 합니다. 4년 동안은 12cm밖에 자라지 않다가 5년째 들어서 단숨에 이렇게 큰 나무가 되는 것은 4년 동안 성장에 필요한 영양을 축적하고 어떤 비바람에도 쓰러지지 않도록 단단한 뿌리를 땅속 깊이 내뻗었기 때문이겠지요.

모소대나무에게 4년은 기다림과 준비와 인내의 시간이었습니다. 그러다가 드디어 5년 차에 이르러 큰 나무가 되고 '더불어 숲'이 되었지요. 저도 모소대나무로부터 배우고자 합니다. 단기간의 성과에 연연하지 않고 재촉하지 않고 기다리면서, 신뢰하면서 변화를 끌어내도록 하겠습니다. 각자가 큰 나무가 되고 함께 큰 숲을 이룰 수 있도록 말입니다.

하반기 남은 임기 2년은 미래교육이 핵심 화두가 될 것입니다. 인구절벽, 4차 산업혁명, 디지털사회의 도래 그리고 코로나19 등으로 인류는 일찍이 경험해보지 못한 문명사적 전환기에 처해 있습니다. 우리 아이들이 마주할 사회는 혁신적이다 못해 파괴적일 겁니다. 때문에 우리는 최소한 아이들의 10년을 내다보면서 준비해야 합니다.

최근 우리 교육청에서 '포스트 코로나19, 전남교육미래, 전남교육 2030'에 대한 다양한 논의와 준비가 이뤄지고 있습니다. 전국 어느 시·도에서도 하지 못한 다양한 논의와 대비를 하고 있어 기쁘고 든든하고 자랑스럽습니다. 모두의 지혜를 모아서 최소 10년 후 학생과 학교의 모습은 어떻게 변해야 하는지 고민하면서, 단계별 세부과제를 구체적으로 마련해가야 할 것입니다.

'불망초심(不忘初心)'이라 했습니다, 초심을 잃지 않고 가겠습니다. 하반기는 좀 더 여유 있고 넉넉해지려고 생각합니다.

2020년 7월 첫날

미리 대비하지 않으면 미래는 없다

이번 9월 1일 자 교육전문직원과 학교장 인사는 올 3월 출범한 전남교육청 인사혁신위원회 권고안을 일부 반영하였습니다. 인사 관리에 필요한 여러 절차상 이번에는 부분적으로 할 수밖에 없는 한계가 있었지만, 점차 확대하여 권고안이 제시한 기본 방향과 원칙을 최대한 반영한 혁신 인사제도를 정착시키고자 합니다.

학교장 인사에서는 '교육감 지정학교 학교장 임용제'를 도입하여 역량 있는 학교장을 적재적소에 배치해 학교교육력을 높이고자 합니다. 또한 정성평가를 강화한 '학교장 경영실적 평정제'를 도입하여 점수 위주의 서열화된 교장 인사제도를 과감히 개선해나갈 것입니다.

교육전문직원 인사에서는 과감한 발탁인사를 확대할 것입니다. 아울러 현장에서 묵묵히 일하는 우수한 행정인재들의 발탁 기회를 넓히기 위해 일반직 5급 심사승진제를 보완하겠습니다. 교육전문직원이나 일반직원을 막론하고 어려운 여건에서 헌신하고 역량을 발휘한 분들은 우대할 것입니다.

본격적으로 2학기가 시작됐습니다만 코로나19 대유행의 초입에 들어섰다고 합니다. 특히 더위 속에서도 마스크를 벗지 못한 채 수업과 생활지도, 방역의 삼중고 속에서 땀 흘리시는 선생님들의 노고와 헌신을 생각하면 가슴이 먹먹해 옵니다. 이 위기 상황에서 다시 국민들은 학교를 일상의 잣대로 여기며, 학교가 어떻게 대처하는지 주시하고 있습니다.

위기가 닥치면 기존 질서는 의심받으며 도전은 권장됩니다. 위기를 돌파하려면 전에 없던 방법으로 변화를 시도해야 합니다. 그래야 가능성과 희망이 보입니다. 기왕의 질서는 농산어촌 학교에 우호적이지 않았습니다. 도시가 질서의 기준이었기 때문입니다.

코로나19 위기 상황에서 기존 질서를 뛰어넘고자 하는 우리 전남의 교직원, 학부모, 지역사회, 지방자치단체 등 교육공동체 구성원들이 새로운 질서를 만들어 냈습니다. 위기에 맞서 의사결정과 실천이 유연하고 신속하게 이뤄졌습니다. 온라인 학습플랫폼, 콘텐츠, 온·오프라인 수업, 학교자율성 확대, 돌봄, 방역, 친환경 농산물 꾸러미 등등이 그것입니다. 2학기에도 새로운 모범을 만들어 가리라 기대합니다. 힘들고 어렵지만 함께 분투 노력해 갑시다.

공자 말씀에 '인무원려 필유근우(人無遠慮 必有近憂)'라는 말이 있습니다. '먼 일까지 미리 잘 헤아려 생각하지 않으면 반드시 가까이에서 근심이 생겨난다.'는 말입니다. 미래에 대비하지 않으면 어려움이 닥친다는 의미입니다.

당면한 코로나19뿐 아니라 기후위기 등 각종 전염병과 재난은 눈앞의 이익과 성장에 급급해 멀리 내다보지 못한 인간이 만들어 낸 업보일지 모릅니다. 이제라도 멀리 보고 미리 헤아려 미래를 대비해야 합니다. 멀리 보고 미리 헤아리는 예지력과 통찰력은 끊임없는 학습과 토론 그리고 고민을 통해 만들어집니다. 관행과 구습과 매뉴얼에서 벗어나야 합니다. 전남교육을 책임지는 저를 비롯한 우리 교육청 간부들, 우리 모두가 유념해야 할 말입니다.

'도민 소득 최하위, 인구소멸 위험 압도적 1위, 60명 이하의 작은학교가 43%에 달하는 전남의 교육을 어떻게 해야 할 것인가'하는 것은 우리의 끊임없는 화두였습니다. 멀리 보고 미리 헤아려 대비하지 않으면, 가까운 미래에 전남의 많은 소규모 초등학교, 중학교, 고등학교는 독자적으로 생존하기 불가능한 상황이 도래할 것입니다.

그동안 작은학교를 살리기 위해 농산어촌·원도심·섬 학교 등 지역과 학교의 특성을 감안한 학교별 특색 프로그램 운영이라든지, 시설개선 또는 지방자치단체 및 지역사회와의 협력을 강화하는 등 여러 시도를 해왔지만 역부족이었던 것은 사실입니다.

이제 다른 관점과 각도에서 접근하고자 합니다. 면 단위 학생 수 30~40명 이하의 초등학교와 중학교를 통합하여 운영하는 '초·중 통합운영학교 정책'을 추진하고자 합니다. 당연히 주민과 학부모의 동의를 전제로 합니다.

20년 전 11개의 초·중, 중·고 통합운영학교가 만들어졌습니다. 그것은 통·폐합의 관점에서 이뤄진 것으로, 물리적인 통합에 불과했습니다. 의미 있는 성과를 거두지 못했습니다. 이제 실시하려는 초·중 통합운영학교에서는 '그린스마트 미래학교' 사업을 연계하여 공간을 혁신하고 학교를 생태적으로 재구성하며 마을과 함께하는 복합공간을 조성할 것입니다. 특히 '스마트 교실'을 제대로 만들고 전문인력을 배치하여 에듀테크의 산실로 만들 것입니다. 약속대로 교육부가 연말까지 관련 시행령을 개정하면 초·중학교 간 교육과정을 연계하여 교사들이 넘나들며 학생지도가 가능할 것입니다.

이렇게 하면 초·중 통합운영학교는 모두가 가고 싶어 하는 학교가 될 것이고 경쟁력이 획기적으로 높아질 것입니다. 또한 이 학교를 중심으로 서울교육청이 관심을 두고 있는 '전남농산어촌유학 프로그램'을 적극 도입하여 실행할 것입니다. 이렇게 되면 코로나19 상황에서 전남의 작은학교들은 매력적인 유학처가 될 것입니다.

이를 위해 우리 청에서는 향후 3년간 한시적으로 초·중 통합운영학교 추진단을 구성하여 운영하고자 합니다. 행정과와 정책기획과는 추진단의 위상과 역할, 조직 운영에 대해 논의해 주시기 바랍니다.

저는 지난 7월 초, 취임 3년째를 시작하는 이 자리에서 여러분께 '단기간 성과에 연연하지 않고 재촉하지 않고 기다리고 신뢰하면서 변화를 이끌어내겠다.'고 말씀드렸습니다. 여러분 각자가 큰 나무가 되고 함께 큰 숲을 이룰 수 있도록 함께 변화를 만들어가겠습니다.

9월이 시작하는 첫날입니다. 첫날, 음악 선물을 드립니다. 짬 내서 들어 주시기 바랍니다. 빌리 본(Villy Vaughn) 악단이 연주하는 〈Come September〉, '9월이 오면'이라는 곡입니다.

2020년 9월 첫날

2030 전남미래교육의 새길을 시작하며

2020년 달력을 이제 두 장만 남겨놓고 있습니다.

나태주 시인은 11월을 가리켜 '돌아가기엔 이미 너무 많이 와버렸고 버리기엔 차마 아까운 시간'이라고 했습니다. 열심히 일하는 사람들에게는 공감이 가는 구절인 것 같습니다. 11월은 못다 이룬 아쉬움과 함께 아직 남아 있는 희망이 교차하는 시기입니다.

지난주 진도에서 올해 들어 처음으로 본청 팀장 이상 간부들이 한자리에 모여, 올해 각 과에서 추진한 핵심사업에 대한 평가와 내년도 사업방향 및 '2030전남미래교육 종합발전방안'을 놓고 심도 있는 의견을 나눴습니다. 특별히 인상적이었던 것은, 어떤 한 부서가 담당하는 사업이라 할지라도, 가급적이면 각 과 간에 협업과제가 무엇인지 찾아보고 함께 목표와 방향을 공유하려는 노력이 돋보였다는 것입니다.

앞으로 우리 직원 여러분께서 추진하는 사업들도 이처럼 분업과 협업 속에서 이뤄지도록 함께 설계하고 추진했으면 합니다.

15만 년 전 지구상에 네안데르탈인이 나타나 3만 년 전에 멸종되었습니다. 현생 인류 중 하나인 크로마뇽인은 4만 년 전에 나타나 오늘에 이르고 있습니다. 네안데르탈인은 뇌의 용적이 1,600cc로 현재 인류보다 작지 않고 체격도 크고 힘도 좋았다고 합니다. 그럼에도 네안데르탈인은 멸종되었습니다.

멸종된 다양한 이유 중 유력한 학설은 "함께하는 집단의 크기가 종의 운명을 갈랐다."는 것입니다. 네안데르탈인은 체격이 좋고 힘이 세기 때문에 굳이 함께 살지 않았다고 합니다. 기껏 7~8명이었습니다. 때문에 엄혹한 환경에 적응하여 살아남지 못했다는 것입니다.

반면 크로마뇽인은 신체적으로 강하지 못했기에 힘을 합할 수 있는 씨족 단위로 많게는 400명 가까이 집단 생활했다고 합니다. 집단 내부의 협력과 다른 집단과의 교류를 통해 종족을 보존할 수 있었다고 합니다. 협력 여부와 협력의 질이 집단의 명운을 좌우했다는 것이지요.

주지하다시피, 우리는 지금 '4차 산업혁명 시대, 디지털 전환 시대, 포스트 코로나 시대'라는 거대한 변화의 대전환기에 직면해 있습니다. 전 세계적인 경기침체의 장기화 속에 계층 간 이동성은 약화되고 사회적 불평등은 교육격차를 더 심화시킬 것입니다.

　교육격차는 소득 불평등을 초래하고 이로 인해 사회적 불평등은 더욱 심화되는 악순환이 지속될 것입니다. 교육을 통해 뭔가 새로운 출구를 찾지 않으면 안 되는 위험 신호들이 도처에서 나타나고 있습니다.

2030 전남미래교육 방향　향후 10년을 내다보고 설계한 미래교육 종합발전방안이 내년부터 단계별로 각 실·과의 사업계획에 반영되게 해야 할 것입니다. 이 방안에 포함되어야 할 몇 가지 내용을 말씀드리겠습니다.

　첫째, 모든 미래핵심역량의 기초이자 전제인 기초학력 책임보장 및 학습격차 해소가 무엇보다 중요합니다. 특히 코로나19가 장기화하면서 누적된 아이들의 기초학력 부진과 학습결손 문제를 해소하기 위한 근본적인 대책을 수립해야 할 시점에 이르렀습니다. 초등 기초학력 전담교사제 확대, 그리고 기초학력지원센터 보강, 중학교 기초학력 지원 등 대책을 마련해야 합니다.

　둘째, 디지털 전환에 대비한 인프라를 구축하고 디지털 활용 맞춤형 학습지원 체제를 마련해야 합니다. 이를 위해 현재 추진하고 있는 스마트교실 구축 확대와 함께 도 단위 디지털교육 지원센터 설치를 검토할 시점입니다. 또한 교육지원청 내에 산재한 과학·수학·소프트웨어·발명 영재교실을 통합한 창의융합센터 구축에 속도를 내고 전문인력을 배치해 단위학교 창의융합교육을 지원해야 합니다.

　셋째, 과감한 상상력으로 미래형 혁신학교를 만들어가야 합니다. 혁신학교의 성과라 할 수 있는 창의적 교육과정 운영, 공간혁신, 지역사회 연계, 에듀테크 등을 기반으로 공교육을 혁신하는 거점으로서 전남 미래학교를 만들어가야 합니다. 지금 추진하고 있는 그린스마트 미래학교나 통합운영학교도 미래학교의 큰 틀 속에서 추진하시기 바랍니다.

넷째, 지역 내 교육혁신을 위해서는 교육지원청의 역할이 중요합니다. 지방자치단체, 지역사회와의 교육협력을 위한 중간조직 구축, 지방자치단체 협력 돌봄, 마을교육공동체 활성화, 교육지원청 소속 공공도서관의 복합화 등 지역교육 생태계 구축을 위해 노력해야 합니다. 아울러 고등학교 관련 제반 업무를 교육지원청으로 이관해서 교육지원청이 명실상부한 지역의 교육, 문화·예술, 체육, 청소년, 평생교육의 중심이 되어야 합니다.

다섯째, 이상의 것을 뒷받침하기 위한 방안으로 위기와 변화에 신속하게 대응할 수 있는 조직문화와 운영 시스템의 혁신이 필요합니다. 의사결정은 신속하게 하고 토론과 협력과 질문이 둥둥 떠다니는 조직을 만들어야 합니다. 실패를 두려워하지 않고 오히려 자산이 되는 문화, 새로운 것이나 창의적인 것을 시도하다 실패해도 책임을 묻거나 따지지 않고 오히려 격려하고 고무하는 적극 행정 문화가 필요합니다. 이를 위해 창의적인 정책제안을 적극 장려하고 이에 대한 혜택을 제공할 것입니다.

<u>끊임없는 조직 진단, 슬림한 조직으로</u> 조직은 속성상 가면 갈수록 커질 수밖에 없습니다. 변화에 적응하지 못해 멸종된 공룡처럼 되지 않으려면 조직을 끊임없이 진단하고 슬림한 조직으로 재조직해야 합니다. 정책 중심, 지원 중심으로 가야 합니다. 중복업무는 통·폐합하고 학교나 교육지원청으로 과감히 이양해야 합니다. 이를 위한 교육행정과 인사와 평가의 혁신이 요구됩니다.

계속 강조하지만 학생 중심의 관점을 확고하게 유지하는 것이 중요합니다. 그럼에도 현재는 교육과 관련한 문제 중에서 학생을 중심에 놓고 생각하는 것보다 정치적 문제로 보는 시각이 있습니다. 예를 들면 '작은학

교' 문제 등이 그렇습니다. 이런 것에서 벗어나서 관성과 관행, 교직원의 기득권에서 벗어나 학생 중심으로 교육의 제반 현안과 문제점을 살피고 대책을 마련해야 합니다.

참된 '삶의 나이' 이제 두 달 있으면 저와 여러분은 나이를 한 살 더 먹습니다. 나이에는 여러 종류가 있다고 합니다. '시간 기준의 나이, 신체의 나이, 정신연령, 삶의 나이' 등등.

박노해의 「삶의 나이」라는 시의 내용을 풀어서 소개합니다.

터키의 악세히르라는 마을은 세계적인 장수 마을로 손꼽힌다는데요. 그 마을 사람들은 묘비에 나이를 새기지 않는다고 합니다. 대신 그 마을 사람들은 살면서 최고의 날이 있다면, 그때마다 자기 집 문기둥에 금을 하나씩 긋고 그가 세상을 떠나면 묘비에 그 개수를 새긴다고 합니다. 이 사실을 모르고 이곳을 지나는 여행자들은 묘비에 적힌 3, 4, 5라는 숫자를 보며 마을에 무슨 돌림병이 있어 서너 살 아이들이 죽음을 당했을까 싶어 놀라 달아나곤 한답니다. 물리적 나이가 아니라 참된 삶을 산 횟수를 중요시하는 이곳 사람들의 지혜가 돋보이는 일화입니다.

얼마나 오래 살았느냐가 중요한 게 아니고 사는 동안 진정으로 의미 있는 사랑을 했는지, 잊지 못할 경험을 했는지 등이 중요함을 일깨워줍니다.

여러분은 살아가면서 참된 삶을 살았다고 새길 만한 날 수가 얼마나 된다고 생각하십니까? 물리적 나이는 자랑할 게 못되지만, 참된 삶의 나이는 여러분에게 매우 자랑스러울 것입니다. 도교육청에서 지낸 나날이 여러분들의 삶의 나이에 한 살 더하는 날들이 되기를 바랍니다.

코로나19와 기후위기 등의 상황에서 변화와 불안정성이 일상이 되어버린 오늘날 이 시대에서 살아남기 위해서는 '리더를 키우는 리더'가 중요합니다. 개인의 역량에 의존하는 조직은 오래가지 못합니다. 서로가 서로를 리더로 키우는 것이 중요합니다. 수만 킬로미터 하늘을 비상하는 기러기군단의 비행처럼 리더를 앞세우고 더 멀리 더 높이 날 수 있을 것이라 생각합니다.

2020년 11월을 시작하며

끊임없이 낯선 것에 도전하며 시작하라

<u>한 차원 높은 방역으로 일상 회복을</u> 올해는 작년과 달리 새 학기에 등교 개학을 하게 되어 정말 다행입니다. 어제는 광양 중진초등학교와 중동중학교에서 아침 학생맞이를 했고, 이어서 한국창의예술고등학교 입학식에 다녀왔습니다. 마스크를 쓰고 등교하는 모습이 참 안쓰러웠지만, 그러면서도 활기차고 씩씩한 모습을 보면서 '학교가 살아나고 있구나.'라고 생각했습니다.

올 한 해 일상을 회복하고 학사일정을 계획대로 추진하며 교육과정을 정상적으로 운영하기 위해서는 방역이 정말 중요하고 무엇보다도 최우선이라고 생각합니다. 철저한 방역으로 등교수업을 최대한 확보하는 것이 중요합니다. 아이들을 위해서는 한 차원 높은 의식으로 방역체계를 수립하고 실행해야 합니다. 소관 부서만의 일이 아니라 우리 모두의 일입니다. 함께 힘을 모았으면 합니다.

<u>분권에 대비한 자치역량 키워야</u> 올해는 교육자치 30주년이 되는 해입니다. 1991년 '지방교육자치에 관한 법률'이 시행된 지 30년째입니다. 교육부, 전국시도교육감협의회, 국가교육회의 등에서 그동안 지방분권과 교육자치

실현을 위해 많은 논의를 진행해 왔습니다. 그 과정에서 상당수 교육부의 일이 지방으로 이양돼 왔고, 이제는 속도감 있게 더 많은 교육부 사업이 이양되고 있습니다.

과거에는 교육부에 의존하며 교육부를 탓했던 업무들 상당수가 이제는 도교육청 소관으로, 우리 도교육청이 책임져야 할 일이 되고 있습니다. 그중에서도 핵심이 교육과정의 분권화이므로, 이제 우리 스스로 분권에 대비해 자치역량을 키워야 합니다. 전남의 상황과 여건에 기반해서 정책을 의뢰하고 입안해야 합니다.

익숙함이 주는 안일과 나태에서 벗어나야   니체가 이런 말을 했습니다. "익숙하지 않은 것에 대해서는 선의를, 새로운 것에 대해서는 호의를 가져라." 우리는 일반적으로 익숙한 것에 선의를 갖고 대합니다. 당연한 얘기지요. 우리의 삶은 익숙한 것으로 가득 차 있습니다. 낯선 것은 불편하고 두렵고 심지어 적개심마저 느낍니다. 그런데 인류 역사를 놓고 보면 역사는 늘 낯선 것과 부딪히며 발전해왔습니다.

새로운 발견과 발명과 진보는 이의 소산입니다. 익숙한 것들만 반복해서는 결코 발전이 있을 수 없습니다. 조직과 인간은 낯선 것에 도전해야 합니다. 쉽지는 않겠지요. 그렇지만 끊임없이 낯선 것에 도전하며, 낯선 곳에서 낯선 사람들과 낯선 일을 하며, 익숙한 것이 주는 안일과 나태에서 벗어나야 합니다. 새로운 것에 호의를 가져야 합니다. 그래야 발전과 진보가 있습니다.

우리 도교육청 예를 들어보겠습니다. 올해 본격적으로 운영하는 미래형 통합운영학교, 전남농산어촌유학 프로그램, 그린스마트 미래학교, 폐교를 활용한 공간 쉼터 사업, 전라남도와 미래인재육성 협력비전 공동

발표, 시민감리단 운영, 여순사건과 제주4·3사건 공동사업 등등…. 하나같이 낯선 것, 익숙하지 않은 것, 새로운 것들입니다. 이를 추진하는 우리 구성원들이 관성과 관행과 매뉴얼에서 벗어나 창의적으로 기획하고 추진하고 있습니다. 그래서 많이 기대하고 있습니다.

스티브 잡스가 이야기했듯이 다르게 생각하고 시선과 관점을 이동해서 바꿔보면 혁신이 일어납니다. 여러분의 거침없는 상상력과 열정을 기대합니다.

2020년 3월을 시작하며

미래 대전환을 준비하며 - 취임 3주년의 희망과 언약들

'새를 기르는 방법으로 새를 길러야 한다(以鳥養養鳥)'

(『장자(莊子)』「지락(至樂)」)

'미래 대전환'을 준비합니다

주민직선 3기 전남교육, 어느덧 3년이 지났습니다.

시간이 참 빠른 것 같습니다. 취임 초기에는 낯설고 불편한 분들도 계셨겠지만, 빠른 시간에 '원팀'이 되어서 전남교육을 위해 힘을 모으고 최선을 다한 3년이었다고 생각합니다.

그동안 변화와 혁신의 한복판에서 저와 함께 전남교육 발전을 위해 동고동락, 함께해 주신 부교육감님을 비롯한 간부님들 그리고 존경하고 사랑하는 직원 여러분께 진심으로 감사와 치하의 말씀을 드립니다. 특히 이기봉 부교육감님은 저와 3년을 내내 함께하면서 탁월한 역량으로 묵묵하게 혁신행정을 이끌어오셨습니다. 큰 박수 부탁드립니다.

취임 후 저는 "모든 학생은 소중하고 특별하다. 그리고 행복할 권리가 있다."는 신념을 갖고 전남교육의 담대한 변화를 위해 노력해 왔습니다. '민주주의'를 핵심가치로 삼고 교육의 본질을 침해하는 낡은 관행과 구습 그리고 관료적 행정문화를 떨쳐내는 것으로부터 저의 임무는 시작됐습니다.

학교가 모든 학생에게 희망의 사다리가 되도록 변화와 혁신의 주춧돌을 놓고자 했습니다. '학교를 학교답게, 교육을 교육답게' 만들어 한 아이도 놓치지 않고 모든 아이들이 꿈을 꾸게 하고 행복한 삶을 펼치도록 학교교육 혁신에 매진했습니다. 저와 함께 손잡고 힘을 모아주신 교육가족 그리고 도민 여러분, 감사합니다!

되돌릴 수 없는 변화·혁신 물줄기 마련 이렇듯 지난 3년간 전남교육은 결코 되돌릴 수 없는 변화와 혁신의 물줄기를 마련했고 미래를 앞장서 이끌어 가는 도도한 물결이 되었다고 자부합니다. 전국의 교육 관련 단체들 그리고 활동가들은 전남교육청을 혁신의 아이콘으로 생각하고 있습니다.

그런데 이런 일이 어찌 저 혼자만의 힘으로 가능했겠습니까? 우리 직원들의 자발성과 열정 그리고 실력이 뒷받침되었기에 가능했습니다. 여러분이 없었다면 그저 목소리만 높고 말로만 하는 허상, 사상누각에 불과했을 것입니다. 자부심을 가져도 충분합니다. 여러분은 자랑스러운 전라남도교육청 직원들입니다.

3년 성과를 더 큰 변화로 하지만, 성과에만 안주할 수 없습니다. 우리 앞에는 2022 개정 교육과정, 2025년 고교학점제 전면 실시, 그리고 엊그제 국회를 통과한 국가교육위원회 출범, 도도한 물결이 되고 있는 교육자치와 분권 강화 등 교육에서의 일대 전환이 기다리고 있습니다.

이러한 대전환의 시대 전남교육은 남은 1년, 치열한 성찰과 지난 3년의 성과를 바탕으로 더 큰 변화를 이루겠습니다.

우리 교직원 모두와 함께 현장과 늘 소통하면서 힘을 모으면 어렵지 않게 해결해갈 수 있으리라 자신합니다.

여러분 같은 인재들이 함께하면 우리 전남교육은 태산처럼 더욱 커질 것이며, 하해처럼 깊고 넓어질 것입니다. 그러니 모두 긍지와 자부심을 갖고 아이들의 교육을 위해 각자의 소중한 역량을 십분 발휘해주시기 바랍니다.

앞으로도 코로나19와 기후위기 등으로 말미암은 불확실성의 시대는 계속될 것입니다. 4차 산업혁명과 미래사회 대전환의 파고(波高)는 더욱 거세게 닥칠 것입니다. 이런 때일수록 미리 준비한 자만이 살아남습니다.

전남교육은 이제 혁신을 넘어 미래로 도약하는 대전환기를 맞고 있습니다. 학교 현장을 지원하는 우리가 먼저 지속 가능한 전남교육 미래 비전을 갖고 꿈꾸는 사람이 되기를 기대합니다.

2021년 7월을 시작하며

혁신교육 3년의 성과, 30년 미래를 키우는 자양분

9월입니다. 점차 하늘이 높아지고 바람도 서늘해지고 있습니다.

학교 현장은 본격적인 2학기 운영으로 분주해지기 시작했고 본청도 내년 예산안 편성과 사업계획 등을 준비하느라 바쁜 달입니다.

이러한 혁신교육 3년의 성과는 앞으로 30년 후의 미래까지 전남교육을 성장시킬 자양분이 될 것입니다.

본청 사업 축소·통합 지금 각 실·과에서는 내년도 사업계획을 세우고 있을 것입니다. 올해에 이어 내년에도 본청, 직속기관, 교육지원청의 학교 대상 사업 축소·통합 또는 폐지의 기조는 유지하면서, 그동안 숙고 끝에 마련한 878개의 본청 사업 총량제의 틀에서 안정적으로 추진해 주시기 바랍니다.

내년 예산편성 역시 마찬가지입니다. 특히 기초학력 책임교육 등 교육회복, 학교안전망 구축, 그리고 미래교육 기반 조성 등 중요하고 시급한 사업에 집중해 주시기 바랍니다. 정책기획과와 예산과는 이러한 정책 기조 및 주민직선 3기 공약 달성을 위한 사업들이 충실히 반영되도록 관련 부서와 조정 협의를 잘 해주시기 바랍니다.

저는 3년여의 경험을 통해 혁신은 더하기도 중요하지만, 빼기를 잘하는 것도 중요하다는 사실을 절감했습니다. 단순하고 반복적인 업무, 시대정신에 맞지 않은 사업은 과감하게 통·폐합 또는 폐지하고. 아울러 정책사업도 최소화해 주실 것을 당부 드립니다.

<u>현장과 소통하며 지혜를</u> 또한 조금 더디더라도 현장 교직원의 동의와 참여를 위한 설득 과정이 필수적임을 새삼 느꼈습니다. 속도 조절도 필요함을 체감했습니다. 현장과 소통하여 머리를 맞대고 지혜를 모아주시기 바랍니다. 저부터 앞장서겠습니다.

더위도 한풀 꺾이고 가을장마도 끝자락에 섰습니다. 높푸른 하늘의 뭉게구름이 아름답게 피어납니다.

우리는 그동안 사람들과 함께하는 시간을 많이 상실했습니다, 우리도 회복이 필요합니다. 서로 안부를 확인하며 작은 일에서나마 함께 교감하며 일상을 회복해 나갔으면 합니다.

벌써부터 길가에는 코스모스가 피어 있는 것을 보았습니다. 남정림 시인의 「코스모스」라는 시에는 이런 구절이 있습니다.

"하늘거리는 코스모스를 보면
크고 강한 것만 살아남는
세상이 아니라서
우주가 고맙다."

힘든 시기를 고맙게도 잘 견뎌내며 여기까지 온 학생들과 교직원들 그리고 본청 직원 여러분께 전하고 싶은 가을의 시입니다.

비록 드러나지 않더라도 각자 위치에서 최선을 다해 혁신의 꽃을 피워내고 있는 직원 여러분 한 사람 한 사람으로 인해 하반기 전남교육도 눈부시게 빛나리라 믿습니다.

2021년 9월 첫날

새를 기르는 방식으로 새를 길러야 한다

안녕하십니까? 오랜만에 이렇게 평상복을 입고 만나 뵙게 되어 감회가 새롭습니다. 거의 2년여 만인 것 같습니다. 본격적으로 '위드 코로나'가 시작된 사실이 실감납니다.

국가적 차원에서는 오늘부터 본격적으로 '위드 코로나'가 시작되고 교육 부문에서는 수능 때까지는 준비 기간 그리고 수능 이후 11월 22일부터 초·중·고 전면등교 등 교육활동을 본격적으로 정상화한다는 계획입니다.

우리 교육청은 지난 6월 7일 이후 '모든 학교 전면등교'를 선제적으로 실시하고 있으며, 큰 어려움 없이 사실상 '위드 코로나'를 진행하고 있습니다. 이를 위해 노고가 많으신 교장 선생님, 교직원 여러분 그리고 도교육청 직원 여러분께 깊은 감사와 존경의 인사를 올립니다.

이제 오늘부터는 교과활동은 물론이고 특히 비교과활동에서 단계적인 정상화가 이뤄져야 합니다. 이미 일부 소규모 학교에서 추진하고 있습니다만, 동아리활동, 운동회, 축제, 수련활동, 체험학습 등에서 학교 규모와 제반 여건을 고려하고 학교공동체의 의견을 수렴하여 적극적으로 추진해주시기 바랍니다.

<u>두 마리 토끼</u> 일상회복 과정에서 방역 이완을 방지하기 위해 학교 방역수칙은 최대한 유지하고 비상 상황에는 방역당국과 긴밀한 협조 아래 신속히 조치할 수 있도록 만반의 조치가 필요합니다.

'일상회복'과 '방역', 상반되는 이 두 과제를 모두 이룬다는 게 쉽지는 않습니다. 그래도 완전한 일상으로 가기 위해서는 방역의 중요성을 아무리 강조해도 지나치지 않을 것입니다.

잘 아시다시피, 아이들은 코로나로 인해 어른들이 생각하는 것 이상의 아픔과 어려움을 겪고 있습니다. "지금 회복하지 않으면, 학령기 우리 아이들 생애 전반에 많은 악영향을 끼친다."고 전문가들은 경고합니다.

우리 본청의 '학교일상회복지원단'을 중심으로 학습, 심리·정서, 사회성 분야에서 나타난 결손이 해소될 수 있도록 교육회복에 집중해 주시기 바랍니다.

<u>이조양양조</u> 그러나 한편으로, 학교 비정규직, 교직원단체, 학부모, 지역민들과 현안 문제를 놓고 갈등을 겪는 사안도 있습니다.

매사가 그렇듯이 모두가 만족하고 모두가 동의하는 사업을 추진하는 것이 중요하지만, 그렇지 않은 경우도 많습니다. 진정성을 갖고 다양한 의견을 경청하며 조율해야겠습니다.

무엇보다도 학생과 교육의 본질을 중심에 두고 설득하고 필요하면 타협도 해야 합니다.

류시화 시인은 산문집『새는 날아가면서 뒤돌아보지 않는다』에서 "나무에 앉은 새는 가지가 부러질까 두려워하지 않는다. 새는 나무가 아니라 자신의 날개를 믿기 때문이다."라고 말합니다.

우리 도교육청 교직원 여러분! 당당하게 소신을 갖고 실패를 두려워하지 말고, 자신의 날개를 믿고 학생과 교육의 본질을 중심에 두며 일을 추진해 가기 바랍니다. 제가 적극적으로 뒷받침해 드리겠습니다.

내년도 전남교육의 지침서가 될 '전남교육 2022' 설계 작업이 한창입니다. 올해 추진한 사업에 대한 냉철한 평가와 성찰을 토대로 현장의 정서와 목소리를 유념하여 수립하고 계시리라 믿습니다.

중국 고전 『장자(莊子)』의 「지락(至樂)」 편에 '이조양양조(以鳥養養鳥)'라는 말이 나옵니다. "새를 기르는 방법으로 새를 길러라."라는 말입니다. 춘추전국시대 요나라 제후가 우연히 날아든 바닷새를 발견합니다. 그래서 제후는 이 새를 위해 종묘에서 잔치를 열고 환영해주고, 멋지고 화려한 새장을 만들어 새가 그 새장 안에서 살게 해주고, 훌륭한 음악을 연주하여 즐겁게 해주고 좋은 모이로 극진히 대접했습니다. 그러나 이 새는 제대로 먹지도 못한 채 3일 만에 죽었습니다.

뭐가 문제였을까요? 이 제후는 자신이 좋아하는 방식으로 새를 대했지, 새를 기르는 방법으로 새를 기르지 않았기 때문입니다. 새를 진정으로 살리려면 그 새를 숲속에 풀어놓아 마음껏 창공을 날게 하고 벌레를 쪼아 먹고 강가에서 미꾸라지와 피라미를 먹고 새 떼의 행렬을 따라 날아다니게 해야 합니다. 그러나 그렇게 하지 않았습니다.

이처럼 자기 생각과 방식대로 새를 기르려다가 오히려 새를 해칠 수 있듯이, 사람들이 자기 생각대로 다른 사안, 다른 사물을 대함으로써 그 사안을 실패하게 만들고 사물을 해칠 수 있습니다.

혹시 우리가 지금 일하는 방식에 이 '제후와 바닷새'의 우화가 숨어 있지 않은지 돌아볼 필요가 있습니다.

<u>현장의 언어로, 현장의 방식으로</u> 현장에 대한 원칙 없는 친절, 철학 없는 헌

신은 오히려 위험합니다. 우리가 좋아하는 방식, 해오던 방식과 편한 방식으로 현장을 지원하거나 현장이 할 수 있는 것까지 대신해 주는 것은 위험합니다. 오히려 현장의 자발성과 창의성을 무력화시킬 수 있습니다.

코로나 위기를 헤쳐 온 2년여 과정에서 체득했듯이, 우리가 학교 현장을 지원하고 헌신하는 것도 중요하지만 현장의 관점에서 그들이 원하는 방식으로 지원해야 합니다. 그리고 현장이 스스로 결단하고 스스로 실행하게 해야 합니다. 그래야 학교는 어떤 어려움도 뚫고 나갈 힘을 갖게 됩니다.

앞으로 우리가 펼쳐갈 모든 사업이나 정책도 우리의 관점이 아니라 '현장의 언어'로, 현장이 잘할 수 있는 방식으로 안내하고 추진해야 합니다. 그것이 바로 혁신입니다. 내년도 각종 정책과 사업계획을 세우는 과정에서 이런 방향이 견지되면 좋겠습니다.

2021년 11월 첫날

'더 따뜻한 혁신'으로 모두가 빛나는 미래를

임인년(壬寅年) 새해가 밝았습니다.

올해는 주민직선 3기 전남교육의 성과들을 잘 완성하고 새로운 4기를 맞는 중요한 시기입니다. 3월에 대통령선거, 6월에 지방선거가 있습니다. 두 차례 선거가 있지만, 우리 교육청은 어떤 경우에도 원칙과 중심을 잘 지키며 내실 있고 신뢰받는 행정을 펼쳐야겠습니다.

그동안 전남교육가족과 도민들에게 드린 약속들이 잘 지켜지도록 부족한 부분 면밀히 살피며 실현해가기를 바랍니다.

2022년 신년사를 통해 밝혔듯이, 올해 전남교육은 '인간·민주·혁신·

미래'의 가치를 바탕으로 교육의 공공성과 포용성, 그리고 안정성과 지속성을 높이기 위해 5대 시책과 4대 역점과제를 견지할 것입니다.

21세기 다윈의 계승자로 불리는 진화인류학자 브라이언 헤어(Brian Hare) 교수에 따르면 '호모 사피엔스'는 더 많은 적을 정복해서가 아니라, 더 많은 친구를 만듦으로써 살아남는다고 합니다. 이는 교류와 협력에 기반한 소통과 친화력이 미래 사회의 경쟁력임을 시사합니다. 따뜻한 혁신이 필요합니다.

'광이불요(光而不耀)'라는 말이 있습니다. 빛나되 번쩍거리지 않는다는 뜻이지요. 스스로 내세우지 않아도, 스스로 자랑하지 않아도 빛나는 것은 누구나 알아봅니다. 그런 가운데 서로 협력하고 소통하는 조직이 되었으면 합니다.

혁신의 성과가 학생은 물론 교직원과 지역사회의 '더 알찬 성장'으로 열매 맺도록 더욱 내실 있고 현장 중심적인 사업을 펼쳐야 합니다. 특히, 학교의 교육회복을 통한 학습, 심리, 사회성, 건강 등 모든 측면에서 결손을 해소하고 전인적 인간으로 커가는 것이 진정한 성장이라 할 것입니다. 이렇듯 포용적 혁신과 내실 있는 성장을 통해 전남의 교직원과 학부모는 물론 지역민들의 빛나는 미래가 찾아올 것이라고 믿습니다.

새해 전남교육은 주민직선 3기 혁신전남교육이 이룩한 성과를 바탕으로 새로운 미래로 가는 변곡점을 맞고 있습니다. 7월이면 국가의 중장기 교육정책을 전담할 국가교육위원회가 출범합니다. 많은 변화가 예상됩니다. 그동안 교육부가 관장하던 유·초등교육의 상당 부분이 시·도교육청으로 단계적으로 이양될 것으로 보입니다.

이를 위해 자치와 분권을 위한 시·도교육청의 역할이 어느 때보다 중요합니다. 올해 사업을 추진하면서 자치와 분권의 관점에서 사업을 바라보고 각 단위별로 자치역량을 키우면 좋겠습니다.

모두들 느끼시겠지만 세상이 급격한 대변화의 소용돌이에 휘말려 있습니다. 그리스 철학자 헤라클레이토스는 "같은 강물에 두 번 발을 담그는 것은 불가능하다."고 했습니다. 세상의 모든 것은 한순간도 멈춤 없이 변화하고 있음을 표현한 말입니다. 지금으로부터 몇천 년 전 고대 그리스인들도 변화가 본질적 현상임을 이미 간파한 것입니다.

하물며 변화와 불확실성이 본질적 특성인 4차 산업혁명 시기를 살아가는 오늘, 변화를 선제적으로 맞기 위한 대비를 소홀히 해서는 안 될 것입니다.

임인년, 검은 호랑이의 해입니다. "범 내려온다, 장림 깊은 골로 대한 짐승 내려온다."는 수궁가의 한 대목처럼 호랑이는 예로부터 우리에게 익숙한 동물입니다. 호랑이의 용맹스러운 기상으로 올해 코로나19를 확 밀어내고 서로가 서로에게 힘이 되는 따뜻한 새해를 함께 만들어가면 좋겠습니다.

2022년 1월을 시작하며

"함께 가면 멀리 갈 수 있습니다."
(2019. 5. 15. 본청 직원 체육대회)

제4장

길과 길이 만나
더 큰 길이 열리고

어딘가 내가 모르는 곳에

보이지 않는 꽃처럼 웃고 있는

너 한 사람으로 하여 세상은

다시 한 번 눈부신 아침이 되고.

(나태주, 「멀리서 빈다」에서)

학생은 우리의 별빛입니다

더디 가더라도 바로 가는 게 성공의 지름길

학생 여러분은 하루의 대부분을 학교에서 보냅니다. 물론 2년 전부터 닥친 코로나 시대, 학교가 아닌 가정에서 원격수업을 들어야 하는 경우도 더러 있었겠지만, 학교는 언제나 여러분의 삶의 중요한 터전입니다.

그런데도 우리 학생들은 학교생활에서 즐거움을 느끼지 못하거나, 의미 없이 보내는 경우가 많을 것입니다.

한국 청소년들의 주관적 행복지수는 매년 OECD 국가 중 최하위를 기록하고 있다고 합니다. 그 원인에는 물론 가정과 사회에서의 경험 등이 있겠지만, 학교생활이 주된 영역임을 고려할 때 학교의 책임이 가장 크다는 점은 누구도 부인할 수 없을 것입니다.

학교가 여러분을 끌어당기지 못한 이유는 많겠지만 학업 스트레스와 학교폭력 등이 주된 원인일 것입니다. 특히 상급학교로 갈수록 공부는 즐겁지 않고 친구들은 경쟁상대로 보일 때가 많을 것입니다. 다른 활동할 때는 못 느끼다가도 시험만 다가오면 머리가 지끈거리고 친구들이 '남'으로 보일 수 있습니다.

선생님은 내 처지를 다 헤아리지 못하거나 마음을 못 알아주는 것 같고 왠지 공부 잘하는 친구들만 좋아하는 것 같아 원망이 들 때도 많았을 것입니다. 교문을 들어서는 순간 답답해지고 다시 교문을 나올 시간이 기다려지기도 했을 것입니다.

저 역시 여러분의 이러한 아픔들을 다 보듬지 못한 책임을 통감합니다. 사실 여러분만 아픈 게 아닙니다. 선생님도 아프고 부모님도 아픕니다. 희망을 보듬고 즐겁게 살아야 할 학교가 언제부턴가 상처받는 곳이 되어버렸습니다.

여전히 지식과 성적 중심의 교육, 입시경쟁체제에서 벗어나지 못하는 우리나라 교육제도에서 비롯된 문제라 하고 싶겠지만, 교육을 책임진 사람 입장에서는 구조의 탓만으로 돌리기에는 너무 무책임한 말이 될 것입니다. 사람들이 나서야 할 문제입니다.

제가 교육감이 되고 나서 펼친 전남교육의 시책 첫 번째를 '배움이 즐거운 당당한 학생'으로 설정한 것도 학생 여러분이 즐거워하는 학교를 만들기 위함이었습니다. 학생을 중심에 두고 지금도 선생님과 학부모님들, 그리고 도민들께서 저와 함께 많은 노력을 해주고 계십니다만, 여전히 현실의 벽은 높습니다.

앞으로도 여러분이 행복하고 즐겁게 배울 수 있도록 틈날 때마다 학교를 돌며 여러분을 만나 귀 기울이는 선생님이 되겠습니다. 그리고 경쟁보다는 상생이 숨 쉬는 교육제도를 앞당기기 위해 교육부와 국가교육위원회 등을 찾아 우리 교육이 이대로 가서는 안 된다는 경고와 함께 새로운 대안을 전달할 것입니다.

『미움받을 용기』라는 책을 쓴 기시미 이치로(岸見一郎)·고가 후미타케(古賀史健)는 주위의 고난에도 행복을 결정하는 것은 '나 자신'이라는 점을 강조합니다. 유명한 아들러의 심리학을 전공한 그들은 우리가 겪는 현실의 모든 문제의 원인을 다른 데가 아닌 인간관계에서 찾습니다.

타인의 시선을 의식하고 인정받으려 할수록 나는 더 속박됩니다. 따라서 행복해지려면 타인으로부터 열등감을 느끼고 우월감을 느끼려는

'인정 욕구'에서 벗어나자는 것입니다. 지금 있는 그대로의 나를 수용하고 남과의 비교가 아닌 나 스스로와 비교할 것을 권합니다.

우리가 지닌 건전한 열등감이란 타인과 비교해서 생기는 것이 아니라 이상적인 자신과 비교해서 생긴 것이므로, 그것을 수용하고 지금의 나보다 앞서 나가려는 자세를 갖기를 권합니다.

힘들고 지친 여러분도 학교에서 다른 친구들에 비해 공부 못하고 별 재주도 없는 쓸모없는 존재가 아니라 '인간관계와 사회 속에서 존재하는 것' 자체만으로도 충분히 남에게 도움이 되고 가치 있는 삶을 사는 것이라고 생각하며 용기를 내어 살아갑시다.

터키의 시인이자 극작가 나짐 히크메트(Nazim Hikmet)는 「진정한 여행」이라는 시에서 "가장 빛나는 별은 아직 발견되지 않은 별/ 무엇을 해야 할지 더 이상 알 수 없을 때/ 그때 비로소 진정한 무엇인가를 할 수 있다."라고 노래했습니다.

청소년기에는 지금 당장 앞이 보이지 않을 수 있습니다. 학업과 진로에 대한 고민도 많을 수밖에 없습니다. 무엇을 해야 할지 모르고 방황하는 순간은 결코 의미 없는 시간이 아닙니다. 아직 방향을 정하지 못했을지라도 꿈을 갖고 나아가려는 의지만 있다면, 가장 빛나는 별은 여러분에게 찾아올 것입니다.

어려운 여건 속에서 꿈을 키워가는 우리 전남의 학생들에게 박수를 보내며, 나태주 시인의 「멀리서 빈다」라는 시로 응원합니다.

어딘가 내가 모르는 곳에
보이지 않는 꽃처럼 웃고 있는

너 한 사람으로 하여 세상은

다시 한 번 눈부신 아침이 되고

어딘가 내가 모르는 곳에

보이지 않는 풀잎처럼 숨 쉬고 있는

나 한 사람으로 하여 세상은

다시 한 번 고요한 저녁이 온다.

가을이다, 부디 아프지 마라.

스스로 주인이 되는 학생

그동안 어른들은 '학생은 미성숙한 존재다'라는 생각에 사로잡히기 십상이었습니다. 규율과 훈육의 대상으로 학생을 본 것입니다.

그런데 그게 아니라는 건 학생 스스로 잘 아시리라 생각합니다. 학생은 자주적 인간이고 자율적이며, 자치능력을 가진 민주시민입니다. 그래서 학생이라는 이유로 차별받아서는 안 되고 인간으로서의 기본적 존엄성을 침해당해서는 안 된다고 생각합니다.

학생은 교복 입은 시민이라는 관점에서 인정되어야 하고, 학교에서는 학생으로서의 권리뿐 아니라 시민적 권리까지도 보장해야 할 것입니다. 학교는 당당한 주체적인 시민으로 성장할 수 있도록 지원하고 도와줘야 합니다.

'민주주의는 학교 교문 앞에서 멈춘다.'는 말이 있습니다. 민주주의를 가르치는 학교가 가장 비민주적 잔재가 많이 남아 있다고 이런 비야냥을 합니다. 그래서 저는 학교가 민주적 공동체가 되고 민주주의 원리에 의해 운영되며 구성원 모두가 그들의 적성과 능력과 끼를 최대한 발휘할 수 있는 배움의 공동체가 될 수 있도록 적극적으로 지원하려고 노력하고 있습니다.

교육감이 되고 나서 첫 번째 가장 중요하게 강조한 내용 중 하나가 학교 내에서의 민주주의 회복입니다. "학교가 민주적인 공동체가 되도록 하자."라는 것이었어요. 학교 구성원들의 민주적 권리를 보장하고 구성원들이 참여하는 가운데 민주적인 학교운영이 되면, 학교도 발전하고 학생들도 성장하고 발달할 수 있다고 생각했습니다.

저는 학교운영위원회에 학생 참여를 제도화했고, 지역별 학생회를 네트워크화해서 지역별로 학생회끼리 다양한 경험을 나누고 민주주의를 훈련할 수 있도록 적극적으로 격려하고 지원하고 있습니다.

그뿐만 아니라 전남 도민들이 전남교육에 참여하고 발전을 위해 꿈과 지혜를 모을 수 있는 교육참여위원회를 만들었습니다. 시·군별은 물론 도 단위에도 만들었는데, 학생 대표 2명이 참여할 수 있게 해서 학생들의 의사가 전남교육에 반영될 수 있게 하고 있습니다.

저는 학교 차원뿐 아니라 우리 사회가 학생들의 민주적 권리를 제도적으로 보장해야 한다고 생각하며, 학생 인권조례를 뛰어넘어 학생인권법이 만들어져야 한다고 생각합니다.

한국 근대사에서 학생들의 역할이 얼마만큼 중요했는지 여러분은 잘 아실 것입니다. 3·1운동이라든지, 6·10만세운동이라든지, 광주학생독립운동의 주역이 여러분만 한 나이의 학생들이었지요.

한국의 최근대사, 현대사에서도 마찬가지지요. 지난 세월호 때 촛불을 제일 먼저 든 이도 학생들이고. 박근혜 국정농단 사태 때 정유라 사건 등등으로 촛불을 들고 거리로 쏟아져 나온 이들도 학생들입니다. 그래서 학생들의 민주의식이나 인권의식이 대단히 높다고 생각합니다. 학교에서는 이것을 최대한 키워주고 발현할 수 있도록 해야 한다고 생각합니다.

교육감을 떠나 어른으로서 대단히 부끄럽고 미안하기도 한 것이 있습니다. 교육제도와 승자독식·무한경쟁·입시경쟁 교육이 학교를 지배하고 있다는 점입니다. 이로 인해 여러분의 꿈과 끼와 능력을 발휘할 수 있는 교육제도, 입시제도, 전형방법이 아직도 자리 잡지 못하고 있습니다.

미래를 위해서는 현재를 희생해야 하고 행복한 미래를 위해 현실의 고통을 감내해야 한다는 논리가 우리 사회와 학교에 지배적입니다. 그동안 여러분은 가정에서나 학교에서나 "오직 공부 공부", "입시 입시"라는 말을 주문(呪文)처럼 외우며 인간으로서 삶을 저당 잡힌 채 살아야 했습니다. 정말 마음이 아프고 미안합니다.

입시제도가 제대로 개혁되어 여러분의 능력을 제대로 발현할 수 있는 교육제도, 입시제도가 마련되어야 합니다. 저뿐만 아니라 전국 여러 교육감이 여기에 대해서는 생각이 같습니다. 때문에 교육제도 개혁을 위한 입시제도의 전면적 혁신을 위해 노력하고 있습니다. 빠른 시간에 개혁이 되고 여러분의 학교생활 하루하루가 행복하고, 모두가 행복한 삶을 살아갈 수 있도록 최선의 노력을 다하겠습니다.

전라남도교육청이 전국 최초로 전남학생의회를 구성하고 시·군마다 대표자를 둔 것도 학생들을 교육의 당당한 주체로 세우기 위함이었습니다. 앞으로도 학생의회를 적극 지원하겠습니다. 나아가 입시제도가 바뀌어 여러분의 능력을 마음껏 발휘할 수 있는 교육적 환경을 만드는 데 최선을 다하겠습니다.

학생 여러분은 우리 교육의 중심이며 별빛입니다. 반짝이며 빛나는 여러분의 기운을 받아 더욱 최선을 다하는 모습을 보여주겠습니다. 앞으로 전남교육은 학생들의 소중한 의견을 최대한 반영하여 학생이 당당한 삶의 주인으로서 거듭나도록 하겠습니다.

학생인권은 교육공동체 모두의 인권

세계인권선언 제1조는 "모든 인간은 태어날 때부터 자유롭고 존엄하며, 평등하다."고 말합니다. 이어, 국가를 비롯한 어떤 권력도 침해할 수 없는 인간의 기본권에 대해 상세히 기술하고 있습니다. 인간으로서 누려야 할 기본적인 권리와 자유를 규정한 세계 인권문서입니다.

꼭 이 선언이 아니라도 인권은 언제 어디서나 누구에게나 반드시 보호되어야 할 인류 보편의 가치입니다. 남녀노소는 물론 피부색, 지역을 뛰어넘어 모두가 함께 지켜가야 할 소중한 자산인 것입니다.

이는 자라나는 청소년, 나아가 교육현장에서 더욱 절실하게 요청되는 덕목이기도 합니다. 학생들은 충분히 쉬고 놀 권리가 있으며, 동등한 조건에서 미래를 준비할 수 있어야 합니다. 개인의 행복을 위해 적절한 생활수준도 보장되어야 합니다. 대한민국 청소년헌장도 "청소년은 인격체로서 존중받을 권리와 시민으로서 미래를 열어갈 권리를 가진다."고 규정하고 있습니다.

하지만 안타깝게도, 우리 주변의 많은 청소년은 그 권리를 제대로 누리지 못하고 있습니다. 아동학대, 학교폭력, '열정페이' 등 각종 인권침해에 노출되어 사회문제가 되고 있기도 합니다. 인권친화적인 문화를 위해 다양한 노력을 기울이고 있음에도, 학교 현장에는 인권침해를 호소하는 학생들이 많습니다.

최근에는 통제와 제약이 일상화된 코로나19 상황과 맞물려 그 정도와 양상이 더 깊고 다양해졌습니다. 아직은 학교 현장의 인권에 대한 인식이 부족하고 협력과 배려의 공동체 문화가 미흡하다는 반증입니다.

이에, 우리 도교육청은 학생과 교직원, 나아가 교육공동체 구성원 모두의 인권보호를 위해 다각적인 노력을 기울이고 있습니다. "모든 사람은 존재 자체로 차별 없이 존중되어야 한다."는 명제를 기본으로 삼아, 모두가 소중한 혁신전남교육을 이루어가고 있습니다.

교육과정 안에서 아이들의 인권이 보장되고 자치문화가 활성화되어 아이들이 성숙한 민주시민으로 성장하도록 평화와 인권, 노동, 환경 등 가치교육을 강화하고 있습니다.

앞으로도 학생과 교사라는 이유만으로 교육현장에서 인권이 무시되고 침해되는 일이 일어나지 않아야 할 것입니다. 교육공동체 모두가 인권의 소중함에 대해 인식을 공유하고 인권친화적인 학교문화를 만들어가야 합니다.

장애학생, 다문화학생 등 사회적 소수자에게 더 가까이 다가가고 그들의 목소리에 더 귀를 기울여야 합니다. 다름을 차별이 아닌 존중으로 받아들이고 함께 어우러져 조화와 균형이 이루어지는 공동체 문화를 만들어가야 합니다.

선생님 우리 선생님

"바위가 갈라지는 것은 마지막 한 번의 망치질이 아니라
그 전에 했던 백 번의 망치질 때문이라는 걸 나는 안다."

(제이콥 리스)

위기 속에서 더욱 빛나는 전남의 선생님들

코로나19의 위기 상황은 가뜩이나 어려운 학교를 더 힘들게 하고 있습니다. 이러한 와중에서도 우리 선생님들은 원격수업과 방역, 생활지도, 돌봄 등 이중 삼중의 일들을 감내하며 아이들의 건강과 배움을 지켜내고 계십니다.

그 결과 전남은 전국에서 가장 모범적으로 등교수업을 이루며 일상을 되찾아가고 있습니다. 선제적이고 창의적인 정책과 대응으로 새로운 희망을 만들어내고 있습니다. 모두가 선생님들의 열정과 헌신 덕분입니다.

저는 장기화된 코로나19 사태를 경험하며 뛰어난 역량과 열정 넘치는 전남의 교사들을 다시금 확인했습니다. 위기 속에서 더욱 빛나는 교직원들의 협업능력과 문제해결능력을 보았습니다. 이처럼 훌륭한 교사들이 있는 한, 그리고 훌륭한 조직문화가 살아있는 한 전남교육의 미래는 밝고, 어떤 어려움이 닥치더라도 헤쳐나갈 수 있다고 확신하게 되었습니다.

공동체 속에서 배우며 성장하는 선생님들

제가 취임하면서 약속한 일성(一聲)은 민주적 학교문화 조성과 업무경감을 통해 선생님들이 교육활동에만 전념하는 환경조성이었습니다. 이는 전문적학습공동체로 연결되었습니다.

학교는 민주적인 공동체가 되고, 교사는 동료성을 구축하며 수업의 변화가 일어나야 합니다. 그것이 학생의 삶의 변화로 이어지는 구조를 만드는 출발점이 바로 전문적학습공동체인 것입니다.

전남에서도 10여 년 전, 소수의 뜻있는 선생님들이 배움의 공동체 전국연수회에 참여하면서 '배공'의 바람이 불기 시작하였으며, 오늘날 전남교육 수업혁신의 큰 물줄기를 형성해 내었습니다.

저 역시 2008년 '새로운학교 전남모임'에 참여하여 수업혁신을 통한 학교개혁에 관심을 갖고 활동했으며, 2011년 전국교직원노동조합 위원장에 취임한 이후 학교혁신 운동을 전국교직원노동조합의 핵심사업으로 설정하고 본격 추진했습니다. 특히 2011년 5월 전국 11개 지역에서 '학교개혁 국제심포지엄'을 개최하여 전국 7천여 명의 교사들이 함께 수업혁신과 학교혁신의 바람을 일으키는 데 일조하기도 했습니다.

취임 후, 저는 이 같은 배움의 공동체야말로 전남교육의 명운을 좌우하는 핵심적 역할이 되리라 보고 큰 기대를 걸었습니다.

교사들은 교실의 변화와 학교혁신을 위해 함께 공부하고 연구 실천하기 위한 활동을 멈추지 않고 있습니다. 특히 2022 개정 교육과정에 대비하여 396명의 전남교육과정 현장 네트워크 참여 교원들이 중심이 되어 지역 교육과정 마련에 몰두하고 있습니다. 참 자랑스럽습니다.

전남같이 교육 여건이 열악한 곳에서는 열정 넘치는 교사들이 무기이며 밑천입니다. 배움에 대한 선생님의 열정은 지쳐가는 아이들의 눈빛을 살리고 희망을 찾는 마중물이 될 것입니다. 전남교육의 명운을 좌우하시는 분들이 바로 선생님 여러분입니다.

우리는 "교육의 질은 교사의 질을 능가할 수 없다."는 말을 귀가 아프게 듣습니다. 이에 더 나아가 "교육의 질은 교사의 질로만 결정되는 것이 아니라 교사 협력의 질로 결정된다."는 명제를 새길 필요가 있습니다.

개별화된 교사가 학생과의 관계에서 상처받고 수업에서 실패를 경험하며 혼자 고통을 떠안고 살게 해서는 안 됩니다. 교사와 교사, 교사와 교장, 교사와 학생, 교사와 학부모 간의 관계를 회복하여 모두가 협력의 주체가 될 때 학교교육은 성공할 것입니다.

하늘을 나는 기러기 떼를 보면 리더는 혼자가 아닌 것을 알 수 있습니다. 한 마리의 리더가 날다 지치면 또 다른 기러기가 리더가 되어 앞으로 날고 지친 기러기는 무리 속으로 들어와 다시 힘을 얻는다고 합니다.

서로 격려하고 도우며 그 속에서 힘을 얻고 먼 길을 함께 날아가는 '기러기 비행'을 통해 우리 전문적학습공동체가 더욱 높이 더욱 멀리 날 수 있기 바랍니다.

저는 37년간 교실을 비롯해 교육현장에 있었습니다. 수업에서 좋은 교사가 되기 위해 나름 노력했지만 뜻대로 되지 않았습니다. 개인적 실천에만 머물러 있었기 때문입니다.

자랑스러운 선생님들께서는 언제 어디서나 누구나 전문적학습공동체를 끼고 사셨으면 좋겠습니다. 같은 학교는 물론 인근 학교 선생님들과 함께 연구하고 실천하며 성장해 가시기 바랍니다. 그렇게 되면 정말 배움과 성장이 일어나는 교실이 되고 전남교육의 희망을 함께 이야기할 수 있을 것입니다. 전남의 모든 선생님이 희망입니다.

민주시민을 키우는 선생님들

주지하다시피 민주주의는 인류가 만들어 낸 소산 중에서 가장 위대한 것입니다. 동서고금을 막론하고 사회를 운영해 가는 가장 보편타당한 원리입니다. 인류 역사는 민주주의를 확장해 가기 위한 위대한 투쟁의 역사였습니다. 고난과 희생을 딛고 한 걸음 한 걸음 전진해 왔습니다.

우리 교육의 역사 역시, 교육민주화 실현을 위한 지난한 역사였습니다. 때로는 호호탕탕 흐르는 물줄기를 되돌리려는 헛된 시도도 있었지만 가시밭길을 헤치고 한 걸음 한 걸음 전진해 왔습니다.

2016년 겨울 촛불광장은 거대한 민주시민교육의 장이 되었습니다. 이제는 광장의 민주주의에서 일상의 민주주의로 전환되어야 합니다.

일상의 민주주의를 위해서는 학교가 제 역할을 해야 합니다. 학교는 민주주의자 재생산구조의 핵심에 있습니다. 민주시민교육이 제대로 이루어져야 합니다.

민주시민교육의 목표는 한마디로 민주주의를 유지 발전시킬 민주주의자를 길러내는 것입니다. 우리 교육기본법 제2조는 교육의 목적을 '홍익인간의 이념을 바탕으로 민주시민의 자질을 함양하여 인간다운 삶을 영위하고 민주 국가 발전과 인류공영에 이바지한다.'고 하였습니다.

민주시민의 자질은 특정 교과 지식으로만이 아니라 삶의 과정에서 가치와 태도로 체득되는 것입니다. 따라서 민주시민교육은 모든 교과수업을 통해, 그리고 자율활동, 봉사활동, 동아리활동, 창의적체험활동 등

교육과정 전반에 걸쳐 이루어지고 관철되어야 합니다. 특정 교과에 국한되지 않고 당연히 모든 교사는 과목에 관계없이, 모든 학교는 학교급이나 규모에 관계없이 민주시민양성을 목적으로 교육해야 합니다.

또한 민주시민성은 수업환경, 수업방법, 학교 내 의사결정구조, 교사·학생의 관계양식 등 잠재적 교육과정에도 관철되는 교육원리여야 합니다.

공교육 13년을 받으면 자연스럽게 민주시민의 자질이 체득되어 사회에 나아갈 수 있어야 합니다. 그러나 현실은 그렇지 않습니다. 학교는 민주시민교육과 너무나 거리가 멉니다. 아직도 학교는 얼마나 많은 지식을 알고 있는가를 교육의 척도로 삼고 있습니다. 성장·발달보다는 선발을 위한 경쟁교육과 주입식 교육에만 매몰되어 있습니다.

조사에 따르면 한국 학생들은 민주주의에 대한 지식은 많으나 민주적인 가치와 태도는 세계 하위권으로 나타났습니다. 심각한 문제입니다. 우리 아이들은 아직도 권위주의와 관료주의 학교문화에서 교과서에 갇힌 민주주의를 배우고 있는 것은 아닌지, 삶 속에서 깨닫고 실천하는 진정한 민주시민교육을 위해 무엇을 더 준비해야 하는지 다시 한 번 생각해보게 됩니다.

아이들이 민주적인 학교제도와 문화에서, 민주시민 교사와 함께 일상에 녹아 있는 민주시민교육을 경험할 때 미래사회를 함께 여는 민주시민으로 성장할 것입니다. 스스로 삶의 주인이 되고 타인의 삶을 일으켜 세우며, 공동체를 풍요롭게 하는 민주시민으로 자라날 것입니다.

이러한 신념 속에 제가 교육감이 되고 나서 맨 처음 강조한 것이 민주주의입니다. 학교와 교육청을 민주적 교육공동체로 만드는 것이었습니다. 우리 학교 현장에 민주주의가 춤추게 하는 것입니다.

그래야만 구성원들의 참여와 열정을 끌어내어 학교교육이 성장 발전할 수 있으리라 생각했습니다. 민주주의야말로 최고의 가치이며 경쟁력이기 때문입니다.

다행히도 '주민직선 3기 모두가 소중한 혁신전남교육' 출범 이후 전남 교육현장에 민주주의가 피어나기 시작했습니다. 수직적이고 관료적인 조직이 수평적이고 민주적인 문화로 바뀌고 있고, 서로 존중하고 배려하는 협력의 문화가 피어나고 있습니다. 이런 변화들이 교사들의 민주주의 교육 역량을 높이고 실천 의지를 더욱 굳건하게 해주리라 믿습니다.

교사의 정치기본권, 이제라도 획득해야 합니다

민주시민교육이 성공하려면 교사가 먼저 민주주의자가 되어야 합니다. 이를 위해서는 교사들의 정치적 기본권리가 보장되어 '민주시민'으로 삶을 영위할 온전한 기회를 주어야 합니다.

선생님들이 삶 전반에 걸쳐 시민으로서 기본적 권리를 보장받고 자존감이 높아질 때 그것이 곧 교육력과 직결된다고 생각합니다. 특히 교사는 민주주의에 대한 이해와 실천이 남달라야 합니다. 교사의 언행 하나하나와 가르침이 학생들을 민주시민으로 안내하는 나침반이 되기 때문입니다.

학생들을 민주시민으로 양성하는 것은 대한민국 교육목표에도 밝히고 있는 사실이지만, 정작 이를 담당하는 교사가, 민주주의를 가르치는 교사가 과연 민주시민인가? 민주시민으로서 제반 권리를 향유하고 있는가? 하는 물음은 우리를 아프게 합니다.

현실은 그렇지 못합니다. 대한민국에서 현재까지 교사들은 일종의 '정치적 금치산자'로서 민주시민의 정치기본권을 보장받지 못한 채 민주시민을 길러야 하는 아이러니한 상황에 있습니다.

G20을 비롯하여 근대적 의미의 정당과 선거제도가 있는 나라 중에 교사 공무원의 정당 가입과 정치 후원금, 정치적 의사표시를 금지하는 나라는 우리나라밖에 없습니다.

독일연방의회의 직업 분포를 보면 가장 비율이 높은 직업군이 법조인 (15대 20.7%, 16대 23.3%)과 교사(15대 16.1%, 16대 13.2%)라고 합니다. 그러니까 독일 국회의원 10명 중 1~2명은 교사라는 의미입니다. 국제적 표준을 강조하는 정부가 들여다봐야 할 국제적 사례입니다.

이런 문제의식에서 유엔 인권이사회도 한국에 대해 '교사의 정치적 표현의 자유를 보장하라.' 하였고 국제노동기구(ILO)도 '교사 공무원에 대한 정치적 권리를 보장하라.'고 여러 차례 주문했습니다. 국가인권위원회도 수차례 교사 정치기본권 보장에 관한 입법 권고를 했습니다. 그러나 그동안 한국 정부는 들은 체도 하지 않습니다.

교사 공무원도 대한민국 국민이고 시민입니다. 교사 공무원은 정치적 금치산자가 아니라는 게 저의 일관된 신념입니다.

"사람은 정치적 동물이다."라는 아리스토텔레스의 말은 인간의 정치적 욕구는 본능적인 것으로, 자신의 권익과 행복을 추구하는 가장 중요한 수단임을 의미하는 것입니다.

이러한 정치적 기본권을 위해서는 무엇보다도 정치적 의사표현의 자유가 보장되어야 합니다. 그러나 교사 공무원들에게 이런 자유는 없습니다. 예를 들어, 전국교직원노동조합은 2009년 이명박 정권의 민주주의 역주행에 대항하여 시국 선언을 했다는 이유로 15명이 해임되고 30명이 정직처분을 받기도 했습니다.

다음으로, 정당 가입과 활동의 자유가 보장되어야 합니다. 우리나라는 정당에 후원만 해도 형사처벌 합니다. 2011년 민주노동당 후원을 이유로 1,600명의 교사들이 기소되었습니다.

선거 운동의 자유도 중요합니다. 공무를 떠나 사적 영역에서는 선거 운동의 자유가 보장되어야 합니다. 그러나 교사들에게는 투표권만 있을 따름입니다. 공무담임권도 극히 제한되어 있습니다.

과거 정치적 권리는 왕족이나 귀족 같은 특권계층만 누렸습니다. 그런 정치적 특권이 평민, 노동자, 여성들도 누리는 보편적 권리로 확대되고 확장되었습니다. 소수만의 특권이던 정치적 권리를 누리는 범위가 넓어지는 것이 민주화이자 역사 발전입니다. 교사의 정치적 기본권 보장은 역사적 순리입니다.

민주주의 역사를 보면 지금은 너무도 보편적인, 너무도 당연하게 생각한 민주주의 제도나 국민의 권리가 선각자들의 용기 있는 행동에서 비롯되었다는 사실을 알고 놀랄 때가 많습니다. 다음 두 가지 사례를 말씀드리고자 합니다.

1913년 6월 4일 런던에서 열린 133년 역사의 경마 경주에서 에밀리 데이비슨이라는 여성이 달리는 말에 뛰어들었습니다. 중상을 입고 나흘 후 병원에서 죽었습니다. 그 여성의 옷에는 "여성에게 참정권을(Vote for Women)"이라고 씌어 있었습니다. 다음날 《더타임즈》 신문은 이 여성의 안위는 언급하지 않고 "재수 없는 여자가 경기를 망쳤다. 국왕 조지 5세 말이 상처를 입었다."라고만 보도했습니다. 이에 분노한 여성들의 여성참정권을 요구하는 시위가 이어졌고, 여성참정권 운동이 확산됐으며, 결국 보장되었습니다.

또한, 1955년 12월 첫날 미국 앨라배마 주 몽고메리에 사는 흑인 여성 로자 파크스가 버스 안에서 자리 양보를 요구하는 백인 남성의 강요를 거부했습니다. 이로 인해 구금되고 모욕을 당했습니다. 그러자 흑인들의 버스 승차 거부 운동이 일어났고, 1년 후에는 법이 개정되어 이러한 차별이 시정되었습니다. 10년 후에는 악명 높은 흑백분리법(짐크로 법)이 폐기되고 흑인의 참정권과 시민적 권리가 보편적으로 인정받게 되었습니다.

나치 강제수용소 생존자 프리모 레비가 쓴 『이것이 인간인가』라는 책에는 이런 구절이 있습니다. "히틀러 치하의 독일에는 특별한 불문율이 널리 퍼져 있었습니다. 아는 사람은 말하지 않고 모르는 사람은 질문하지 않고 질문한 사람에게는 대답하지 않는다." 이 무지와 침묵이 나치 체제 유지의 원동력이었습니다.

히틀러 치하의 독일인에게 강요되었던 무지와 침묵이 한국 사회에서 적용되는 대표적 사안이 바로 교사 공무원의 정치적 자유 문제입니다.

이제 우리 교사 공무원들은 금기와 터부를 깨뜨리고 무지와 침묵에서 벗어나 정치적 자유에 대해 말하고 질문하고 토론하고 행동해 가야 합니다.

권리 위에 낮잠 자는 자가 되어서는 안 됩니다. 교사의 정치적 자유에 대해 적극 나서야 합니다. 정치기본권 확보 운동에 적극 나서야 합니다.

민주시민교육을 가르치는 교사가 민주시민으로서 가장 열악한 처지에 있는 역설을 어떻게 보아야 합니까?

교사들에게 정치적 자유, 노동자로서의 자유가 보장될 때 민주시민교육도 발전할 수 있을 것입니다.

따라서 앞으로 관련 법률 개정을 서둘러야 하고, 교육공동체는 물론

시민사회가 공론의 장을 펼쳐야 할 필요성이 높게 제기되고 있습니다.

일각에서는 교사에게 정치기본권을 보장할 경우 교사의 정치적 성향에 따라 편향교육을 우려하기도 합니다. 이를 불식하기 위해서라도 학교 민주시민교육 원칙에 대한 사회적 합의 도출이 반드시 이루어져야 합니다.

1976년 독일의 정치교육 공동체가 광범위한 사회적 합의를 통해 채택한 '보히델스바흐(Beutelsbacher) 협약'은 좋은 사례입니다. 이 협약의 내용은 다음과 같습니다.

첫째, 교사나 일부 학생이 자신의 이념이나 생각을 타인에게 강제 주입해서는 안 되며(주입교화 금지의 원칙) 둘째, 수업 주제는 항상 논쟁을 부쳐야 한다.(논쟁성의 원칙) 셋째, 어떤 정치적 상황에 대한 자신의 이해관계를 분석할 수 있는 능력을 길러야 한다(이해관계 인지의 원칙).

한 마디로 학생들에게 특정 가치나 이념을 주입하거나 교화하는 방식이 아닌, 활발한 토론과 논쟁을 통해 스스로 자신의 가치와 주장을 발견하고 체득하게 하자는 원칙이라고 생각합니다.

이 합의는 히틀러 치하의 나치독일에 대한 쓰라린 역사적 경험에서 비롯되었습니다. 세계에서 가장 합리적이고 철학적이라는 독일 국민이 1933년 투표를 통해 히틀러를 수상으로 만들었습니다. 그 후 히틀러는 총통이 되어 종신 독재를 하고 2차대전을 일으키고 홀로코스트를 자행하여 600만 유대인을 학살했습니다. 그 우수하다던 독일인들이 침묵으로 방조하거나 열렬히 지지했음은 주지의 사실입니다.

종전 이후 독일 국민의 통렬한 반성 속에 민주시민교육이 강조되었고, 이것이 보이텔스바흐 협약으로 나온 것입니다. 독일의 민주시민교육은 극좌와 극우를 배제한 민주화를 이루어냈고, 1990년 동서독 통일 이후 빠른 시간 내에 국가적 통일을 달성하는 데 중요한 역할을 했습니다. 동독 출신 여성 메르켈이 4선을 한 것이 이를 상징합니다.

독일이 북아프리카 시리아 난민사태에서 가장 허용적인 태도를 보인 것도 독일 민주시민교육의 영향이 아니면 설명할 수 없을 것입니다.

우리는 남북 분단 상황에서 보수와 진보 간 이념대립이 해방 직후를 연상할 만큼 극심한 상황입니다. 이 합의를 준용해서 우리도 민주시민교육에 적극적으로 활용하면 좋겠습니다.

자랑스러운 것은 2019년, 우리 교육청이 민주시민교육팀을 신설하고 전국에서 두 번째로 '학교민주시민교육 원칙 합의를 위한 교육공동체협약'을 도출하여 실천한 것입니다.

전남 각지 각급 학교에서 자발적으로 참여하신 선생님들과 교원단체 대표들이 함께 머리를 맞댄 가운데 독일 보히텔스바흐 협약에서 도출된 원칙을 원용하여 한국 민주시민교육의 방향을 도출해 내셨습니다. 이때의 원칙은 지금도 전남 민주시민교육의 지침이 되고 있습니다.

선생님의 열정, 기다림, 우직한 실천을 응원하며

교육은 열정, 기다림, 변화에 대한 믿음과 우직한 실천을 통해 나아갈 수 있다고 믿습니다. 영국 철학자 알프레드 화이트헤드는 "좋은 교사는 잘 가르치고 훌륭한 교사는 스스로 해 보이고 위대한 교사는 가슴에 불을 지른다."고 했습니다.

아이들에게 뛰어난 항해술을 가르치려면 여러 이론과 기술도 중요하지만, 무엇보다 바다를 간절히 그리워하도록 마음에 불을 지폈을 때 배움의 절실함과 내공은 더욱 커질 것입니다. 그래서 위대한 항해사로 자랄 것입니다.

아이들 마음에 바다를 그리워하는 불을 피우려면 열정이 중요합니다. 저는 교사가 갖추어야 할 덕목 가운데 최고는 열정이라고 생각합니다. 열정적으로 아이들을 대하고 함께할 때 아이들은 크게 성장할 힘을 갖게 됩니다. 서툴고 능력이 부족할지라도 열정은 모든 것을 감싸 안을 수 있다고 봅니다.

교직 생활을 돌아보면 첫 번째와 두 번째 발령지 아이들이 가장 기억에 많이 남고 많이 찾아왔습니다. 서툴고 부족한 점이 많았지만 열정적으로 아이들을 대하고 소통했기 때문이라 생각합니다.

"인디언 추장이 기도하면 반드시 비가 온다."고 합니다. 왜 그럴까요? 비가 올 때까지 기도하기 때문이랍니다. 우스개처럼 들리지만, 변화에 대한 믿음과 우직한 실천이 이룬 성과입니다.

저는 수많은 절망에 빠지면서도 기다림을 놓지는 않았습니다. 애벌레의 시각에서 벗어나 나비가 되면 큰 세상이 보입니다. 변화의 시작도 끝도 과정도 기다림 속에서 작동합니다. 기다림 속에서 새로운 변화가 시작되고 소멸됩니다.

우리의 노력만큼 아이들이 한꺼번에 바뀔 수 있다면 얼마나 좋겠습니까만, 아이들의 성장 속도는 다르며 성장해가는 방식도 다릅니다. 모든 꽃이 한꺼번에 꽃을 피우지 않듯이 학생들의 꽃 피는 시기도 저마다 다릅니다.

"황새는 날아서, 말은 뛰어서, 거북이는 걸어서, 달팽이는 기어서 굼벵이는 굴렀는데 한 날 한 시 새해 첫날에 도착했다. 바위는 앉은 채로 도착해 있었다."는 반칠환 님의 시구처럼 아이들이 저마다 다른 방식으로 기적을 일으킵니다.

더디 가더라도, 달리 가더라도 모두가 목표에 도달할 수 있도록 참고 기다리며 힘을 북돋우며 뚜벅뚜벅 걷는 선생님 여러분을 믿습니다.

마찬가지로 교육현장에서는 아이들과 동료에 대한 믿음과 협업, 그리고 우직한 실천이야말로 이런 변화를 가져오는 가장 확실한 방법일 수 있습니다.

세계 최고 명문대학이자 세계 혁신대학 1위를 차지한 미국 스탠포드대학 정문에는 "The Only Way to Do It is To Do It."(그것을 하는 유일한 방법은 그것을 하는 것이다)라는 말이 적혀 있다고 합니다. 저는 이를 '실천만이 혁신의 유일한 완성'이라는 뜻으로 해석하고 싶습니다.

덴마크 출신 사진작가이자 기자였던 제이콥 리스는 빈민 사진을 주로 많이 찍었다고 합니다. 그는 일이 잘 안 풀릴 때면 바위를 깨는 석공을 찾아갔다고 합니다. 석공이 수백 번에 걸쳐 망치질하는 것을 보며 그는 "바위가 갈라지는 것은 마지막 한 번의 망치질이 아니라 그전에 했던 백번의 망치질 때문"이라는 걸 깨달았다고 합니다.

천리 길도 한 걸음부터 시작이고 작은 물방울이 쌓여 마침내 바위를 뚫어버리는 이치와 같습니다. 사실 우리가 이룩한 성공의 대부분은 이전 사람들에게서 빚진 것이 많습니다.

여러분의 성취나 전남교육의 성과도 실은 한 사람의 망치질의 결과가 아닐 것입니다. 우리보다 앞서 연일 망치질을 했던 많은 선배들의 노고가 켜켜이 이룬 성과일 것입니다. 이분들의 우직한 노력이 쌓이고 쌓여 철학자 헤겔이 말한 '양질전화(量質轉化)의 법칙'을 구현해 낸 것입니다.

지금 내가 하고 있는 한 시간의 수업이나 작은 일도 쌓이고 쌓여 언젠가 아이들의 눈부신 변화와 성장으로 나타날 것임을 믿으며, 오늘도 묵묵히 돌가루 마시며 망치질을 하는 석공의 심정으로 한 걸음을 내딛어야 할 것입니다.

한 초등교사의 아침

제가 잘 아는 한 초등교사의 아침을 소개합니다.

조금 일찍 교실에 나와 창문을 활짝 엽니다. 다도해를 지나 순천만 갯내음을 간직한 바람이 교실을 돌고 빠져나갈 즈음 아이들과 나눌 찻물을 끓입니다. 교문에서 교장 선생님과 하이파이브를 마친 아이들이 교실에 들어서면 가벼운 인사를 나누고 알맞게 우러난 차를 마시며 아침을 시작합니다. 차와 함께 어제 읽다만 책장을 넘기다 지거울 즈음, 아이들에게 『빨간머리 앤』을 읽어줍니다. 한 달이 넘게 읽어야 하는 긴 글이지만 여전히 기다리는 시간입니다. 수업이 시작되고 모둠 친구들은 머리를 맞대고 문제를 해결합니다. 배움과 협력이 있는 수업입니다. 두 시간의 수업이 끝나고 30분의 꿀맛 같은 휴식 시간입니다. 아이들은 운동장에 나가 맘껏 뛰놀고 동료들과 아침에 못 나눈 정담이 오고 갑니다. 지난주까지 함께 읽었던 『혁신학교 이야기』의 뒷부분을 이번 수요일에 마무리할 예정입니다.

이제 여러분의 이야기가 이어져야 합니다. 각자 자신의 빛깔로 전남 초등교단의 빛나는 스토리를 기다립니다.

'최고의 직장은?' 한 언론사에서 직장인들을 대상으로 물었습니다. 최고 직장의 첫 조건은 '좋은 동료'였습니다. 훌륭한 팀워크를 이룰 수 있는 동료가 있는 직장입니다. 이제까지 책과 커리큘럼, 스승으로부터 얻은 깨우침을 가장 가까운 동료로부터 찾을 수 있다면 얼마나 좋을까요.

하지만 명심해야 할 것도 있습니다. 오랜 세월 같은 일을 하는 사람들에게서 나타나는 관행과 구습은 단절되어야 합니다. "좋은 것이 좋은 것이네, 혼자만 튀어서는 안 되고."라는 말이 여러분의 열정을 주저앉히는 것이라면 단호히 거부해야 합니다. 청년 교사가 전남교단에 필요한 이유는 분명해야 합니다. 새로운 생각과 방식으로 교단이 흔들리기를 기대합니다.

전남교육청은 여러분이 마음껏 아이들을 가르칠 수 있도록 응원합니다. 아이들은 저마다의 꿈을 스스로 가꾸어가도록 '청소년미래도전프로젝트'를 펼치고 있습니다. 더 많은 시간과 더 많은 예산이 학교에 돌아갈 수 있도록 세심히 살핍니다. 2030 청춘들이 전남에서 절망하지 않도록 애쓸 것입니다.

책의 첫 부분에서 밝혔듯이, 저는 보성 율어중학교에서 시작하여 영암 미암중학교에서 마지막 수업을 마칠 때까지 37년을 중등 역사교사로 살았습니다. 평교사로 교단을 떠나게 된 것을 무엇보다 자랑스럽게 생각하며 살고 있습니다.

교사들이 신명 나야 아이들이 행복하게 배울 수 있다고 굳게 믿고 있기에 교육감이 된 후에도 저의 모든 힘은 교실로 향할 것입니다. 여러분의 활짝 열린 아침, 살아 숨 쉬는 교실의 아침을 응원할 것입니다.

승진을 앞두신 교감 선생님들께

교감 선생님들께서 이 자리에 오시기까지 한 분 한 분이 겪고 혹은 견디고 했을 그동안의 노고에 우선 감사와 존경의 말씀 얹어드리고 싶습니다.

헨리 반다크가 예찬했듯이 어두운 그늘과 가난을 달게 받으며 거룩한 무명교사 시절을 거쳐오신 여러분은 '자신의 임금이요 인류의 머슴인 자'들로 찬사와 존경을 받아 마땅한 분들이십니다.

이제 여러분은 앞으로 학교의 관리자로서 지금까지와는 사뭇 다른 관점에서 교육을 바라보게 될 것입니다. 담임교사는 학급 아이들만 책임지면 되지만, 교감은 전체 아이들은 물론 교사 전체를 아우르는 위치에 서게 됩니다. 나아가 교장과 행정실 직원을 비롯한 학내 구성원들과 두루 소통하며 전체의 관점에서 학교교육력 제고를 이끌어내는 분들입니다. 교육과정은 물론 교무행정업무, 생활지도에 이르기까지 전문성을 갖고 교장을 보좌하여 교무를 관리하고 학생을 교육하는 중추적 역할을 하게 됩니다.

현행 법규상 교감의 직무는 교장의 보좌 및 참모직, 교장 유고 시 대리 직무, 교무를 통할 조정하는 직무 등으로 규정할 수 있습니다. 하지만 보다 폭넓게 보면, 교감은 교장과 교사의 중간 위치에서 학교 내 구성원 모두가 능력을 최대한으로 발휘하게 하여 직무수행에서 최대의 만족을 얻게 하고 조직에 최대의 공헌을 할 수 있도록 하는 중요한 위치에 계신 분들입니다.

이렇게 중요한 위치로 인해 여러분께서 업무 수행 과정에 어려움도 많으리라 생각합니다. 직무상 위로는 교장 선생님의 결정을 따라야 하고 아래로는 교사와 교무행정사 등 직원들의 의견을 존중해야 하는 위치가 바로 교감이기 때문입니다.

실질적 권한은 없고 연일 해야 할 일과 책임만 많이 지는 상황에 놓일 때면 자괴감도 들 수 있을 것입니다. 하지만 교감의 그런 중간자적인 위치가 오히려 여러분들의 존재감과 헌신성을 빛나게 할 것이라 믿습니다.

학교에서 힘들고 어려울수록 내가 걸어온 길, 걸어갈 길을 성찰하며 방향을 잃지 않으셨으면 합니다. 학교에서 교육을 둘러싸고 갈등하거나 대립하는 문제가 있을 때 중심을 '학생'에 두고 생각하면 명확하게 풀릴 수 있습니다.

신영복 선생의 『담론』이라는 책을 통해 접하게 된 민영규 시인의 「떨리는 지남철」이라는 시가 있습니다.

북극을 가리키는 지남철은 무엇이 두려운지
항상 그 바늘 끝을 떨고 있다.
여윈 바늘 끝이 떨고 있는 한 그 지남철은
자신에게 지워진 사명을 완수하려는 의사를
잊지 않고 있음이 분명하며
바늘이 가리키는 방향을 믿어도 좋다.
만일 그 바늘 끝이 불안스러워 보이는 전율을 멈추고
어느 한쪽에 고정될 때
우리는 그것을 버려야 한다.
이미 지남철이 아니기 때문이다.

그렇습니다. 경계지점에서 파르르 떨고 있는 지남철 바늘처럼 우리 교육자도 늘 한쪽에 고정되는 것을 경계하며 자신을 돌아봐야 할 것입니다. 우리 교육이 옳다고 믿는 모습이나 방향이 항상 옳을 거라고 생각하는 순간, 교육은 죽어 있는 거나 다름없을 것입니다. 때문에 지남철 바늘처럼 늘 떨림을 유지하며 오늘 내가 가리키는 방향이 어떤 대상에 고정되지 않도록 성찰하는 것이 진정한 삶의 자세라 생각합니다.

이렇듯 모든 교육자는 늘 고민하고 모색하는 존재여야 할 것입니다. 지남철의 바늘끝은 언제나 하늘의 북극성이듯 우리가 지향하는 그 별은 바로 소중한 학생인 것입니다.

아이들 곁의 든든한 교육행정직 선생님

학교에서 교사들이 교육과정을 중심으로 말과 행동을 통해 아이들을 가르치는 선생님이라면, 교육행정직원들은 말 대신 행정업무를 통해 아이들의 교육활동을 지원하는 또 하나의 선생님이십니다.

교육행정직원들은 일반 공무원과 달리 행정 영역뿐만 아니라 교육 영역에 대한 식견과 전문성도 강조됩니다. 과거에는 고유의 행정 영역에 대한 업무 능력이나 주어진 일에만 최선을 다하는 공무원이 인정받았습니다.

그러나 이제는 패러다임이 바뀌었습니다. 도전적이며 창의적이고 전문성이 탁월할 뿐만 아니라 총체적인 식견과 미래에 대한 비전이 동시에 요구됩니다. 특히 자신이 속한 영역에 대한 총체적 식견을 갖고 내 업무과 다른 영역의 업무와 어떻게 연관되어 있는지 꿰뚫어 보며 서로 협업할 수 있는 역량을 지닌 사람이 능력 있는 자로 인정받고 있습니다.

공직자로서 우리 교육행정직 선생님들은 부단한 자기연찬과 성찰을 통해 빠르게 변화하는 교육환경에 적응하여 최고의 행정서비스 역량을 갖추는 것이 중요하다고 봅니다. 이는 자기 혁신과 이어질 수 있을 것입니다.

"세상에서 가장 무서운 것은 익숙해지는 것"이라고 합니다. 익숙함이 무서운 이유는 편안함으로 인해 현실에 안주하고 만족하며 관행적인 습관이나 방식을 답습하게 되기 때문입니다.

이러한 익숙함에 머무르는 것은 변화와 발전을 저해하는 가장 큰 적입니다. 관행처럼 어제의 삶을 오늘도 그대로 이어 살고 이전에 했던 업무추진 방식을 별 탈 없으니 올해도 그대로 답습하는 방식은 정지된 삶이나 다름없습니다. 심하면 부패라는 곰팡이가 번식하는 숙주가 될 수 있습니다.

연암 박지원은 「초정집서(楚亭集序)」에 다음과 같이 썼습니다.

"아아! 옛것을 본받는 것(法古)은
낡은 자취에 빠져 헤매는 병(病泥跡)이 되고
새것을 창조한다는 것(創新)은
상식과 법도에 어긋날 우려(患不經)가 있다.
진실로 옛것을 본받으면서도 변화를 알고(法古而知變),
새것을 창조하면서도 상식과 법도에 맞을 수 있다면(創新而能典)
지금의 글이 옛글과 같을 것이다."

가히 당대 조선 최고의 문장가다운 명문입니다. 여기서 그 유명한 '법고창신(法古創新)'이라는 단어가 나옵니다. 연암은 익숙함으로 새로움을 창조해야 한다고 말합니다. 우리에게 익숙한 것과의 무조건 결별을 주문하지 않습니다. 낯설음에 다가가서 낯설음을 익숙함으로 바꾸는 일을 강조하는 것입니다.

교육행정 영역에서도 익숙함에 머무르지 않고 낯선 것에 도전하는 사람들은 스스로도 더욱 성장할 뿐만 아니라 학교교육 발전에 크게 기여할 것이라 믿습니다.

여러분은 교육행정직원으로서 행정뿐만 아니라 교육에 대해서도 잘 알아야 합니다. 교원뿐만 아니라 여러분도 끊임없이 학습하고 토론하는 전문적학습공동체 활동을 통해 배움을 넓혀가시길 당부드립니다. 혁신전남교육의 새물결을 일으키는 당당한 주체로 성장해 주시길 기대합니다.

학생의 교육활동을 지원하고자 하는 데는 교무실과 행정실이 따로 있을 수 없을 것입니다. 사실상 우리가 몸담고 있는 '교육행정 조직'이라는 것은 상당히 기능적이고 분절적인 형태를 취하고 있습니다. 그러기에 각자 자기가 처한 틀에서 교육을 바라보게 됩니다.

그런데 교육이라는 일을 각자 맡은 일의 관점에서 독립된 부분으로만 취급한다면 그것은 분절적 사고방식일 겁니다. 총체적(혹은 온전한) 관점에서 우리 교육을 보면 너와 나 혹은 너의 일과 나의 일은 보이지 않게 서로 연결되어 '학생교육'이라는 전체로 나타나게 됨을 알 수 있을 것입니다.

행정업무를 하시는 선생님들께서는 서로 분리된 일이지만, 학교나 학생들에게는 '교육'이라는 단 하나의 일일 뿐입니다. 그러니 너의 일, 나의 일을 따로 분리하는 일보다, 서로 어떻게 연결되어 있고 어떻게 도와가야 할 것인지를 먼저 생각해 주시면 좋겠습니다.

코로나19나 기후위기 상황 등 변화와 불안정성이 일상이 되어버린 시대에서 살아남기 위해서는 우리 모두가 연결된 존재임을 인식하고 연대하는 일이 더욱 중요해졌습니다.

'너'와 '나'가 따로 없이 모두가 '리더'이자 '주인'이라는 생각이 절실히 필요한 때입니다. 특히 리더는 과거와 달리 조직의 정상에 홀로 있는 사람이 아닙니다. 모든 조직의 영역에 핵심 리더들이 있을 때 그 조직은 생명력과 탄력성을 품고 위기에서도 역동적으로 발전할 수 있을 것입니다.

우리 모두는 학교 조직에서 각자의 일을 리드하고 있는 리더들입니다. 조직의 정상을 이끄는 리더만이 리더가 아니라, '자신의 리더'가 될 때 진정한 리더로 성장할 수 있습니다.

따라서 우리는 스스로에게 책임을 져야 하며 조직과 사회에 대하여도 책임을 질 수 있도록 안팎을 부단히 살피는 지혜가 필요함을 재차 강조드립니다.

'빛나는 노동'으로 학생을 지키는 교육공무직 선생님

급식, 돌봄을 비롯한 다양한 직종에 걸쳐 교육공무직원 여러분께서는 학교 현장에서 빛나는 노동을 통해 아이들을 든든히 지켜주고 계십니다. 저는 물론 우리 학생과 학부모님, 그리고 온 도민들은 늘 감사하게 생각하며 여러분을 응원하고 있습니다.

비록 겉으로 드러나지 않지만 힘을 모아 자신의 직무를 충실히 수행함으로써 학교교육 발전에 기여하고 계신 여러분께서는 장기화된 코로나19 상황을 극복하는 데도 크게 일조하셨습니다.

수업 외에 학교에서 이뤄지는 전반적인 업무에서 여러분이 담당하시는 일은 매우 중요합니다. 학생들이 쾌적한 교육환경에서 안전하고 즐거운 학교생활을 할 수 있도록 지원하는 데 중추적 역할을 하고 계신 여러분은 아이들에게도 또 하나의 소중한 '선생님'이십니다.

저는 취임 후 교육공무직원들도 우리의 소중한 교육가족이라는 믿음으로 어려운 여건에서도 여러분의 고용안정과 처우개선을 위해 최선을 다해왔습니다. 비록 우리를 묶고 있는 여러 재정적·제도적 제약으로 인해 여러분 모두의 바람을 충분히 수용하지 못해 안타까움도 많습니다.

어제의 동지였던 여러분의 삶이 '어제보다 나은 오늘', '오늘보다 나은 내일'로 진전되도록 최선을 다하겠다는 약속은 결코 변함이 없을 것입니다.

교육이 희망이 되는 세상, 사람이 주인인 세상, 노동이 아름답게 빛나는 세상은 제가 평생을 바쳐 헌신하고 이룩하고 싶은 가치입니다.

여러분과 제가 이 길을 함께한다고 생각합니다. 우리 서로 진정성을 나누며 힘을 합해 아이들을 길러내는 일에 손잡고 나갔으면 합니다.

리더를 키우는 학교장의 리더십

"태산은 한 줌의 흙이라도 사양하지 않고
 바다는 작은 물줄기라도 가리지 않는다
 (泰山不辭土壤 河海不擇細流)"

(『사기(史記)』 「이사열전(李斯列傳)」)

우리 교장 선생님을 응원합니다

얼마 전 한 칼럼에서 이런 문구를 봤습니다. "우리 사회는 학교와 교사에게 만능이 될 것을 요구한다." 코로나19가 바꾼 세상, 누구도 가보지 못한 길이었기에 누구도 예측할 수 없었습니다. 뚜렷한 방향을 잡기도 어려웠습니다.

하지만, 우리의 자랑스러운 선생님들은 집단지성의 힘을 모아 만 가지 능력을 발휘하여 지혜롭게 위기를 극복해가고 있습니다. 교장 선생님의 든든한 리더십 덕분이 아닐 수 없습니다. 교장 선생님은 언제나 우리학교와 아이들을 지키는 든든한 보루이며 방파제입니다.

그런데 요즘 들어 "교장 노릇하기 참 힘들다."는 자조 섞인 말들이 들려오고 있습니다. 학내 구성원뿐만 아니라 학부모와 주민들로부터 분출되는 각종 요구와 불만들로 인해, 학교 경영의 최종 책임자이신 교장 선생님들께서 많이 힘들어하신다는 점을 잘 알고 있습니다.

예전과는 시대가 많이 달라졌습니다. 시대 변화에 따라 교사, 학생, 학부모 등 학교 구성원들의 권리에 대한 감수성이 높아지고 참여, 소통에 대한 열망, 공정의 요구 등이 높아가고 있습니다. 지역민들도 학교운영에 관심이 많습니다.

교장은 〈초중등교육법〉 제20조가 규정하듯이 "교무를 총괄하고 소속 교직원을 지도·감독하며 학생을 교육한다"는 법적 권한이 있습니다. 그럼에도 교직원 복무관리 및 예산편성·집행, 교육과정 편성 운영 등 학교 의사결정 과정에서 학교장의 법적 권한은 소홀히 여겨지는 경향이 있습니다.

'학교민주주의' 혹은 '민주적 학교문화'에 대한 진정한 이해와 자신의 행동에 대한 교육적 책임과 성찰이 부족한 일부 구성원들로 인한 것으로 알고 있습니다.

특히 학생교육보다 자신의 편의를 우선시하는 극히 일부 구성원들이 '교장 흔들기'를 통해 정당한 리더십에 도전하고 학내 갈등을 야기하는 사례들도 있다고 합니다. 이 과정에서 일부 교장 선생님들은 평생 지켜온 긍지와 자존감이 한순간에 무너지는 아픔도 겪었을 것입니다. 참으로 아프게 생각합니다.

제가 교장을 안 해 봐서 교장 선생님들의 어려움을 잘 모른다고 하시는 분도 있습니다. 그래서 더 귀를 열어 의견을 경청하고 존중하기 위해 지금도 노력하고 있음을 자신 있게 말씀드릴 수 있습니다.

저는 그동안 "민주적 학교문화와 학교자치 실현은 교장 선생님에게만 책임이 있지 않고 교사와 직원들이 함께 나누어야 한다."라고 누누이 강조해 왔습니다. 그런데도 일부 교사들이 편의주의나 무사안일 혹은 이기주의로 본연의 책임을 다하지 않고 오히려 열심히 일하시는 교장 선생님과 갈등, 분열을 조장하는 데 앞장선다면 그 피해는 고스란히 학생들에게 돌아가고 맙니다.

참으로 안타깝게 생각하며, 교장 선생님의 민주적 리더십 강화를 위해 더욱 고민하며 여러분과 함께 방안을 강구해갈 것을 약속드립니다. 교육적 원칙과 명분 없이 이기주의나 편의주의적 습성에 젖은 일부 교직원의 행위는 결코 용납될 수 없습니다.

현장에서 교장 선생님께서 열정과 소신을 갖고 학교를 경영하는 과정에서 문제가 발생할 경우, 교육적이고 민주적인 관점에서 반드시 옥석을 가려낼 것입니다. 정당하고 소신 있는 경영이 위축되지 않도록 행정 면책제도 등을 적극 확대하는 등, 교육감인 제가 책임지고 지켜드리겠습니다.

확실한 교육적 소신과 비전을 갖고 성실하게 근무하는 학교장이 우대받고 안정적으로 생활할 수 있도록 현장 의견을 모아 합리적인 인사제도 보완과 개선을 지속적으로 추진해 나갈 방침입니다.

아울러 전남교육이 추구하는 혁신정책이 불합리하게 학교장의 권한을 축소하거나 소신 경영을 저해하는 신호로 여겨지지 않도록, 학교로 나가는 공문 한 줄 한 줄, 문건 한 장 한 장을 좀 더 면밀히 검토하고 살피겠습니다. 정상적인 학교 교육과정 운영을 위한 복무 관리·감독 등, 법으로 보장된 학교장의 권한을 최대한 지켜드리겠습니다.

나아가, 교육현장에서 어느 일방이 일방을 탓하고 잘잘못을 가리는 배타적 문화보다는 서로의 입장에서 존중하고 배려하는 상호존중의 문화가 조성되도록 교육공동체의 대타협과 인식의 대전환을 이끌어가겠습니다.

위기와 함께 예측가능성보다는 불확실성으로 점철된 시간들이 늘어나고 있습니다. 우리가 당면한 현실은 여전히 절박하며 예측하기 힘듭니다. 아무리 위기와 혼돈이 지속되더라도 '달리는 말은 말굽을 멈추지 않는다.'는 마부정제(馬不停蹄)의 자세로 미래를 향한 우리의 진전은 멈출 수 없습니다.

혼미한 상황에서도 여전히 우리가 지향해야 할 별빛은 학생이며, 학교는 그 별빛을 찾아 밝히는 중심이어야 합니다. 오로지 학생과 학교를 중심에 놓은 전남교육의 방향은 여전히 유효하기 때문입니다.

자신의 빛을 누그러뜨리는 '화광동진'의 리더십

위기와 혼돈의 시대, 우리가 믿을 것은 오직 학교장과 교직원들밖에 없다고 생각합니다. 교직원들의 자발성과 열정은 우리 교육을 밝히는 등불의 심지와도 같습니다. 교육의 질은 교사의 질을 넘을 수 없듯이 학교의 질은 교장의 질을 넘을 수 없을 것입니다.

학생교육은 교사의 열정에 달려 있지만, 교사의 열정은 교장 선생님 여러분께 달려 있습니다. "교사가 변하면 한 반을 변화시키지만, 교장이 변하면 학교 전체가 달라진다."는 말이 있듯이, 교장의 영향력과 책무성은 대단히 큽니다.

그렇다고 해서 학교장 혼자만 잘해서 학교가 발전하는 것은 아닐 것입니다. 교장은 만능 슈퍼맨 혹은 슈퍼우먼이 아닌 교육계의 진정한 최고 경영자가 되어야 할 것입니다.

『한비자』에 '불능독성(不能獨成)'이라는 말이 나옵니다. "혼자서는 일을 이룰 수 없다"는 말입니다. 조직과 환경이 점점 더 복잡해지면서 혼자서 모든 일을 해낼 수 있는 시대는 이미 지나갔습니다. 교육감인 저나 교장 선생님 역시 마찬가지입니다.

예로부터 좋은 숯은 나무가 지닌 성질을 다 태워 스스로 소진해 버리지 않고 절제함으로써 얻을 수 있습니다. 그래야 다른 것을 활활 태울 수 있습니다.

같은 맥락에서 노자도 '화광동진(和光同塵)'이라 했습니다. 화(和)는 온화하게 조화시킨다는 뜻이고 광(光)은 빛을 발하는 것으로, 내가 지닌 광채를 줄여서 주변의 빛과 조화를 맞추라는 말입니다. 또 동(同)은 함께함이며 진(塵)은 세속을 뜻한 것으로, 나의 잘남을 숨기고 세속과 함께하라는 뜻입니다.

세상의 모든 사람은 자신이 지닌 광채를 더욱 빛내려고 합니다. 그러나 그 빛이 빛나면 빛날수록 주변 사람들은 점점 멀어져 감을 나중에 깨닫게 됩니다. 지도자가 자기 생각을 너무 확신하고 밀어붙이면 주변 사람들이 겁이 나서 접근을 두려워할 것입니다.

결국, 훌륭한 리더는 자신의 빛을 누그러뜨리고 세상 사람들의 눈높이로 내려가 그들과 함께하려는 '화광동진'의 자세가 필요할 것입니다.

4차 산업혁명의 미래 대전환을 준비하는 이 시대, 누군가 앞장서서 밀어붙여야 일이 되는 시대는 지나갔습니다. 조직 구성원 한 사람 한 사람이 모두 스마트한 능력과 고유한 장점들이 있음을 믿고 그들의 빛을 드러내기 위해 나의 빛을 잠시 누그러뜨리는 자세가 진정한 리더의 모습이 아닐까 합니다.

학교장으로서 조직의 리더로 우뚝 서신 여러분께서도, 학교 구성원 한 사람 한 사람이 지닌 재목의 성질을 잘 파악하여 그들을 드러내는 일에 최선을 다해 주시기 바랍니다. 일 잘하는 한두 사람에게 학교 중요 업무가 집중되어서는 위험합니다. 모든 구성원의 역량을 적절히 불태우도록 동기를 부여하되, 결코 단번에 소진되지 않도록 절제와 쉼을 부여하시면 더욱 좋을 것입니다.

한 사람 한 사람 모두를 리더로 만드는 '슈퍼 리더십'

"구슬이 서 말이라도 꿰어야 보배"라 했습니다. 교직원이 구슬이라면 그 구슬을 실에 꿰어낼 사람은 교장 선생님이십니다. 교직원들의 자발성과 열정, 그리고 전문성을 중심에 세우는 학교장의 리더십이 결합할 때 아이들은 더 크게 성장하고 학교교육은 발전할 수밖에 없을 것입니다.

아무리 뛰어난 교장의 능력도 자발성에 기초한 교사들의 집단지성보다 낫다고 단정할 수는 없을 것입니다. 교사들이 그들의 자주성과 창의성을 인정하는 리더십을 만나면 최고의 헌신과 열정으로 답할 준비가 되어 있습니다.

직접 학생을 지도하는 우리 선생님들이 신바람 나게 가르칠 수 있도록, 교장 선생님께서 먼저 인정하고 그들의 창의성과 자주성을 살려낼 수 있도록 존경하는 학교장과 원장 선생님 여러분께서 다독이며 격려해 주시길 당부드립니다.

춘추전국시대 진시황이 외국 출신의 관리를 추방하는 데 대해, 진시황의 오른팔 이사(李斯)가 「간축객서(諫逐客書)」를 통해 진시황제에게 그 부당성을 알리고자 간언한 "태산불사토양, 하해불택세류(泰山不辭土壤 河海不擇細流)"라는 말은 중국 최고의 명문으로 유명합니다.

"태산은 한 줌의 흙이라도 사양하지 않았기에 태산같이 큰 산이 될 수 있었고, 황하와 바다는 작은 물줄기라도 가리지 않았기에 깊은 물이 될 수 있었다"는 뜻입니다. 이사의 말을 수용한 진시황제는 결국 이들 작은 인재들의 힘을 모아 마침내 천하를 통일할 수 있는 슈퍼 리더(super leader)가 될 수 있었습니다.

우리가 맡은 일이 무엇이든 조직 구성원들 한 사람 한 사람의 장점을 모아간다면, 학교가 태산보다 크고 대양보다 깊은 저력을 발휘하게 될 것임을 보여주는 대목입니다.

　교장 선생님들께서는 혼자만 조직의 정점에 올라서려 하지 말고 학교 구성원 한 사람 한 사람을 '스스로의 리더'로 성장시켜 구성원들이 각자 맡은 바 분야에서 책임감과 전문성을 갖춘 리더로 우뚝 서게 하시면 좋겠습니다. 그렇게 되면 학교 조직은 더욱 역동적으로 발전하며, 서로를 성장시키는 생명력을 갖게 될 것입니다.

90년대생과도 함께 섞이는 '물'의 리더십

　변화와 불확실성이 특징인 미래사회에서는 어느 조직이든 다양성과 개방성이 결국 경쟁력이며 승부처입니다. 닫고 사는 자는 결코 승리할 수 없으며, 여는 자만이 생존에 성공한다는 유명한 교훈을 반추해 볼 때입니다. 특히 다양한 연령층이 공존하는 학교라는 조직에서 교장 선생님이 성공하기 위해서는 이러한 유연성과 개방성이 중요하다고 봅니다.

　임홍택의 『90년생이 온다』라는 책을 보면, 우리 시대의 중추적 연령인 90년대생들은 '간단함', '병맛', '솔직함'으로 조직의 흥망성쇠를 좌우하는 세대들이라 합니다. 이들의 특징은 우선 길고 복잡한 것을 싫어해 기성세대들이 알아듣기 힘든 줄임말을 선호한다고 합니다.

　두 번째 특징은 '일'이 아니라 '재미', 즉 삶의 즐거움을 통해 자아실현을 중시하는 가치를 지닌다는 점입니다. 80년대생 이전 세대들이 '삶의 목적'을 추구했다면 90년대생들은 '삶의 유희'를 추구한다는 점에서 '호모루덴스(Homo Ludens)'로서 특징을 지닌다 할 수 있습니다.

　이들의 세 번째 특징은 '정직함', '공정함'을 중시한다는 점입니다. 기성세대가 중시하던 혈연, 지연, 학연은 이들에게 일종의 적폐로 취급됩니다. 사회정의와 민주주의 같은 거대담론이나 엄숙주의, 당위, 희생, 헌신 같은 공적 가치는 그다지 중요하지 않습니다.

저자는 90년대생들이 공무원을 원하는 이유는 유일하게 남아있는 공정한 채용 시스템이라는 점 때문이라고 생각합니다. 이처럼 90년대생이 주축이 된 우리 시대 조직은 공정의 가치를 기반으로 정직함을 담보할 수 있는 시스템이어야 할 것입니다.

이처럼 새바람, 새물결들이 들이닥치고 있는 상황에서 기성세대인 우리는 이들 젊은이의 특징을 이해하고 역량을 발휘할 기회를 열어, 조직 발전의 자산으로 삼을 수 있도록 지원해야 합니다.

노자는 "지극히 선한 것은 물과 같다(上善若水)"고 했습니다. 물은 만물을 이롭게 해주지만 공을 다투지 않으며, 낮은 곳으로 흘러 바다가 됩니다. 아무리 높이 솟아 뻗은 준령도 깊은 계곡이 없이는 존재하지 못합니다. 낮은 곳에 있기 때문에 사방에서 모아질 수 있으며 또 모두를 품을 수 있습니다. 그래서 큰 바다를 이룰 수 있는 법입니다.

90년대생 젊은 구성원들의 독창적인 역량을 교육에 발양(發揚)할 수 있도록 교장 선생님께서 물과 같은 포용적 자세로 이로운 덕을 베풀어주신다면, 그들에게 '삶의 유희'는 곧 '가르치는 유희' 혹은 동료들과 '함께 배우는 유희'로 확장될 수 있을 것입니다.

높은 곳에 위치해 내려다보는 이전의 관리 방식으로는 학교를 희망의 바다로 만들 수 없을 것입니다. 낮은 곳에 임하여 깊이 흐르는 '계곡물' 같은 유연함과 도도함으로 모두를 일으켜 세울 수 있으리라 봅니다.

성공적인 경영이란 내가 높이 서서 성공하는 것이 아닙니다. 훌륭한 리더십이란 홀로 현명한 판단을 하거나 큰일을 하는 것이 아닙니다. '상선약수(上善若水)'와 같이 다른 사람이 성공하도록 촉진하는 것입니다. 함께 근무하는 사람들의 열정을 일깨워서 더 좋은 판단을 할 수 있게 하고 더 나은 일을 하게 하는 것입니다.

함께 길을 열어갈 학부모님

제2의 선생님, 학부모님

> 부모는 멀리 보라 하고 학부모는 앞만 보라 합니다.
> 부모는 함께 가라 하고 학부모는 앞서가라 합니다.
> 부모는 꿈을 꾸라 하고 학부모는 꿈을 꿀 시간을 주지 않습니다.
> 당신은 부모입니까? 학부모입니까?

다들 들어봄직했을 만한 공익광고 카피의 일부입니다. 부모는 자녀를 사람으로 성장하게 하고, 학부모는 자녀를 학생으로만 자라게 강요하는 오늘날 우리 사회의 한 단면을 질타하며, 참된 학부모님으로 거듭날 것을 시사하는 대목입니다.

우리는 부모이자 학부모이기도 합니다. '부모'로서 자신에게 요구되는 기대감과 '학부모'로서 내면에서 솟아나는 기대감은 이렇듯 수시로 불일치하는 모순을 경험할 수 있습니다.

이러한 부모님의 이중적 기대감 속에서 아이들은 심한 압박감과 불안감을 느낄 수 있으며, 학교생활에 적응하는 데 힘들어질 수 있음을 우리는 잘 알고 있습니다.

지금부터라도 나 자신이 바뀌면 우리 아이가 바뀔지 모릅니다. 아이에게 숨통을 틔워주어야 합니다. 내 아이를 다른 집 아이들과 비교 상대로 보지 말고 있는 그대로를 인정해 주려는 노력이 아이를 숨 쉬게 할 것입니다. 그리하여 더 변화하고 성장할 수 있는 타이밍을 얻게 될 것입니다.

자녀에게 "열심히 해."라고 요구하기 전에, 아이가 스스로 할 수 있는 '방법'을 가르쳐주고, 사소한 것에서도 잠재력을 발견하고 늘 격려해 준다면, 자녀는 더욱 열심히 하게 될 것입니다.

사실 좋은 부모가 된다는 것은 말처럼 쉬운 일은 아닙니다. 좋은 부모의 모습이 이런 것임을 왜 모르겠습니까만, 우리의 조급성은 판단을 흐리게 하기도 합니다. 교사였던 저 역시 우리 아이들에게 진정 나는 좋은 부모였는지? 확신할 자신이 없어집니다.

내 아이보다 똑똑하고 공부 잘한 자녀를 둔 다른 부모에게 느끼는 열등감이나 경쟁의식 때문에 늘 조급해지는 건 당연지사일지도 모릅니다.

누구를 탓하자는 건 아닙니다. 경쟁에서 이기지 못하면 좋은 대학을 가지 못하게 부추기는 대한민국 교육제도 하에서, 모든 것을 부모님 탓으로만 돌리기에는 너무 무책임한 일일 수도 있습니다.

그래서 저는 학교를 경쟁의 장이 아닌 협력의 공동체로 만드는 데 학교혁신의 방향을 정했습니다. 지식 위주의 학력을 기준으로 한 사람만 1등이 되는 획일적 교육이 아니라, 한 사람 한 사람 각자 잘하는 것을 찾아내어 모두가 1등이 되는 상생의 교육을 지향하는 것입니다. 학부모님 여러분과 함께 만들어갈 전남혁신교육의 미래입니다.

학부모를 교육의 주체라고 합니다. 교육자치 시대를 준비해 가고 있는 이때 학부모님의 적극적이고 자발적인 학교교육 참여는 무엇보다 절실합니다. 그러나 많은 학교에서 학부모는 지금까지 지원·보조 역할에 머물러 있었습니다.

학부모님은 더 이상 학교가 하는 일에 무조건 따르는 교육의 수혜자도, 학교의 미흡한 부분을 지적하는 민원인도, 자녀에게 불리한 제도를 항의하는 감시자도 아닙니다. 이제 자녀들의 배움과 성장을 돕고 교육발전을 이끄는 교육의 주체자이며 동반자입니다. 아이들의 성장에 가장 큰 영향을 미치는 '제2의 선생님'입니다.

전남교육청이 2019년 학교 학부모회 설치 조례를 만들어 학부모들의 교육활동 참여를 제도적으로 보장하고 있는 이유도 바로 이와 같은 시대정신을 실천하고자 함입니다.

2020년부터 전남 여러 지역 학부모회에서 학부모, 학생, 학교뿐만 아니라 지역민들과도 협업하여 학교교육 발전은 물론 지역 문화 재생과 공존을 위한 따뜻한 노력을 하고 있습니다. 코로나19가 발생했을 때는 지역 학생들을 위해 마스크를 직접 만드셨고, 최근에는 아이들이 살아갈 지구를 위해 탄소중립 실천 선포식과 실천 행동들을 하시는 모습을 보고 존경한다는 말씀을 드리고 싶었습니다.

아이들에게 미래사회에 필요한 역량을 길러주기 위해서는 학교교육 만으로는 어렵습니다. 학부모가 지역사회와의 매개체 역할을 통해 지역 교육 생태계를 만들어 교육과정을 다양화해야 합니다. 그러기 위해서는 학부모 중심의 마을학교가 가장 이상적인 모델입니다. 공동 육아공동체로서 마을이 아이를 키우고 학교 안팎을 넘나들며 다양한 교육과정을 경험한 아이들이 미래사회에 필요한 역량을 기르게 됩니다. 그 과정에서 지역에서의 행복한 경험이 축적되면 아이가 마을에서 정주할 수 있으며 학교와 지역이 공존하는 이상적 모델이 될 것입니다.

학부모회 연합회가 선도적으로 참여하여 이러한 지역 교육 생태계를, 아이들을 함께 키우는 문화를 만들어가길 기대합니다.

저는 전남교육청 홈페이지 '학부모지원센터'와 네이버 밴드 '학부모 한마당' 등을 통해 전남 곳곳 학부모님들께서 자녀교육을 위해 자원봉사,

재능기부, 자체교육을 위해 열심히 활동하시는 모습을 보고 있습니다. 대한민국 부모들의 교육열은 다른 나라에서도 부러워할 정도죠. 학부모님은 전남교육의 동반자입니다.

자녀교육에 대한 학부모님들의 열정이 전남교육 발전의 큰 동력이 되리라 믿습니다. 하지만 자녀 중심의 관심에서 벗어나 교육공동체적 입장에서 학교를 신뢰하며 우리 아이들의 성장을 돕고 교육 발전에 기여하는 학부모님이 많아지리라 믿습니다.

앞으로도 교육의 주체자이자 동반자로서, 전남교육 발전을 위한 좋은 생각과 의견을 많이 주시면, 정책 수립에 적극 반영하겠습니다. 지역 학부모회 네트워크에서 전남교육 발전을 위해 경청올레를 요청하시면 꼭 찾아뵙고 말씀 나누겠습니다.

"학생은 우리의 별빛입니다."
(2018. 11. 1. 전남학생참여위원회 하반기 정기회)

제5장

내가 만난 모든 사람이
길이었다

"생각해 보면

내게는 길만이 길이 아니고

내가 만난 모든 사람이 길이었다."

(신경림, 「길 이야기」에서)

그 사람을 추모하며

고 서한태 박사님의 열정과 혜안이 그립습니다

고(故) 서한태 박사님 영전에 한없는 추모의 마음을 바칩니다.

박사님이 우리 곁을 떠나신 지 1년이 지났습니다. 그럼에도 아직 실감이 나지 않습니다. 금방이라도 환하게 웃으시며 이곳 목포 오거리를 걸어오실 것만 같습니다.

크고 당당한 목소리로 "쾌적한 환경 속에서, 모든 사람이 건강하고 인간답게 살았으면 좋겠다."고 열변을 토하시던 박사님의 모습이 사무치게 그립습니다.

박사님은 평생을 환경운동에 바치셨습니다. 맑은 물, 맑은 공기를 지키기 위해 필요로 하는 곳이면, 어디든 달려가셨습니다. 특히 80년대 초 영산강 주정공장을 온몸으로 저지하셨습니다. 공해 예상 시설을 사전에 추방한 대표적인 사례로 환경운동사에 큰 획을 그었습니다. 영산강 물고기 떼죽음 사건을 계기로 '물 관리 일원화'를 주장해 제도개선을 이끌어내셨습니다. 유달산 케이블카 설치도 막아내셨습니다.

박사님은 목포 최초의 통합 환경운동단체를 만들어 지역 시민 환경운동의 기틀을 다지셨습니다. 방사선과 전문의로서 가난한 환자들에게 무료로 엑스레이를 찍어주시는 등, 나눔을 실천하는 데도 남다른 관심과 열정을 보여주셨습니다.

무엇보다, 생활 속에서 실천하는 새로운 차원의 환경운동을 정착시킨 것은 박사님이 남기신 가장 소중한 유산이 아닐까 생각합니다. 박사님은 환경문제 해결의 열쇠는 자라나는 아이들이 쥐고 있다는 판단 아래 '환경교육'을 강조하고 실천하셨습니다.

꽃 피고 새가 노래하는 봄은 왔지만 봄답게 누리지 못하는 게 최근 우리네 환경입니다. 봄을 만끽하기는커녕 미세먼지로 고통받는 상황에 처하다 보니 박사님의 선견지명, 선각자적 통찰력과 예지력이 새삼 가슴에 와닿습니다. 박사님 말씀대로 '못된 사람은 역사가 심판하듯, 우리의 바보짓을 자연이 심판하는' 게 아닌가 생각합니다.

환경문제에 대한 박사님의 이런 열정과 혜안은 미래의 주역인 아이들에게 큰 가르침이 되고 있습니다. 오직 '참여'와 '실천'으로 환경운동을 이끄신 박사님의 발자취는 '모두가 소중한 혁신전남교육'이 나아갈 길을 제시해주기에 충분합니다.

전남교육은 그 고귀한 가르침을 이어받아 학생들에게 환경과 평화, 노동, 인권 등 민주시민의 가치를 심어주는 교육에 최선을 다하겠습니다. 아이들이 일상의 삶 속에서 환경보호를 실천하도록 교육적 책무를 다하겠습니다.

오늘 박사님을 추모하는 이 자리에서 그 의지를 또 다집니다.

박사님의 영면을 빌며, 하늘에서도 힘을 주시고 부족한 저희를 바른 길로 이끌어주십시오.

_서한태 박사 1주기 시민 추모의 밤에(2019. 3. 13.)

고 오종렬 선생님, 새날은 더디기만 한데 어디 가십니까?

임종하기 5시간여 전, 전남대학교병원 병실에서 선생님을 뵈었습니다. 의식이 없는 가운데 가쁜 숨을 몰아쉬며 죽음과 마지막 사투를 벌이고 계셨습니다. 그 옆에는 당신의 자랑스러운 세 아들의 비탄과 애절한 갈망이 무겁게 내려앉아 있었습니다. 더 이상 볼 수 없어 병실을 나섰습니다. 그렇게 오종렬 선생님을 여의었습니다.

기다리는 새날은 더디기만 한데 선생님! 오종렬 선생님!

우리를 두고 어디 가십니까?

가고 오고 오고 가는 것이 자연의 섭리라지만 큰 산의 그림자가 지고 나니 우리 마음이 온통 어둠입니다.

황망하여 어찌 말로 이 슬픔을 토할 수 있겠습니까?

선생님의 따뜻한 품이 더욱 그리운 세밑에 선생님께서 우리 곁을 떠나 어디로 가신다는 것입니까?

선생님! 무등산 중머리재만큼이나 넓은 이마에 내리는 흰 머리칼 쓸어올리며 사자후를 토하시던 모습이 눈에 선연한데 어찌 이리 황망히도 가신단 말인가요?

고흥 금산 섬마을 총각 선생님, 착한 섬마을 처녀를 맞아 떡대 같은 아들 셋 낳고 알콩달콩 사셨던 선생님을, 시대는 역사는 불러냈습니다.

1987년 6월항쟁 이후 선생님은 광주YMCA 백제실에서 교육민주화를 염원하는 젊은 교사들의 자주적 교사단체 결성을 위한 토론회를 걱정 반 기대 반 지켜보셨습니다. 이후 교사협의회 전국교직원노동조합 창립에 본격 투신하면서 참교육 승리, 민족의 자주와 민주와 통일의 대장정에 나서셨습니다.

승리의 기쁨과 고난과 좌절이 점철된 삶이었지만 결코 패배하지 않았습니다. "뭣 하러 갔느냐고 물으면 예나 지금이나 딱히 할 말이 없다. 그래도 가야만 했다."는 말씀이 귀에 쟁쟁합니다.

"뿌리 없는 나무는 비가 와도 마르고 민중의 해방나무는 민족의 뿌리에서 자란다."라고 쩌렁쩌렁 외치시던 선생님!

오늘 우리는 삶과 죽음이라는 우주의 섭리 아래 선생님을 보내드려야 합니다.

아, 선생님! 그리울 것입니다. 보고 싶을 것입니다. 자본주의 하늘 아래 고통 속에서도 희망을 일구며, 투쟁하는 사람들 정신 속에 살아 계실 것을 믿습니다. 그래, 저 수 많은 오종렬을 만나면서 상실의 슬픔을 잊을 것입니다.

선생님께서는 '내 나라, 내 땅, 내 국민, 내 역사의 주인이 되는 세상'을 꿈꾸셨습니다. 선생님께서 꿈꾸셨던 세상은 더디지만 저 무등 뒤편에서 힘차게 아침노을의 빛으로 달려오고 있습니다. 검은 구름 몇몇이 이 길을 가로막고 있어도 5·18 대동세상 같은 세상은 기어이 오고야 말 것입니다.

오종렬 선생님! 선생님께서 우리에게 내밀어주신 진보에 대한 믿음과 연대의 정신으로 반드시 보답하여 자주·민주·통일 세상을 만들어갈 것입니다.

그리울 것입니다. 그리움이 저 무등 아래 오일팔 정신의 혼으로 피어날 것을 믿습니다. 이 믿음으로 선생님을 보냅니다. 영원의 하늘로 보냅니다.

선생님! 오종렬 선생님! 부디 편히 쉬소서.

_오종렬 한국진보연대 총회의장 장례식에서(2019. 12. 11.)

강신석 목사님, 당신은 제 인생의 푯대이셨습니다

목사님이 그립습니다. 편찮으셨어도 곁에 계실 때는 몰랐는데, 떠나신 지 며칠이나 되었다고 이렇게 사무치게 그리운지 가슴이 미어집니다.

3년 전 2018년 9월 1일 80세 생신을 축하하는 산수연(傘壽宴) 때 야윈 얼굴의 목사님이 저를 알아보지 못해 울컥했는데, 이리 가시다니요. "목사님, 제가 전라남도교육감이 되었어요." 하며 자랑하고 싶었는데, "그래, 장 집사. 축하해. 잘해야 돼."라는 말씀 듣고 싶었는데 알아보지 못하셨습니다.

살아계실 때 잘했어야 했는데 그렇지 못했습니다. 자주 찾아뵙지 못해 죄송합니다. 목사님 떠나고 보니 일상에 파묻혀 살았던 제가 원망스럽습니다. 목사님, 편히 쉬세요.

목사님은 제 인생의 푯대였습니다. 지금의 저를 만드셨습니다. 구속되고 세 차례나 학교에서 쫓겨났지만 좋은 세상, 좋은 교육을 만들기 위해 일어섰던 힘은 목사님과 사랑하는 무진교회에서 나왔습니다. 강신석 목사님이 시무하는 무진교회 다닌 것이 자랑이었고 영광이었습니다.

43년 전 군대에서 제대한 지 얼마 안 된 1978년 8월, 주변 사람들의 소개로 그해 3월 12일 창립한 충장로 1가 왕자관 옆 건물 2층 무진교회에 찾아가서 목사님을 뵙고 예배드린 것이 첫 만남이었습니다. 작고 가난한 교회였지만 의기 넘치는 청년들, 학생들이 무진교회로 모여들었습니다. 광주에서 학생운동, 민주화운동 하는 사람치고 무진교회를 거치지 않은 사람은 거의 없다 할 정도였습니다.

엄혹한 박정희 군사독재 시절 학생운동, 민주화운동을 하는 젊은이들에게, 친구들에게 무진교회는 따뜻한 쉼터이자 안식처였으며, 모임 장소였습니다. 목사님의 설교 말씀을 듣고 "내가 생각하고 행동하는, 옳다고 믿는 것 모두가 성경의 가르침이며 예수께서 몸소 실천한 것"이라 깨달았습니다.

모든 행동과 사고의 근거로 삼으며 두려움 없이 나섰습니다. "의를 위하여 박해를 받는 자는 복이 있나니 하늘나라가 그들의 것이다.(마태복음 5장 9-12절)"는 가르침을 따라, 갈릴리 나사렛 예수를 본받기 위해 불의한 정권에 맞서 싸우며 구속되고 수배되고 해직되는 고난을 받으면서도 오히려 기뻐하며, 쓰러져도 다시 일어나는 힘을 얻었습니다.

실로 강신석 목사님과 무진교회는 광주·전남민주화운동, 한국민주화운동 그리고 교육운동의 역사라고 해도 과언이 아닐 것입니다. 비전향장기수 김국홍 선생님을 교인으로 받아들이고 북녘 고향으로 돌아갈 수 있게 해 주었고 실로암선교회를 만들어 시각장애인들을 돌보며, 5·18 유족과 부상자들에게는 어버이 같은 존재였습니다. 구속수배자, 전국교직원노동조합 해직교사들도 거두고 보듬어 주셨습니다.

당신은 강자에게는 강하고 약자에게는 약한 분이셨습니다. 독재 권력에 맞서 싸우며 세 차례 옥고를 치른 투사이면서도 하나님 앞에서는 진실한 목회자였고, 사회적 약자에게는 한없이 부드럽고 자애로운 어머니였습니다. 겸손하고 온유하면서도 때로는 추상같은 분이셨습니다. 모든 일에 원칙을 중시하고 가난하고 청빈한 삶으로 존경받은 큰 어른이셨습니다.

민족과 역사의 아픔을 온몸으로 짊어지고 한반도의 갈릴리라 할 수 있는 전라도 땅, 광주를 평생 떠나지 않으셨고 무진교회도 역사의 현장인 전남도청과 광주시청 부근을 떠나지 않았습니다. 치평동으로 신축 이전할 때도 치평이란 '평화를 다스린다.'는 말로 무진교회가 나아가야 할 방향과 맞다며 좋아하시던 모습을 잊지 못합니다.

그리고 1980년 12월 30일, 비탄과 분노의 땅 광주, 모두가 숨죽이고 있을 때 고난당하는 자와 함께 드리는 예배를 통해 목소리를 내기 시작했습니다. 이 예배는 이후 10년간 매주 화요일에 계속되었습니다.

목사님, 우리 목사님!

붙들 수도 막아설 수도 없는 길, 이제 놓아드리겠습니다. 부디 그 무거운 짐 다 내려놓으시고 하나님의 나라에서 평온을 누리시기 바랍니다.

형언할 수 없는 슬픔을 견뎌내고 계실 사모님과 의준, 의원, 의혁이에게도 깊은 위로를 드립니다.

_강신석 목사 영결식에서(2021. 2. 8.)

봄날의 코스모스, 자주의 불꽃 박승희 열사를 추모하며

'겨레의 딸, 자주의 불꽃' 박승희 열사를 추모합니다. 열사께서 우리 곁을 떠난 지 30년이 된 오늘, 형형색색의 봄꽃과 싱그러운 신록이 피어나는 4월이 마냥 아름답지만은 않은 이유를 다시금 되새겨봅니다. 그건 아마도, 열사 같은 슬픈 영혼들이 봄 하늘에 떠 있기 때문일 것입니다.

30년 전 1991년 4월 29일, 광주소방서 옆 전국교직원노동조합 전남지부 사무실에 비보가 전해졌습니다. 정명여고 출신 박승희 학생이 교정에서 노태우 정권 타도를 외치며 분신했다는 소식이었습니다. 저를 비롯한 해직교사들이 학동 전남대학교병원으로 달려갔습니다. 간절한 마음으로 승희의 쾌유를 빌며, 독재정권 타도를 외쳤습니다.

당시는 노태우 정권의 폭압으로 전국교직원노동조합에 가입했다는 이유만으로 전국 1520명, 전남 176명, 목포 41명, 승희의 모교인 정명여고만 해도 6명의 교사가 해직된 상황이었습니다. 당시 정명여고 3학년이던 승희도 선생님을 지키기 위해 교내에서 투쟁을 이끌었습니다.

승희가 분신한 지 20일 후인 5월 18일에는 보성고 김철수 군이 교내 5·18 행사 도중 '참교육 실현, 노태우 타도'를 외치며 분신했습니다. 철수 역시 전남대학교병원으로 실려 왔습니다.

전국교직원노동조합 선생님을 지키고 독재정권을 물리치기 위해 분신한 제자 2명이 병원에 누워 있는 현실은 우리의 억장을 무너지게 했습니다. 우리는 흐르는 눈물을 주먹으로 닦아 내며 제자들의 고귀한 뜻과 희생을 헛되이 하지 않아야 한다고 다짐, 또 다짐했습니다.

30년이 지났습니다. 승희의 학생운동 선배, 동료, 후배, 함께했던 분들은 사회의 중추적 역할을 하는 지도급 인사로 성장했고 그분들은 그 뜻을 결코 배신하지 않으리라 생각합니다. 저 역시 그렇습니다.

"어여쁜 가을꽃아 봄날에 피지 마라/ 스무살 코스모스 너 홀로 피지 마라 // 해맑은 그대/ 순결한 꽃이 되어 어둠을 불사르네/ 민주의 불꽃이 되어 뜨겁게 타오르리."

고규태가 시를 짓고 정세현이 부른 〈봄날의 코스모스〉를 생각하며 박승희 열사의 넋을 기립니다.

_목포정명여고 박승희 열사 30주기 추모식에서(2021. 4. 24.)

그날을 기억하며

"정의는 기억 속에서 실현된다."

(장 폴 사르트르)

동백, 평화와 인권으로 피어나다

지난해 4월, 동백꽃이 활짝 핀 제주에서 만난 것이 엊그제 같은데, 어느덧 6개월이 지났습니다. 다시 만나 정말 반갑습니다.

그보다 앞선 2021년 3월 12일, 제주특별자치도교육청과 전라남도교육청은 여수에서 제주4·3과 여수순천10·19를 연계한 평화·인권교육 활성화 협약을 맺었습니다.

이석문 교육감님과 부공남 교육위원회 위원장님을 비롯한 제주 지역 방문단은 여수·순천 일원에서 역사의 아픔을 함께 나누고 평화·인권 교육 의지를 다졌습니다.

함께 14연대 주둔지와 만성리, 순천 동천과 매산중·고등학교 등 '여수·순천10·19' 사건 유적지를 돌아보며, 제주4·3항쟁 진압을 거부한 그날의 함성과 아픔을 기렸습니다.

전남과 제주의 교육가족과 시민사회가 국가에 의한 인권탄압 역사를 함께 공유하고 기억하는 귀한 시간이었습니다. 그리고 4월에는 제주에서 73년 전 4월을 찾아가는 일정을 학생, 교원, 유족 대표와 함께 가진 바 있습니다.

잘 아시다시피, 제주4·3과 여순10·19는 한 뿌리이며, 쌍둥이처럼 연결되어 있습니다. 제주4·3이 남한만의 단독정부 수립 반대를 외치며 피로써 저항한 민중항쟁이라면, 여순10·19는 그 숭고한 항쟁을 무력으로 진압하라는 독재정부의 명령을 거부한 여수·순천 지역 군인과 시민들의 정의로운 투쟁이었습니다. 자유롭고 평화로운 통일국가를 만들려는 두 지역민들의 나라사랑과 정의의 정신이 표출된 것입니다.

이제 제주4·3과 여순10·19가 지닌 본질과 정신, 그것이 주는 교훈을 학생들에게 가르쳐야 합니다. 다음 세대에게 전남과 제주 지역민들의 뜨거운 정의감과 나라사랑 정신을 가르치고 진상규명과 명예회복을 통해 민주주의가 실현될 수 있도록 힘써야겠습니다.

제주교육청과 전남교육청이 손잡고 진행하는 평화·인권 교육이 그 출발점이 되어야 합니다. 두 교육청의 소중한 연대가 역사의 진실과 마주하며, 미래의 희망을 만들어내기를 기대합니다. 제주의 동백과 여수의 동백이 하나 되어 민주주의와 평화, 인권의 큰 꽃봉오리로 피어오르기를 소망합니다.

평화를 염원하는 제주도민을 비롯한 국민들의 염원으로 제주4·3특별법이 제정된 데 이어 지난 6월에는, 우리 모두의 숙원인 '여순10·19 진상규명 및 희생자 명예회복에 관한 특별법'이 제정되었습니다. 또 한 번의 낭보라 하지 않을 수 없습니다.

'여순특별법' 제정으로 73년 동안 통한의 세월을 살아오신 유족과 피해자들에게 늦게나마 진상규명과 명예회복의 길이 열린 것 같아 얼마나 다행인지 모르겠습니다. 제주와 여수·순천을 번갈아가며 평화와 인권을 염원했던 전남과 제주 교육공동체의 노력도 한몫했다고 여겨 자랑스럽습니다.

여순특별법 제정을 위해 한마음이 되어 격려와 지원을 아끼지 않으신 제주도민들과 4·3유족회 관계자들께 이 자리를 빌려 깊이 감사드립니다.

이제야 '특별법 제정'이라는 첫 단추를 꿰었을 뿐입니다. 지금부터라도 흩어진 기억들을 하나로 모아 진실을 밝히고 억울하게 희생당한 원혼을 위로해 드려야겠습니다.

"정의는 기억 속에서 실현된다."고 철학자 사르트르가 말했습니다. 기억을 온전히 보존하고 되살리는 것이 정의를 실현하는 것입니다.

여순10·19가 지닌 본질과 정신, 교훈을 미래의 주역인 학생들에게 가르치는 일도 대단히 중요합니다. 다시는 이 땅에 그와 같은 비극이 일어나지 않도록 역사교육과 평화인권교육을 강화해야 합니다.

전남교육청이 제주교육청과 협약을 맺고 공동으로 평화인권교육에 나서는 이유도 바로 여기에 있습니다. 우리 두 교육청은 여순10·19와 제주4·3을 연계하여 평화·인권교육을 더욱 강화해 갈 것입니다.

_여순10·19-제주4·3 공감한마당에서(2021. 10. 18.)

다시 오월, '대동세상'으로 피어날 그날

다시 5월입니다.

신군부정권의 불의와 폭압에 맞서 고귀한 희생으로 이 땅에 민주화의 들불을 놓으신 5·18 민주영령들을 추념하며 명복을 빕니다. 통한의 세월을 견디어 오신 유가족과 부상자 여러분께 깊은 위로를 드립니다.

5월 항쟁의 숨결이 곳곳에 살아있는 전남에서 '전남5·18민주화운동' 기념행사를 갖게 되었습니다. 그동안 광주라는 지역에 한정됐던 5·18 정신 선양과 기념사업이, 전남은 물론 대한민국과 세계로 확대되는 매우 뜻

깊은 행사라 생각합니다.

5월은 수많은 역사의 변곡점을 만들어냈습니다. 5월 광주는 해가 갈수록 성숙하고 부활하며 한국의 민주주의는 물론 세계 평화를 견인해 왔습니다. 금남로의 횃불은 광화문의 촛불로 이어졌습니다.

하지만 아직도 5·18은 끝나지 않았습니다. 진실규명은 미완이고 광주가 꿈꾸던 평화와 통일의 세상은 아직 멀었습니다.

역사는 저절로 직진하지 않습니다. "기억하지 않은 역사는 되풀이된다."고 했습니다. 우리가 과거를 기억하지 않으면 어두운 그림자에 몸을 숨긴 세력들은 언제든지 다시 반민주로 준동을 획책하고 있습니다.

우리가 깨어있지 않을 때, 함께 보듬고 나아가지 않을 때, 다가오는 5·18은 아무 의미도 없을 것입니다. 진상규명과 책임자 처벌로 정의와 진실을 밝혀야 합니다. 그 길만이 광주의 부름에 우리가 답하는 길일 것입니다.

그날 전남도청을 끝까지 지키다 산화하신 윤상원 열사는 마지막을 앞두고 이렇게 남겼습니다. "오늘 우리는 패배할 것이지만, 내일의 역사는 우리를 승리자로 만들 것이다."

이제 산 자들이 뒤따를 때입니다. 기억하며 실천할 때입니다. 전남교육청은 자라나는 세대가 민주공화국의 주인으로서 미완의 5월 광주의 꿈을 완성해갈 수 있도록 역사교육과 민주시민교육을 더욱 강화해 가겠습니다.

열사들이 지켜온 '대동세상'의 꿈을 이어갈 수 있도록 '한 아이도 포기하지 않는 모두가 소중한 전남교육'을 이루겠습니다. 5·18의 숭고한 가치가 이 땅에 구현되도록 최선을 다하겠습니다. 다시금 민주영령들의 영원한 안식을 기원합니다.

_전라남도 5·18 기념문화제에서(2019. 5. 18.)

세월호를 품고 생명의 바다로 나아갑니다

세월호 영령들이시여.

당신들의 수학여행이 멈춘 그곳에 우리가 서 있습니다.

노란 유채꽃 언덕, 너울거리는 아지랑이 사이로 생명의 함성이 피어 나던 그해 오늘, 무능한 국가와 탐욕스런 자본의 죄업을 대신 짊어지고 캄 캄한 물밑으로 가라앉은 어린 꽃잎들이시여,

차마 형용하기 힘든 감당할 수 없는 아픔과 회한, 그리고 미안함이 물결처럼 밀려올 뿐입니다. 그날 여러분을 지켜주지 못했던 '대한민국'이 라는 국가가 여러분께 엎드려 용서를 구합니다.

절체절명의 혼돈 상황에서 주체적 결단력을 발휘해 삶의 주인이 되는 힘을 키우는 대신 '가만히 있으라'며 순종만을 강요했던 대한민국의 '학교' 가 여러분께 용서를 구합니다.

님들은 갔어도 우린 당신을 떠나보낼 수 없는 까닭입니다.

그리운 님들이시여!

병풍도와 서거차도를 매섭게 휘감아 도는 맹골수로 거센 바다에도 속절없이 4월은 다시 왔건만 당신들이 없는 대한민국에 봄은 아직 오지 않았습니다.

세월호는 지우고 싶어도 지울 수 없는 우리 대한민국의 괴로운 자화 상입니다. 그날의 진실을 온전히 규명할 때까지 대한민국은 몸 둘 곳도 숨 을 곳도 없습니다.

괴로운 일이지만 결코 잊지 말아야 합니다. 기억하지 않은 역사는 되 풀이된다고 했습니다. 눈물만으로는 세월호의 아픔을 이겨낼 수 없음을

우리 모두는 잘 알고 있습니다.

오늘은 끝이 아니라 새로운 시작이어야 합니다. 거짓과 오욕으로 얼룩진 바다를 헤치고 진실과 정의로운 세상을 향한 우리의 항해가 시작되어야 합니다.

추모에서 기억으로, 기억에서 다짐으로 거룩한 연대와 실천만이 세월호의 부름에 응답하는 길임을 우리는 잘 알고 있습니다.

우리는 세월호 이전과 다른 사회를 만들어야 합니다. 다시는 이런 아픔이 반복되지 않는 사회를 만들어야 합니다. 그것은 바로 정의로운 사회이며, 사람이 중심인 따뜻한 사회입니다.

여러분의 후배들은 어떤 상황에서도 문제의식을 갖고 자신의 삶을 결정하는 주인이자 타인의 삶을 보살피는 위대한 민주시민으로 자라야 합니다.

"가만히 있으면 안 돼. 일어서야 돼. 너도 당할 수 있어. 모두가 위험해. 이대로는 안 돼."라고 외치며 일어나야 합니다.

승자독식의 경쟁교육과 결별하고 탐욕스럽고 비정한 자본 중심이 아니라 인간의 생명과 행복을 중시하는 교육으로, 가만히 있으라는 말에 순종하지 않고 통제에 길들여진 순종적인 교육에서 탈피하여 비판적 사고와 질문하는 힘을 길러주는 교육으로 나아가야 합니다.

오늘, 우리의 작은 추모가 기억의 강물이 되어 희망의 나라로 흐르는 물결이 되리라 믿습니다. 그리하여 사람이 존중받고 정의가 넘치는 생명의 바다로 되살아날 것입니다.

사랑하는 세월호 영령들이시여!

당신을 울리는 슬픈 노래는 더 이상 부르지 않겠습니다. 당신들은 더 이상 잠들어 있지 않을 테니까요.

봄날 따뜻한 한 줌의 햇살, 천 개의 바람이 되어 노란 꽃물결과 함께 오시니까요. 거친 바다, 별빛 같은 등대가 되어 세상의 어둠을 밝혀 주실 테니까요.

사람 사는 참세상의 봄이 오거든 꿈결에서 부스스 깨어나듯 우리 곁에 찾아오소서. 꽃으로 오소서. 고운 바람으로 오소서!

당신들의 꿈이 멈추어 버린 그 거친 바다 이제 우리가 품을 테니, 님이여. 편히 쉬소서. 편히 꿈꾸소서.

_진도 팽목항 세월호 참사 5주기 추모행사에서(2019. 4. 16.)

평화가 오는 길목, 장성에서

노령산맥을 넘어 첫 번째 만나는 장성은 전남의 길목이기도 합니다. 오늘을 계기로 이곳은 '평화가 오는 길목'으로 선포되리라 생각합니다. 평화의 길목에서 통일의 마중물이 되고자 이 자리에 오신 여러분이 '평화의 대사'가 되어주시리라 생각합니다.

장성은 문향(文鄕)으로도 유명하지만 평화의 숨결도 가득한 곳이라 생각합니다. 모두가 평등한 사람 사는 세상을 꿈꾸었던 동학혁명의 격전지 황룡강, 청백리의 표상 박수량의 백비, 축령산의 넓은 편백숲을 끼고 있는 장성은 생명과 평화의 기운이 가득한 땅입니다.

해방과 동시에 우리 민족이 분단된 지 어언 74년이 되었습니다. 분단의 지속으로 남북이 지불하는 막대한 비용과 인도적 고통을 생각하면, "평화가 곧 경제"이자 "평화가 곧 살길"임을 절감하게 됩니다.

교황 프란치스코도 말했듯이 "평화는 우리가 반드시 말해야 하는 언어"입니다. "우리가 평화에 대해 말할 때마다, 그 말 한 마디의 힘은 평화의 소망을 일궈내는 불씨가 될 것"이라고 했습니다.

이러한 평화를 유지할 수 있는 유일한 힘은 서로에 대한 '이해'일 것입니다. 나와 다른 사람이나 집단과의 갈등이나 싸움을 끝내기 위해서는 내가 먼저 이해하고 다가가지 않으면 안 될 것입니다. 그런 의미에서 오늘 이 자리는 우리 마음속에 대립과 갈등을 벗고 평화의 꽃을 심는 소중한 기회가 될 거라고 생각합니다.

평화는 거창한 프로젝트가 아니라 일상에서부터 시작해야 합니다. 작은 실천에서 시작되어야 합니다. 평화에 대해 말을 하고 평화를 외치며, 평화를 노래하며, 평화의 몸짓을 서로 나눌 때 남과 북도 하나가 될 수 있으며 세계시민이 평화로운 공동체를 이룰 수 있을 것입니다.

오늘 이 자리에서 여러분은 노래와 춤, 체험과 전시 등을 통해 평화에 대한 생각을 서로 나누며, 평화를 외치며, 평화로운 세상을 향한 몸짓을 맘껏 펼치시기 바랍니다.

"모두가 소중한 혁신전남교육"을 펼쳐가고 있는 전라남도교육청은 평화와 통일의 시대를 맞아 우리 학생들에게 평화의식과 통일의지를 고취하여 장차 평화와 번영의 유라시아 시대를 이끌어갈 민주시민 양성을 위해 많은 노력을 하고 있습니다. 시민 여러분께서도 우리 전남교육에 큰 힘이 되어 주시기 바랍니다.

_장성시민평화콘서트에서 (2019. 8. 23.)

신의주까지 경적을 울리며 달려라

분단을 넘어 평화와 통일번영의 철길을 열어가기 위한 '8·15평화통일열차' 출정을 전남교육가족들과 함께 축하드립니다.

오늘, 이렇게 이른 새벽부터 평화와 통일의 염원을 안고 통일을 앞당기기 위해 대장정에 참가하신 여러분께 깊은 존경과 감사의 마음을 전합니다. 행사를 준비해주신 6·15공동선언실천 전남본부 상임대표님과 목포지부 상임대표를 비롯한 관계자 여러분의 노고에도 깊이 감사드립니다.

지난 4월 27일 우리 전남교육가족들은 평화와 통일을 염원하는 시민사회 단체들과 함께 4·27 판문점선언 1주년 기념 평화인간띠잇기운동에 동참했습니다. 분단의 녹슨 장벽이 우리를 가로막았지만, 철조망 너머 비무장지대를 바라보며 우리 모두는 막막한 가슴에 통일희망의 꽃씨를 심고 왔습니다.

전라남도교육청은 장차 평화와 번영의 유라시아 시대를 이끌어갈 통일일꾼 양성을 위해 '전남통일희망열차학교'를 힘차게 운영하고 있습니다.

파주 임진각 분단의 담벼락에서 통일염원제를 시작으로 중국의 압록강, 백두산, 두만강 등지에서 민족분단의 아픔을 느끼고 돌아왔습니다.

올해는 비록 통일열차가 북한을 통과하지 못했지만, 언젠가는 여러분과 힘을 모아 이곳 목포역에서 신의주역까지 통일열차가 힘차게 달릴 수 있기를 희망합니다.

아무리 국제정세가 요동치더라도 평화와 통일을 열망하는 우리 민족의 힘을 믿기에 언젠가 이 땅에 통일의 꽃바람이 불어올 것을 확신합니다.

전남교육청은 앞으로도 '통일이 우리의 소원'이 아니라, '통일이 우리의 살길'이라는 신념을 갖고 차세대 당당한 통일일꾼들을 키워내는 데 앞장설 것입니다.

오늘 하루, 이른 새벽부터 먼길을 돌아 다녀오시는 자랑스러운 여러분이 계시기에 조국의 통일 행보 또한 조금씩 빨라질 것으로 믿습니다. 우리 전남교육가족들도 몸은 비록 동참하지 못해도 마음으로 함께 통일의 그날을 위해 달리겠습니다.

_'평화와 통일을 여는 8·15평화통일열차' 목포역 환송식에서(2019. 8. 15.)

통일 한반도를 거쳐 시베리아 대륙으로

사랑하는 전남통일희망열차학교 학생 여러분!

지난봄 '한라에서 백두까지 통일로! 미래로!'를 외치며 힘차게 출발했던 '2019. 전남통일희망열차학교'가 마침내 종착점에 다다랐습니다.

평화와 통일, 희망을 향한 여정을 마치고 졸업하는 학생들에게 아낌없는 축하와 격려의 박수를 보냅니다.

여러분은 지난여름 16박 17일 동안의 유라시아 대장정을 통해 통일과 희망의 큰 꿈을 키웠습니다. 우리 민족이 걸었던 애국의 길, 고난의 길, 개척의 길을 함께 따라 걸으며 여러분 인생에서 크나큰 역사의 한 페이지를 썼습니다.

임진각에서 분단된 현실을 직시하고 하얼빈에서 조국독립을 위한 선열들의 뜨거운 애국심을 느꼈습니다. 만주벌판을 휘달리던 고구려의 씩씩한 기상을 온몸으로 되살리고 중국, 러시아, 그 너머 유럽까지 내달리는 희망을 가슴에 품었습니다.

백두산 천지가 어머니의 젖줄이 되어 한반도를 감싸듯이, 5천 년 한민족 역사와 함께 사용하는 우리말이 남북한을 하나로 묶어주는 실타래임을 깨달았습니다. 한반도는 이제 세계의 중심이 되어 가고 있음을 뜨거운 가슴으로 확인했습니다.

캠프와 대장정 기간 동안 분단과 통일에 관해 토론하고 하나로 어우러지는 경험도 했습니다. 압록강, 두만강, 백두산에서 분단의 현실과 마주하면서 우리 민족이 왜 통일을 해야 하는지, 앞으로 통일을 위해 어떻게 행동해야 하는지 생각해 보았습니다. 그리고 그 생각들을 모아 58권의 책을 출간했고 4편의 프로젝트 영상도 제작했습니다.

어제는 학생자치회 학생들이 주도해 언론 브리핑까지 했다고 들었습니다. 정말 대견하고 자랑스럽습니다. 그 놀라운 능력과 열정에 감탄하며, 다시 한 번 아낌없는 격려와 응원의 박수를 보냅니다.

학생 여러분!

한여름 뙤약볕 아래 강행군하는 시련을 딛고 더욱 성장하고 밝아진 여러분은 장차 평화와 통일 코리아의 주역이 될 것입니다. 한반도에서 유라시아로, 더 넓은 세계로 여러분의 꿈을 힘차게 펼쳐갈 것입니다. 여러분이 바로 통일 조국의 희망입니다.

비록 오늘 졸업하지만, 여러분이 품은 통일의 씨앗을 후배들이 꽃피울 수 있도록 늘 함께하며 이끌어주기 바랍니다.

안타깝게도 남북관계가 경색되면서 올해는 이루지 못했지만, 내년에는 전남통일희망열차가 백두대간을 지나 유라시아까지 횡단하기를 간절히 기대하면서, 더 힘찬 전진을 응원합니다.

_2019 전남통일희망열차학교 학생들을 응원하며(2019. 10. 25.)

'그날의 동백, 평화와 인권의 바람개비로 되살아'

(2021. 4. 3. 제주4·3-여순10·19 평화인권교육 협약식 후 제주4·3 유적지에서 학생들과 함께)

제**2**부

미래 대전환의
길목에 서서

제1장

미래교육의
길잡이

위기의 시대, 승풍파랑의 기상으로

온갖 어려움 속에서도 지금까지 전남의 교육가족과 도민 모두는 바람을 타고 물결을 헤쳐나가는 승풍파랑(乘風破浪)의 정신으로 아이들의 희망을 함께 엮어냈습니다.

코로나19 위기의 장기화는 물론 기후변화 위기까지 겹쳐 세계는 지금까지 살아온 삶의 방식을 전환하지 않으면 안 되는 지점에 와 있습니다. 학교의 일상을 되찾고 교육과정을 정상화하여 학생들의 교육회복과 안전을 이루는 일이 무엇보다 시급합니다.

4차 산업혁명의 파고는 더욱 높아지고 있어, 교실과 학교가 변하지 않으면 미래를 선취하기 힘들어질 것입니다. 그뿐만 아니라 우리 전남은 학령인구 감소로 인한 작은학교 존폐 위기가 심화되고 있고 교육환경도 아직 열악한 실정입니다.

더 따뜻한 혁신, 더 알찬 성장, 모두가 빛나는 미래

이에 우리 전남교육은 2022년 신년사를 통해 '더 따뜻한 혁신, 더 알찬 성장, 모두가 빛나는 미래'를 슬로건으로 걸고 △교육력 회복 △미래교육 대전환 △교육복지 △안전망 구축 △교육자치 생태계 조성이라는 4대 핵심정책을 추진하기로 밝힌 것입니다.

아래에서는 그 내용을 간략히 소개합니다.

먼저, 교육회복 전면 추진과 진로교육 강화로 교육력을 키우는 일이 시급합니다. 종합진단·개별맞춤교육으로 기초·기본학력 내실화가 급선무입니다. 전남형 미래교육 플랫폼인 '전남메타스쿨'을 개통해, 실시간쌍방향수업과 자기주도학습을 활성화해야 합니다.

독서·토론·글쓰기교육, 문화예술체험기회를 확대하여 창의력과 심미적 감성을 키우는 일도 중요합니다.

학생주도 학교스포츠클럽을 활성화하고 친환경 보건·급식교육을 강화하여 건강을 보살펴야 합니다.

고등학생은 물론 중학생, 초등학생까지 진로·진학·직업교육을 앞당겨 내실화하는 일은 학교교육력 회복의 중추적인 과제입니다.

둘째, 지역 교육과정 개발 및 에듀테크 확충으로 미래교육을 앞당겨야 합니다. 2022년 개정 교육과정의 밑그림이 공개되고 있는 만큼, 지역과 함께하는 '전남형 교육과정'을 만들어야 합니다. 고등학교교육을 대전환시킬 고교학점제 전면화에 대비하여 만전을 기해야겠습니다.

국토 최서남단 가거도까지 모든 학교에 초연결 미래교육망을 구축해 에듀테크를 완비하고 시·군에 창의융합교육관을 만들어 창의융합형 인재를 육성하는 일이 착실히 준비될 것입니다.

미래형 혁신학교, 미래형 통합운영학교, 그린스마트 미래학교가 전국 표준이 되도록 완성하는 일도 중요한 과제입니다.

셋째, 촘촘한 교육복지안전망을 구축하고 환경생태교육을 강화해야 할 때입니다. 유아부터 고등학생까지 무상교육과 무상급식을 하고 취약계층 학생 맞춤형 통합 교육복지를 구현해야 합니다. 지방자치단체-교육청-학교-가정에 이르는 '전남교육방역체계'를 고도화하고 통합 돌봄체계를 강화해 안전을 책임져야 합니다.

기후위기 대응 탄소중립 실천과 환경생태교육을 내실화하며, 직업계고 노동인권교육과 산업안전보건교육을 강화하고 안전한 일자리 확보를 위해 앞장설 때입니다.

넷째, 지역사회와 함께 자치와 협치의 교육생태계를 만드는 일이 시대적 과제입니다. 마을학교를 더욱 확대하고 주민과 함께 활용하는 학교시설 복합화를 추진하는 한편, 폐교를 지역민의 품으로 돌려드리는 일은 이러한 취지에서 추진될 것입니다.

절반의 성공을 거둔 전남농산어촌유학이 전국적 모델로 확산되도록 정부 및 지방자치단체와 협력을 강화하고 지속 가능한 전남교육 발전을 위해 도의회와 더욱 소통해 나가야 할 것입니다.

아울러 학부모와 도민의 교육 참여 기회를 확대하여 가장 성공적인 교육자치 모델을 전남이 선도해 나가도록 해야 합니다.

이러한 핵심정책은 후술될 '더 따뜻한 혁신', '더 알찬 성장', '더 품어주는 학교', '모두가 빛나는 미래', '함께 꽃피우는 자치'라는 키워드를 중심으로 좀 더 구체적으로 만나게 될 것입니다.

"교육회복과 미래교육의 대전환, 학교가 중심입니다."
(2021. 12. 24. 전남교육 2022 온라인 설명회)

제2장

더 따뜻한
혁신

함께 가자 우리 이 길을

셋이라면 더욱 좋고 둘이라도 함께 가자

앞서가며 나중에 오란 말일랑 하지 말자

뒤에 남아 먼저 가란 말일랑 하지 말자

둘이면 둘 셋이면 셋 어깨동무하고 가자

(김남주. 「함께 가자 우리 이 길을」에서)

혁신의 나침반

교육혁신의 나침반은 '학생'을 향해 있다

신영복 선생은 '겨울은 별을 생각하는 계절'이라고 말씀하셨습니다. 한겨울 나목(裸木)의 가지 끝에 별을 매달아 놓고 새봄의 '희망'을 노래하셨습니다. 겨울이 멀지만 우리 마음속에는 이미 새 희망이 꿈틀대고 있습니다. 겨울의 또 다른 언어는 '희망'입니다.

여전히 교육은 우리 전남과 아이들의 유일한 희망입니다. 그러기에 우리는 낡은 것, 익숙한 것, 편안한 것으로부터 벗어나 담대한 변화의 길로 나아가고 있습니다. 지금까지 우리는 혁신을 통해 지난 시간들과 결별하는 시간을 보내왔습니다. 과감한 형질전환을 이뤄가고 있습니다.

4차 산업혁명의 주역이라 불리는 5G 시대가 우리나라에서 세계 최초로 개막되었다며 기대하지만, 저출산, 인구감소, 지방소멸위험지수, 양극화와 불평등 등 전남과 전남교육의 미래를 두렵게 하는 파고(波高)들이 끝없이 밀려오고 있습니다. 그렇다고 밭만 탓하고 있을 수는 없습니다. 준엄한 현실 앞에서 희망찬 미래를 향한 철저한 대비와 과감한 실천이 필요합니다. 어느 때보다 현장에서 답을 찾기 위한 집단지성이 필요합니다.

그 방향은 다른 데 있지 않습니다. 지남철 바늘의 끝이 하늘의 별이듯이 그 별은 바로 우리의 학생이고 바늘은 우리의 양심입니다. 혁신의 나침반은 항상 학생을 향해 있어야 하며, 교육의 본질을 성찰하는 것에서부터 시작되어야 합니다.

왜 혁신인가?

<u>임계점에 달한 공교육</u> 미국의 유명한 교육학자 아만다 리플리라가 이렇게
말했습니다. "한국은 교사들의 수준이 높고 교사가 사회적으로 존경받으
며 교육목표 수준이 높고 엄격한 학사관리로 학업성취도가 최고 수준이
다. 그러나 압력솥 같은 치열한 경쟁구도에서 긴 시간 아이들에게 공부를
강요하고 사교육비가 많이 들고 공교육은 황폐화되어, 한국의 발전은 이
미 정체의 시점에 다다랐다고 평가한다."

앨빈 토플러도 이렇게 말했습니다. "한국의 교육체제는 사라져가는
이른바 산업화 시대의 굴뚝경제체제에 머물러 있다. 하루에 15시간 이상
을 학교와 학원에 머무르며 자신들이 살아갈 미래에 필요하지도 않은 지
식을 배우면서 아까운 시간을 허비하고 있다."

가슴 아프게 들어야 할 대목입니다. 한국의 공교육은 이렇듯 임계점
에 달해 있어 혁신하지 않으면 더 이상 나아갈 수 없을 것입니다.

<u>경쟁에서 협력으로 패러다임의 전환</u> 21세기 교육시스템은 학생들이 혁신적
으로 그리고 독립적으로 생각할 수 있는 능력을 배양하는 것이 필요합니
다. 이제 교육패러다임의 전면적인 전환이 이루어지고 있습니다. 바로 경
쟁에서 협력으로 전환하고 있습니다.

우리 사회는 경쟁에 대한 신화가 있습니다. '경쟁이 가장 효율적이다,
그것을 통해 목표를 달성하고 사회발전을 이룰 수 있다.'는 신화, 그런데
그 신화는 깨져야 하고 깨져가고 있습니다.

"경쟁은 피할 수 없는 현실이며 인간 본성의 한 부분"이라고 이야기
하는 사람이 있습니다. 그러나 경쟁은 인간의 본성이 아니라 인위적으로

조작해서 만들어진 것입니다. 또 "경쟁은 동기를 부여하고 최선을 다하게 한다"고 하며 경쟁을 해야 재미있다고들 합니다. 그러나 놀이의 즐거움은 경쟁에서 비롯된 것이 아닙니다. 오히려 경쟁은 불안감을 조성하고 인간관계를 파괴하고 결과를 지향하기 때문에 수단과 방법을 가리지 않습니다. 그래서 경쟁으로 인한 폐해가 늘어나고 있습니다.

우리는 그 경쟁의 신화에서 벗어나서 협력적인 문화, 협력적인 교육을 만들어야 합니다. 자기공명영상(MRI)으로 사람의 뇌를 찍어보면 초콜릿을 먹어서 쾌감을 느끼는 부위와 타인을 돕거나 협력할 때 만족을 느끼는 부위가 동일하다고 합니다.

뇌에서 분비되는 신경전달물질에 코르티솔과 세로토닌이 있습니다. 코르티솔은 경쟁으로 스트레스를 받을 때 분비되는데, 이것은 인지능력의 향상을 방해한다고 합니다. 반대로 세로토닌은 칭찬과 격려를 받을 때 나오며, 이것은 정서적으로 안정을 주고 학습에도 도움을 준다고 합니다. 즉 경쟁이 아닌 협력이 교육에 적합하다는 말입니다.

이처럼 경쟁을 통한 상대평가는 이제 구시대 유물로 전락하고 말았습니다. 그러나 우리 사회는 아직도 학교 내신성적이나 대학수학능력시험에서 그러한 상대평가가 존재하며 이로 인해 교육혁신도 늦춰지고 있습니다.

어떤 혁신인가?

혁신의 방향   혁신은 크게 세 가지 방향으로 가야 합니다. 하나는 중앙집권적 교육에서 분권과 협치로 가는 것을 지향합니다. 둘째는 학교와 교사들이 독점했던 교육에서 학교와 지역사회가 분점하고 상생하고 협력하도록 해야 합니다. 셋째로 교사가 일방적으로 가르치는 것에서 벗어나 학생 스스로가 배우는 방향으로 혁신이 이루어져야 합니다.

혁신의 방법 그렇다면 어떻게 하는 것이 혁신의 올바른 길일까요?

첫째, 함께 가야 합니다. 지도자 혼자서는 안 됩니다. 제가 좋아하는 김남주 선배도 외쳤습니다. "함께 가자 우리 이 길을／ 셋이라면 더욱 좋고 둘이라도 함께 가자."라고.

다 함께 혁신의 동력을 만들어야 합니다. 한 사람의 백 걸음보다는 열 사람의 한 걸음이 더 가치 있습니다. 한 걸음씩 같이 가야 합니다. 김남주 시인은 계속해서 노래합니다.

> 가로질러 들판 산이라면 어기여차 넘어주고
> 사나운 파도 바다라면 어기여차 건너주자
> 고개 너머 마을에서 목마르면 쉬었다 가자
> 서산낙일 해 떨어진다 어서 가자 이 길을
> 해 떨어져 어두운 길
> 네가 넘어지면 내가 가서 일으켜 주고
> 내가 넘어지면 네가 와서 일으켜 주고…

둘째, "혁신은 속도가 아니라 방향입니다." 방향이 올바른 길이어야 합니다. 속도전의 세상에 살고 있는 우리로서는 성급한 성과를 얻고 싶은 유혹에 취약합니다. 혁신도 마찬가지입니다. 하지만 방향을 잃고 헤매면 우리의 노력이 헛수고가 됩니다. 방향을 제대로 잡고 구성원과 함께 가야 혁신은 성공합니다.

셋째, 혁신은 내부에서 시작해야 합니다. "변화는 안으로 향하는 문입니다." 변화는 학교 안에서, 교육청 안에서부터 시작되어야 합니다. 더 정확히는 내 안에서 시작되어야 합니다. 외부 충격으로 시작되는 혁신은 바람직하지 못하며 실패할 수밖에 없습니다.

넷째, 혁신은 사람을 대상으로 하지 않습니다. 오래된 것에 익숙해지려는 관행, 타성에 젖은 교직관, 관료적이고 권위적인 조직문화를 혁신하는 것이지 사람을 대상으로 혁신하자는 것이 아닙니다.

다섯째, 혁신은 본질로 돌아가는 것입니다. 혁신은 기존 질서를 부정하고 파괴하는 것이 아닙니다. 본질에 대한 성찰에서부터 시작해서 그 본질을 회복하는 것입니다.

여섯째, 혁신의 나침판은 학생을 향해 있습니다. 혁신은 '학교를 학교답게, 교육을 교육답게' 만드는 것으로, 학생을 중심에 두고 모든 일을 바라보면 그 방향은 명확해집니다.

마지막으로 "혁신은 점진적으로 이루어져야 합니다." 그동안의 성과를 바탕으로 안정적 기조에서 이루어져야 합니다. 기존 것을 부정하거나 단절된 것을 혁신으로 생각하는 것은 오해입니다. 진정한 혁신은 기존 질서 속에서 취할 것은 취하고 버릴 것은 버리는 선택적 포섭과 배제의 전략을 필요로 합니다.

혁신은 바로 지금 혁신이 거창한 것은 아닙니다. 혁신할 수 있는 유일한 방법은 바로 지금 그것을 시작하는 것입니다. 실천만이 혁신의 유일한 해법입니다. 혁신은 모든 아이들을 삶의 주인이자 미래 삶을 위한 준비된 인격체로 보듬는 것입니다. 교육의 본질에 입각해서 아이들을 중심에 놓고 현장에서 답을 찾아가다 보면 전남교육 혁신의 날은 멀지 않다고 생각합니다.

무엇을 혁신할 것인가?

그렇다면 우리가 대상으로 삼는 혁신의 주제는 주로 어떤 것들이 있을까요? 많겠지만 여기서는 혁신의 주제를 학교혁신의 전면화, 교실과 수업 혁신, 지역교육 혁신이라는 측면에서 살펴보겠습니다.

<u>학교혁신 전면화</u> 먼저 '전남혁신학교'는 시대적 요구에 부응하는 전남교육의 핵심정책으로, 학교민주주의 실현과 공교육의 공적 책무성을 강화하여 건강한 민주시민을 키우는 미래지향적 공교육 혁신 모델입니다.

2011년부터 '무지개학교'라는 이름으로 시작된 전남의 혁신학교에서는 학생들에게 경쟁이 아닌 협력을 가르쳤고, 지식을 외우기만 하는 공부가 아니라 지식을 찾아가는 방법과 삶의 주체로 살아가는 역량을 키워주기 위해 노력해 왔습니다. 학교도 민주적 공동체로 만들고자 했습니다.

10년이 넘는 혁신학교의 성과는 일반학교의 모범이 되고 있습니다. 제가 교육감이 된 후, 혁신학교의 성과를 이어받아 혁신학교만이 아닌 전남의 모든 학교가 학교혁신의 길로 나아가는 것이 절실한 과제였습니다.

이러한 필요에 의해 다음과 같이 학교혁신 전면화 정책을 추진했습니다.

첫째, 학교를 민주적 공동체로 만들기 위해 회의, 행사, 성평등, 의전 등 조직문화 혁신을 강력하게 추진했으며 학부모회에 법적 지위를 부여했습니다.

둘째, 교사들이 교육활동에만 전념할 수 있도록 교육지원청에 학교지원센터를 설치하여 많은 행정업무를 이관했습니다.

셋째, 교사들의 전문적학습공동체를 지원하여 교사들이 삶에 바탕을 둔 창의적 교육과정 운영과 수업 혁신에 매진할 수 있도록 하였습니다.

이러한 정책들은 협력과 공존의 가치를 바탕으로 학생의 행복을 키워가는 미래지향적 공교육 모델이라는 혁신학교의 목표와 지향을 온전하게 반영한 것으로, 앞으로도 여전히 지속될 과제들입니다.

교실과 수업 혁신 제가 누차 강조했듯이, 전남교육의 미래는 교실 안에 있습니다. 교실은 아이들이 미래사회를 살아가는 데 필요한 인성, 지적 능력, 사회성을 기르는 중요한 곳입니다. 교실이 살아 숨 쉬어야만 아이들이 살아갈 수 있습니다. 우리가 교육 혁신, 수업 혁신을 이루어야 하는 이유입니다.

무엇보다 호기심과 질문이 가득한 교실, 협력하며 스스로 배워가는 교실, 그것이 바로 혁신전남교육이 추구하는 교실의 모습입니다. 질문이 없으면 대답도 없습니다. 천 개의 질문, 만 개의 생각이 꽃피는 교실이 되도록 수업을 혁신해야 합니다.

아울러, 나눔과 공감을 통해 수업과 평가의 혁신을 이루어야 합니다. 지식을 나누고 생각을 공유해 수업이 좋아지면 아이들에게 진정한 배움이 일어날 수 있고, 그렇게 될 때 아이들은 학교를 즐거운 마음으로 다닐 수 있을 것입니다. 아이들로부터 "선생님 수업, 정말 재미있어요!"라는 말이 나올 때 진정한 교실 혁신은 이루어질 수 있습니다.

지역교육 혁신 하지만 교육청과 학교의 노력만으로는 우리가 원하는 혁신학교에 도달할 수 없습니다. 지역사회와 함께해야 합니다.

지역사회는 아이들의 삶이 구체적으로 이뤄지는 곳입니다. 마을은 또 하나의 학교인 셈입니다. 미래교육은 바로 지역과 함께하는 교육이기 때문입니다. 삶 속에서 학생과 지역민이 만날 때 배움이 일어나고 이를 통해 진정한 교육공동체를 이룰 수 있기 때문입니다.

코로나19를 극복해가는 과정에서 전남의 마을교육공동체는 배움과 돌봄의 사각지대에 있던 아이들을 따뜻하게 품어주고 배움을 이어가게 해주었습니다.

지금까지 마을학교는 학교와 교육청에 상당 부분 의존했다면, 앞으로는 지방자치단체와 연결성을 보다 강화하는 방향으로 발전해야 합니다. 그래야 마을학교가 자생력을 확보함은 물론 활동 반경을 넓혀 지역교육생태계의 중심축으로서 역할을 할 수 있을 것입니다.

영국 샌즈(Sands)학교 설립자이기도 한 데이비드 그리블(David Gribble)은 "신뢰받아 본 아이들은 신뢰감 있게 행동하고 존중받아 본 아이들은 자신을 존중할 줄 아는 사람으로 자란다."라고 말했습니다.

아이들이 학교뿐 아니라 지역사회에서도 신뢰받고 존중받는 삶을 살아갈 때 미래사회의 진정한 민주시민으로 성장할 수 있을 것입니다. 그것이 가능한 지역교육생태계를 구축하는 것이 우리에게 주어진 시대적 과제이며, 지역사회와 학부모님들의 적극적인 지원과 협력이 중요한 이유이기도 합니다.

이런 이유에서 전남교육은 지역 단위 혁신 기반을 조성하고 새로운 지역교육공동체를 구축하기 위해 22개 시·군을 혁신교육지구로 지정하고 운영의 내실화를 추진했습니다.

그뿐만 아니라 '순천풀뿌리교육자치협력센터', '곡성미래교육재단' 등 중간지원조직을 구축하여 다양한 형태의 협력 사례를 만들고 있으며, 다른 시·군에서도 교육협력사업 주체를 세우고 학교와 지역의 연결을 시도하고 있습니다.

교육기관-마을교육공동체-지방자치단체를 연결하여 마을의 교육적 생태계를 구축하려는 이 같은 시도는 앞으로 전남의 모든 지역에 걸쳐 시도되어야 하리라 봅니다.

따뜻한 혁신교육

사람 중심, 따뜻한 혁신

포용적 혁신 그동안 우리는 '혁신', '혁신 전남교육' 하면서 틈만 나면 혁신을 외쳐왔습니다. 그러면서 너무 앞만 보고 달려오지 않았나 하는 생각도 들었습니다. 혁신은 낡은 교육제도와 관행을 혁파하는 것입니다. 우리가 하는 일 중에서 교육적인 것과 비교육적인 것을 구별해서 교육적인 것을 더욱 성장시키는 것이 바로 혁신입니다.

하지만 이 과정에서 기존 일반 학교의 교육방식을 부정하거나 혁신 대(對) 비혁신의 편 가르기 같은 폐해도 있었습니다. 혁신을 지나치게 업무 중심으로 밀어붙이거나, 혁신이 별도의 전문가 집단 내부의 전유물처럼 칸막이가 있었던 것도 일부에서 지적되었습니다.

이 같은 태도는 혁신을 차갑게 만들어 혁신이 일과 조직 전체로 확산하는 것을 저해합니다. 혁신을 외치는 사람이 따로 있고 그 대상도 따로 있다는 생각을 조장합니다. 혁신을 마치 담당 부서만의 일로 오해하거나, 혁신을 업무로 인식하는 경향이 지배적일 수 있습니다. 모두가 함께해야 성공할 수 있는 혁신의 과업이 마치 '그들만의 리그'로 전락하는 위험에 노출될 우려가 있습니다. 사람을 잃어버리는 혁신은 아니 함만 못합니다.

따라서 사람을 중심에 둔, 보다 열린 자세와 포용적인 자세로 접근해야 혁신은 보다 확장성을 갖게 될 것입니다. 이러한 문제의식에서 미래 대전환을 앞둔 전남교육은 "일상의 삶 속에서 서로가 서로를 일으켜주는 포용적인 혁신문화가 뒷받침되어야 한다."라는 생각 아래 '더 따뜻한 혁신'

을 지향하고자 하는 것입니다.

<u>다정한 것이 살아남는다</u> 우리 조직에서의 친화력, 포용력은 교육력에도 결정적 역할을 한다고 생각합니다. 21세기 다윈의 계승자로 불리는 미국의 진화인류학자 브라이언 헤어(Brian Hare) 교수는 『다정한 것이 살아남는다』 라는 저서를 폈습니다.

이 저서의 핵심은 신체적으로 가장 강한 최적자만이 살아남는다는 진화론의 적자생존 원칙에 반기를 든 것입니다. 강한 자가 살아남는 것이 아니라 다정한 것이 살아남는다는 말입니다.

"늑대와 같이 강한 종은 멸종 위기에 처해 있는데, 같은 조상에서 갈라져 나온 개는 어떻게 개체 수를 늘려갈 수 있었을까?", 이러한 문제의식을 가지고 연구를 진행한 결과 그는 "최후의 생존자는 친화력이 좋은 다정한 자, 한 마디로 서로에게 다정한 개체들이 살아남는다."는 주장을 펼쳐 큰 주목을 받고 있습니다.

우리 종 '호모 사피엔스'는 더 많은 적을 정복해서가 아니라, 더 많은 친구를 만듦으로써 살아남는다는 그의 주장은 교류와 협력에 기반한 소통과 친화력이 미래사회의 경쟁력임을 시사합니다. 우리 교육에서도 따뜻한 혁신이 필요합니다.

전남혁신학교 시즌2

<u>미래형 혁신학교</u> 중국 고전 『주자전서(朱子全書)』는 "물이 차면 배가 저절로 떠오른다(水到船浮)."라고 했습니다. 어려움과 고난을 이겨내며 실력을 갖추다 보면 반드시 기회가 찾아온다는 뜻으로 받아들일 수 있겠습니다.

진리를 탐구하는 힘이 쌓이면 애쓰지 않아도 하는 일이 절로 이치에 맞음을 비유한 것인데, 세상사 이치도 이와 같을 것입니다. 10년 전부터 전남교육이 일으킨 혁신의 물길을 꾸준히 열어간다면 언젠가 원대한 미래의 바다에 도달할 수 있음을 믿습니다.

전남혁신학교라는 배는 교육공동체가 일으킨 넘실대는 파도를 타고 미래의 바다로 향하고 있습니다. 지금까지의 혁신학교 성과를 바탕으로 코로나19가 앞당긴 미래교육의 새로운 표준과 희망을 제시하고 학교다움의 최대치를 구현하는 미래형 혁신학교를 만들어가고 있습니다. 혁신학교 시즌2가 시작되고 있는 것입니다.

교실을 교육과정과 연계되는 학습공간으로 혁신하는 공간혁신을 추진하며, 첨단 에듀테크 환경 구성으로 온·오프라인 혼합 수업과 실시간 쌍방형 온라인 수업이 가능하도록 하고, 이를 바탕으로 교사들의 수업혁신을 강력하게 추진하는 학교가 미래형 혁신학교입니다.

무엇보다도 미래형 혁신학교는 학생의 창의력, 사고력, 소통 능력 등 미래핵심역량의 토대를 굳건하게 다지기 위해 노력하고 있습니다. 기초·기본학력을 튼튼히 하고 지역사회와 협력을 통해 학생이 자신의 삶과 진로를 개척하고 그에 따른 개인별 맞춤교육이 가능하도록 지원하고 있습니다.

교육지원청의 미래 모델: 혁신교육지원청 지금까지 일구어온 학교혁신, 혁신교육지구, 마을교육공동체 등의 새로운 시도가 진정한 결실을 하려면 행정의 혁신과 중앙집권적 행정체제의 변화 없이는 불가능합니다.

이를 위해 교육지원청의 혁신이 절실히 필요합니다. 도교육청으로 집중되어있는 권한과 예산, 인력을 과감히 교육지원청과 학교로 나눌 필요가 있습니다.

　이제 교육지원청은 학교와 지방자치단체, 지역사회와 협력을 강화하여 학교와 더불어 지역사회 전체가 아이들의 배움과 성장의 배움터가 되게 이끌어야 합니다. 이를 통해 진정한 풀뿌리 교육자치가 완성될 수 있도록 교육지원청이 그 길을 찾아야 할 것입니다.

　교육지원청은 학교자치를 지원하는 것을 넘어 지역의 다양한 교육주체들 간 소통과 협력의 플랫폼으로서 조직 기능을 강화해야 하며, 지역교육의 미래를 그려가는 정책적 컨트롤타워 역할도 감당해야 합니다.

　이런 이유에서 전남교육은 기존 교육지원청에 대한 혁신을 준비하고자 합니다. '혁신교육지원청' 시범사업이 그 첫 단추입니다.

　결론부터 말하면 이는 학교자치를 지원하고 지역교육생태계를 구축하는 교육지원청 본연의 역할을 회복하자는 것입니다. 전혀 새로운 일을 찾아가자는 것은 아닙니다.

　교육지원청이 고등학교를 포함한 시·군 내 모든 유치원, 초등학교, 중학교, 고등학교, 특수학교, 각종학교 및 평생교육을 지원할 수 있도록 교육지원청에 인사와 예산의 독립성을 보장하는 방안이 강구되고 있습니다. 또한 혁신교육지원청은 미래형 혁신교육지구 속에서 지방자치단체 및 마을교육공동체, 나아가 대학과 기업까지 포함한 중간지원조직을 구축하여 지역사회와 함께 교육생태계를 이끌어가야 합니다.

　22개 시·군 교육지원청은 지역의 여러 여건을 고려해 내부에서부터 혁신의 과제를 찾아내고 소속 교직원 모두가 함께 해결방안을 모색하여 실천할 준비를 지금부터 착실히 해나가야 합니다.

"사람 중심의 따뜻한 혁신을 피웁니다."

(2020. 5. 4. 목포서부유치원)

제3장

- - - - - - -

더 알찬
성장

- - - - - - -

저게 저절로 붉어질 리는 없다

저 안에 태풍 몇 개

저 안에 천둥 몇 개

저 안에 벼락 몇 개

저 안에 번개 몇 개가 들어 있어서

붉게 익히는 것일 게다

(…)

대추야

너는 세상과 통하였구나

(장석주, 「대추 한 알」에서)

학습결손 회복으로 성장의 근육을

'배움의 근력'을 키우는 기초학력 책임교육

<u>코로나19 장기화와 기초학력 저하</u> 코로나19 시대 비대면 수업이 장기화하면서 학생들의 학력 저하와 학습격차로 인한 학력 양극화가 사회문제로 대두되고 있습니다. 학부모는 물론 국민들의 염려도 높아지고 있습니다.

특히 전남은 농어촌 소규모 학교뿐만 아니라 취약계층도 많아 사회·문화·경제적으로 열악합니다. 이로 인해 기초학력 부진이 발생하고 학습장애로 이탈하는 아이들도 적지 않으며, 불안, 우울, 낮은 자존감 등 정서적·행동적 문제가 함께 발생하기도 합니다.

2021년 전남교육정책연구소가 학부모와 도민들을 대상으로 주민직선 3기 전남교육감의 남은 임기 동안 집중해야 할 최우선 과제에 대해 설문조사를 한 결과, '맞춤형 진로·직업 교육'(41.8%)에 이어 '기초·기본학력 책임 구현'(33.3%)이 두 번째로 높게 나온 것도 이러한 인식 때문이라고 봅니다.

<u>심각한 학습격차와 결손</u> 지난해 7월, 교육시민단체 '사교육걱정없는세상'은 YTN과 공동으로 '2020년 코로나19 학력격차 실태'를 분석하고 그 결과를 내놨습니다. 전국적으로 중학교에서는 중위권 학생 비율이 많이 줄고 상·하위권 학생 비율이 동시에 늘었습니다. 고등학교에서도 중위권이 많이 줄어들고 하위권이 크게 늘어난 것으로 나타나는 등, 학력 저하와 학력격차의 문제가 심각한 상황입니다.

그보다 앞선 6월, 교육부가 발표한 '2020년 국가 수준 학업성취도 평가 결과'에 따르면 2019년 4.1%였던 중학교 3학년 국어 과목 기초학력 미달 학생 비율은 2020년 6.4%로 늘어났습니다. 고등학교 2학년 국어 과목의 경우도 기초학력 미달 학생 비율이 2019년 4%에서 2020년 6.8%로 증가했습니다.

이는 코로나19로 인한 비대면 수업으로 온라인 학습에 치중하다 보니 깊이 있는 문장 이해도가 떨어져 국어, 영어 등 문해력이 필요한 과목에서 기초학력 저하 현상이 발생한 것으로 분석됩니다. 평가 결과로 드러난 것은 중학교 3학년과 고등학교 2학년뿐이지만 나머지 학년도 비슷한 원인으로 학력이 저하했다고 볼 수 있어 심각한 문제가 아닐 수 없습니다. 그뿐만 아니라 교과 학습에 대한 자신감, 가치, 흥미, 학습 의욕도 2019년과 견줘 전반적으로 하락한 경향을 보였다고 교육부는 설명합니다.

기초학력은 배움과 성장에 필요한 근육 기초학력은 학교 교육과정을 통해 갖춰야 할 성취기준으로, 사회구성원으로 살아가는 데 필요한 최소한의 학습 능력이자 학생에게 학교생활 전반에 동기를 부여하는 매우 중요한 토대입니다.

한국교육개발원이 최근 발표한 학생의 종단연구 결과에 따르면, 배움의 초기 단계에서 학습결손이라는 부정적 경험이 누적되면 '뭘 해도 안 돼.'라는 부정적 자아개념을 갖기 쉽다고 합니다. 또한 자기효능감이나 학교생활 전반에 만족도가 낮아질 뿐 아니라 정서·사회적 부적응 문제들도 심각해질 수 있다고 합니다.

이렇듯 기초학력은 모든 배움의 동기이자 몸과 마음이 정상적으로 성장하는 기본 근육이라 할 수 있습니다.

<u>학습의 결정적 시기에 집중해야</u> 대다수 전문가들은 기초학력 부진 예방 활동을 위한 적절한 시기와 관련하여 초등학교 1, 2학년의 문해력과 수해력이 중요하다고 지적합니다. 또한 연구에 따르면 초등학교 1학년의 문해력 부진이 초등학교 4학년까지 이어질 확률이 88%, 초등학교 3학년의 문해력 부진이 중학교 3학년까지 이어질 확률이 74%에 달한다고 합니다. 출발점이 되는 초등학교 1~3학년의 문해력이 중요한 이유입니다.

그럼에도 지금까지 정부가 추진해 온 기초학력 부진 학생 지원정책은 일회성 접근과 단기 처방에 그친다는 지적을 받아 왔습니다. 수업이나 방과후, 혹은 방학 때 보충학습을 하는 정도였습니다. 교육부가 도입한 기초학력 협력수업 교사는 전문성 있는 경력 교사가 아닌 기간제 교사로 채워졌습니다.

전문가들은 학습의 뿌리이자 학생의 기본 인권과 복지와 직결되는 기초학력 문제는 교사 개인에게만 맡겨놓아서는 안 되며 공동체적 관점의 관리 체계가 필요하다고 주장합니다. 가능하면 초·중등 저학년에 인적·물적 자원을 투입해 조기에 격차 해소를 위한 노력을 기울여야 합니다.

<u>기초학력전담 책임교육 최초 시도</u> 이에 우리 교육청은 학습 동기 부족, 정서·행동 문제, 다문화가정 등 복합적인 기초학력 부진 요인에 대처하기 위해 무엇보다도 교원들의 전문적인 역량 강화가 중요하다고 판단했습니다. 그래서 2018년에 초기 문해력 지도, 난독증 학생의 진단과 지도, 기초수학 지도 능력 향상을 위한 연수 등을 실시해 현장의 기초학력 부진 양상을 진단하고 기초학력 해결의 실마리를 제공했습니다.

또한 청주교대와 업무협약을 맺고 교사 2명을 대학원에 파견하여 문해력 지도 전문가를 양성하였고, 전남교육연수원에도 문해력 지도 전문가

과정을 개설했습니다.

이러한 바탕에서 우리 교육청은 배움의 결정적 시기인 초등학교 1, 2학년 학생을 대상으로 기초학력 전담교사제를 도입했습니다.

이들은 학급 담임을 맡지 않는 대신 문자 미해득, 수해력 부진으로 판별된 학생들을 개별 지도하며 초등 저학년 기초학력 정착을 지원하고 있습니다.

우리 교육청은 전담교사뿐만 아니라 초등학교 1, 2학년 담임교사 전원을 대상으로 한 문해력·수해력 직무연수를 통해 모든 교사의 지도 역량을 키웠습니다. 아울러 초등학교 1~2학년 학급당 학생 수를 25명 이하로 감축하여, 실질적인 개별 맞춤형 지도 여건을 조성했습니다.

전남교육청이 전국 최초로 도입한 기초학력 전담교사제는 교육현장에 '기초학력 부진 학생을 구제하는 최선의 방법은 전문적인 지도역량이 있는 교사의 지원'이라는 인식에서 출발했고, 이는 점차 현장에 안착되고 있습니다. 지금은 세종과 충북, 광주, 경북 등에서도 도입해 전국적으로 확산되는 중입니다.

기초·기본학력에 대한 새로운 접근

학습복지 문제로 접근 기초학력 실태 조사에서 드러난 더 큰 문제는 따로 있었습니다. 코로나19로 인한 영향은 불리한 학생들에게 더 강한 여파를 남길 가능성이 높다는 사실입니다. 사회 경제적 취약성이 교육에서도 격차를 가져올 수 있음을 시사합니다.

2021년 10월에 발표된 한국교육개발원(KEDI)의 '초등학교 시기 학업성취수준 기초 미달 여부에 따른 교육 경험과 성장의 차이' 보고서에 따르면, 기초학력 성취 수준이 교사·친구와의 관계 등 학교생활과도 연관돼 있다고 합니다. 중·고교 시기를 거치면서 초등학교 시기 학업성취 수준이 기초 미달이었던 학생들과 기초 이상이었던 학생들 간에, 가정과 학교에서의 교육 경험과 지원이 일관되게 차이가 있었다는 이 보고서는 우리에게 시급한 과제를 던져주고 있습니다.

최근 한국교육개발원의 같은 연구에 따르면, 기초학력 부진 학생들의 부정적 인식은 학력과 무관한 영역에서도 도드라졌습니다. 미달 집단은 '어른이 되면 선거나 투표에 참여할 것이다.' 등 시민의식을 묻는 질문에 낮은 관심을 보였고, '타인 배려 정도'(어려움에 처한 사람이 있으면 도와준다)와 '규칙 준수 경향'(화장실이나 급식실에서 차례를 잘 지킨다)도 기초학력 이상 학생들보다 낮게 나타났다고 합니다. 학습 결손 누적이 인간의 몸과 마음이 성장하는 데 미치는 부정적 영향이 얼마나 광범위한지 보여줍니다.

사회가 함께 풀어야 기초학력 미달 문제는 코로나19로 가시화되었지만, 사실 이는 어제오늘의 일이 아니라 우리 교육의 구조적인 문제가 총체적으로 작용한 결과라 할 수 있습니다. 이는 기초학력 문제를 단순히 학력을 넘어 인권과 복지 측면에서 바라볼 필요성을 제기합니다.

그럼에도 지금까지 기초학력 미달 학생을 지원하는 정부의 정책은 일회성 접근, 단기적 처방에 급급한 측면이 많았습니다. 그동안 상당한 예산과 인력을 투입했음에도 여전히 기초학력 부진 학생이 적지 않은 것은 정책이 교과 학습능력을 지원하는 데만 초점을 맞췄기 때문이라고 생각합니다.

기초학력 미달 학생 중에는 조손가정, 다문화가정, 한부모가정 아이들 그리고 장애 및 경계선지능에 있는 학생, 그리고 정서·신체적 어려움을 겪고 있는 아이들이 많습니다. 따라서 기초학력 부진은 공부 못하는 몇몇의 문제가 아니라 우리 사회가 안고 있는 사회양극화와 불평등의 문제와 맞물려 있는 것입니다. 학교만이 모든 책임을 지기보다는 타 기관과 지역사회가 보유한 다양한 자원을 통해 함께 풀어야 할 과제로 인식해야 합니다.

수업혁신과 시스템의 보완   기초학력 책임교육을 위해 장기적이고 체계적인 접근이 필요합니다. 단기적·단편적 지원이 아닌 종합적 교육 프로그램을 지속적으로 제공해 기초학력은 보장하고 학습격차는 해소해가는 전략을 추진하고자 합니다.

이를 위해 무엇보다 중요한 것은, 학교에서는 기초학력 미도달이 발생하지 않도록 수업 혁신에 힘쓰는 것입니다. 학생이 즐겁게 수업에 참여할 수 있도록 자존감을 높이고 심리·정서적인 지지도 필요합니다. 수업 혁신이야말로 초기 학습동기를 일으키는 가장 효과적이고 근본적인 처방입니다. 제가 간절히 선생님들을 믿는 이유입니다.

앞으로 우리 교육청은 현장에 최적화된 자료와 체계적인 연수를 통해 전남 교사들의 초기 문해력과 기초 수해력 지도 전문성을 높여갈 것입니다.

둘째, 수업이 이뤄지는 '교실-학교-학교 밖'으로 이어지는 3단계 기초학력 안전망을 강화하여 학교별, 개인별 맞춤형 프로그램을 운영해야 합니다.

셋째, 학습 지원과 함께 취약계층 아이들에 대한 복지를 확충하고 정서적 치유나 심리적 지원 등 다원화된 지원책이 강구되어야 합니다. 학습 지원에서도 학습 부진 학생 개개인의 특성에 초점을 맞춰 개별 맞춤 지원이 이뤄져야 합니다. 방법론적인 측면에서도 '티칭(teaching)에서 코칭(coaching)으로' 전환되어야 합니다.

넷째, 개별화된 학습 관리와 진단 가능한 플랫폼 구축으로 종합적 지원을 펼쳐나가야 합니다. 또한 대학생 멘토링제 등 1대1 맞춤형 대면 보충지도, 교원 재교육 등을 위해 전남대, 순천대, 목포대, 광주교대의 미래교육센터 등과 적극 협력하고 과제도 발굴해야 합니다.

마지막으로, 타 시도의 의미 있는 기초학력 책임교육 정책도 필요한 부분은 실정에 맞게 도입할 필요가 있습니다. 예를 들어, 전북교육청이 운영하는 한 교실에서 담임교사와 기초학력 전담교사가 협력 수업하는 '1수업 2교사 모델'인 두리교사제나 서울교육청이 2022년부터 모든 학교에 담당교사와 함께 배치할 학습 지원 담당교사제('기초학력 키다리샘') 등의 사례를 면밀히 살피면서, 우리가 배울 부분은 배워야 할 것입니다.

"기초학력은 배움과 성장에 필요한 근력입니다."

(2019. 6. 17. 전남기초기본학력 정책 설명회)

미래를 여는 진로·진학·직업교육

> "그대의 꿈이 실현되지 않았다고 해서 가엾게 생각해서는 안 된다.
> 정말 가엾은 것은 한 번도 꿈꿔보지 않은 사람이다."
>
> (크리스토프 에센바흐)

맞춤형 진로·진학교육 강화

큰 새는 큰 하늘을 품는다 세계적인 지휘자 크리스토프 에센바흐(Christoph Eschenbach)는 "그대의 꿈이 실현되지 않았다고 해서 가엾게 생각해서는 안 된다. 정말 가엾은 것은 한 번도 꿈꿔보지 않은 사람이다."라고 했습니다. 저는 아이들에게 꿈을 갖게 하는 것이 교육의 첫 번째 책무라고 생각합니다.

아이들이 기초학력을 잃어가는 것도 문제지만, 꿈과 자신감도 함께 잃어가고 있는 것은 더욱 안타까운 문제입니다. 그래서 저는 우리가 추진하는 교육회복 프로젝트의 중심에 '꿈의 회복'과 '자신감의 회복'이 함께 있어야 한다고 봅니다.

얼마 전 한 지방신문에서 스승의 날 특집 에세이를 읽었습니다. 한 언론인이 35년 전 선생님을 못 잊어 교육청을 통해 수소문한 결과 마침내 상봉하게 된 이야기가 소개됩니다.

"붕새라는 새가 있는데, 이 붕새가 날개를 펼쳐서 솟아오르면, 한번 날갯짓에 구만리를 난다는구나. 너희도 나중에 커서 붕새와 같은 큰 꿈을 펼치며 살 수 있기를 바란다." 1986년 초등학교 담임 선생님께서 졸업을 앞둔 아이들에게 하신 말씀이었답니다. 졸업한 지 35년이나 지났지만 삶이 힘들 때마다 꿈을 잃지 말고 살라는 그때 선생님의 말씀이 떠올라 버틸 수 있었다고 합니다.

그 옛날 선생님은 비록 어린아이들이지만 『장자(莊子)』 「소요유(逍遙遊)」편에 나오는 '붕정만리(鵬程萬里)'라는 구절을 인용해 졸업 후 펼쳐질 원대한 세상을 향한 붕새의 날갯짓을 품어주신 겁니다. 그저 흘려들을 수 있었을 말인데도 잊지 않고 오래도록 가슴속 깊이 삶의 푯대로 품어온 그 제자를 보고 있노라니, '그 선생님에 그 제자'라는 흐뭇한 느낌을 멈출 수 없었습니다.

영국의 역사학자 토마스 풀러(Thomas Fuller)는 "큰 희망이 큰 사람을 만든다."라고 했습니다. 맞습니다. 꿈이 원대하면 할수록 더 노력하고 애쓰기에 꿈이 클수록 더 크게 될 것입니다. 이처럼 꿈의 크기가 미래의 삶을 결정하는 법입니다. 꿈을 꾸는 자가 꿈을 이룹니다.

꿈은 배움을 일으키는 가장 안정적이고 지속적인 힘으로, 어떠한 역경도 이겨내게 하는 원동력이라 할 수 있습니다. 단 한 번 날갯짓에 구만리를 나는 붕새의 기상으로 원대한 꿈을 품으시기 바랍니다.

미래사회 대비한 소질과 역량 기르기 4차 산업혁명 시대, 사회 변화에 따라 직업 세계 또한 빠르게 변화하는 중입니다. 인구감소로 일자리는 감소하며, 과학기술의 발달로 예측하지 못했던 새로운 직업들이 생겨나고 있습니다. 어른들이 좋다고 선호했던 직업들은 미래에 사라질지 모릅니다.

이처럼 예측 불가능하고 급변하는 미래사회를 살아갈 학생들에게 스스로 삶을 개척해 나갈 힘을 키워주는 진로교육은 어쩌면 그 자체로 생존교육이나 다름없을 것입니다.

교육 전문가들에 따르면 미래세대에는 한 사람당 6~8개의 직업을 갖게 될 것이라고 합니다. 이제는 한 우물을 파기보다 다양한 분야에서 통합적이고 유연한 사고를 하는 사람이 주목받는 사회가 되었습니다. 따라서 사회와 진로 변화에 대처해 학생들이 진로자립심을 갖고 꿈을 설계하도록 해야 할 것입니다.

복잡하고 불투명한 미래사회, 진로 변동에 대처하는 역량교육이 절실해지는데 진로자립심을 길러주는 것이 무엇보다 중요할 것입니다.

전남의 모든 학생이 저마다의 소질과 적성을 찾아내어, 맞춤형 교육을 통해 학생들이 행복한 미래를 꿈꿀 수 있게 하는 것이 우리가 지향하는 진로교육입니다. 흑산도, 땅끝, 지리산, 빛가람 혹은 그 어디에서든 당당하게 꿈을 꾸며 미래를 준비하도록 해야겠습니다.

언제 어디서나 달려가는 맞춤형 진로·진학교육 우리 교육청은 진로·진학지도를 위해 목포, 여수, 순천, 나주 4곳의 교육지원청에 거점을 둔 권역별 진학지원센터를 설치하여 상담과 진로·진학프로그램을 실시하고 있습니다. 전남의 현직 교사로 구성된 진로·진학상담 전문교사들이 수준 높은 상담서비스를 제공하고 있습니다.

아울러 우리 교육청은 현장의 수요에 더욱 부응하기 위해 전문가 양성을 위한 교사 연수를 확대하는 한편, 전문적인 진로·진학 관련 지원을 위해 작년부터 대학 입학사정관 출신 4명의 대입지원관을 채용하여 학교와 지역사회로의 지원을 더욱 확대하고 있습니다.

학부모와 학생이 권역별 진학지원센터로 찾아오거나 전화상담을 할 수도 있으며, 전문상담교사단과 함께 학교로 찾아가기도 하고 지역사회와 연계하여 프로그램을 운영하기도 합니다.

입소문을 들은 교육가족의 요구에 의해 중학생, 예체능계 학생, 학교 밖청소년까지 최선을 다해 확대해 가고 있습니다. 만족할 만한 상담을 해줄 전문가 확보가 쉽지 않은 문제이긴 하지만 지속적으로 전문가 양성을 위해 노력하고 있습니다.

진로·진학상담에서도 소외되는 아이가 없도록 하겠다는 생각에 2022년부터는 전용차량을 이용한 '찾아가는 이동상담실'을 마련했습니다. 앞으로 도서벽지와 읍·면 지역 학생과 학부모에게도 상담 기회가 확대되리라 기대합니다.

디지털 세대에 맞게 진로·진학지도 방법도 바뀌어야 합니다. 2021년부터는 디지털 시대의 중심에 있는 엠지세대(MZ세대: 밀레니엄 세대와 제트 세대) 학생들에 맞춰 최근 각광받고 있는 메타버스(가상공간) 플랫폼을 이용해 상담하는 방법을 전격 도입했습니다. 전남대, 광주교대, 목포대 교육문제연구소와 협업해서 다양한 전공 체험 부스를 구성하여 학생들이 자신의 아바타를 통해 담당 강사에게 직접 질문하고 EBS 유명 강사의 진로·진학 특강에 참여하게 했습니다.

전남의 우수한 아이들이 지역에 정착해 지역을 이끄는 모습을 상상하며 지역 대학과 협력하여 유망학과의 지역인재전형을 확대시키는 노력도 필요했습니다.

진로·진학지도는 초등학교부터 고등학교까지 학교에서 체계적으로 이루어져야 합니다. 권역별 진학지원센터가 선도적이며 창의적인 방안으로 학생과 학부모의 고민을 해결하고 전남교육에 대한 만족도와 신뢰를 높였다고 생각합니다. 학교 교사들에게도 학교 밖에서 내실 있게 진로와 진학을 지원해 주었다고 평가합니다.

이제는 이 성공모델을 학교 안으로 들여와야 합니다. 학생을 가장 근거리에서 매일 지켜보는 학교의 교사가 학생의 진로 검사 결과를 해석할 수 있고 진로와 직업 그리고 진학에 대해 상담해 줄 수 있어야 합니다.

이를 위해 교원 역량을 강화하고, 학교와 진학지원센터의 역할을 분담하며, 학교교육과정 내에서 진로-진학-직업교육이 이루어질 수 있는 모델을 마련해야 합니다.

직업계고 및 예체능계 진로·직업교육 확대

직업계고 취업 지원 우리 직업계고 학생들이 제53회 전국기능경기대회에서 전국대회 참가 이래 최고 성적인 전국 7위를 했습니다. 농업계열인 제47년 차 전국FFK전진대회와 전국상업경진대회에서도 우수한 성과를 거두었습니다. 전남 직업교육 발전의 가능성과 전남 특성화고의 저력을 보게 되었습니다.

아이들의 이런 재능을 바탕으로 직업계고 학생들의 꿈을 이뤄주기 위해 전라남도 및 지역 80개 기업과 함께 '전남혁신형 기업맞춤(JOBs) 교육'을 시작했습니다.

앞으로도 우리 전남 학생들이 뿌리산업 기초 기술부터 첨단산업 기술과 기능을 배울 수 있도록, 전남 특성화고 학과를 학생들의 진로희망과 첨단산업분야 인력양성에 적합하게 개편할 예정입니다. 그리고 이미 시작된 직업계고 학점제가 현장에 뿌리내리도록 지원하여 개별 학생 맞춤형 취업의 문을 더욱 넓힐 것입니다.

취업하는 데서 우리의 책임이 끝났다고 생각하지 않습니다. 졸업 후 미취업학생, 취업 후 직장생활 부적응 학생, 취업 후 이직 학생 등도 졸업 후 최소 3년간은 상담하고 지원해 주어야 합니다. 따라서 직업계고 학생들의 재학 중 3년과 졸업 후 3년간의 데이터를 모으고 분석하여 아이들의 성공적인 취업을 지원해야 한다고 생각합니다.

예체능계 학생 진로·진학상담 확대 민선 3기 '모두가 소중한 혁신전남교육' 슬로건은 우리 청 홈페이지와 각종 공문에 쓰여 전남 교육공동체뿐만 아니라 전국에서 모두 보고 있습니다. 이 디자인을 누가 만들었을까요? 바로 전남예술고 학생입니다. 공모전에 출품해 당선된 것입니다. 학교교육과정에서 예술적 상상력과 창의적 체험을 통한 학교 예술교육의 성과였습니다.

그동안 예체능 학생들의 진학은 학부모 의존도가 높았습니다. 그래서 2020년 체육계열 실기집중과정을 새롭게 운영했습니다. 사교육 시장에 의존했던 체육계열 진학지도가 공교육의 울타리 안으로 들어오는 계기가 되었습니다.

그리고 미술과 음악 계열 학생들을 위해 2020년 전남의 첫 예술계열 공립 특수목적고등학교인 한국창의예술고등학교를 광양에 설립했습니다. 문화와 예술과 기술, 인문학까지 아우르는 창의융합형 교육을 통해 최고의 예술인재를 길러낼 계획입니다. 곧 한국창의예술중학교도 개교할 예정인데, 그렇게 되면 전남 동부권에 첫 예술중학교가 생기는 것입니다. 중·고를 통합학교로 운영하여 예술계열 학생의 재능이 연속성을 가지고 성장할 수 있도록 지원할 생각입니다.

그동안 일반계고와 중학교까지 확대했던 찾아가는 맞춤형 진로·진학상담을 예체능계 학생과 학부모까지 확대하여, 학생이 공교육 안에서 원하는 진로와 진학 상담을 통해 꿈을 이룰 수 있도록 체계적으로 돕겠습니다. 이를 위해 부족한 예체능계 진로·진학상담 전문가 양성에 더욱 힘을 기울여야겠습니다.

그리고 향후 국가교육정책과 교육과정을 입안할 국가교육위원회에서 직업계와 예체능학교를 포함한 진로·직업교육이 주요 의제에 포함되도록 전국시도교육감협의회 등을 통해 힘을 모아야겠습니다.

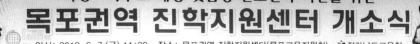

"큰 희망이 큰 사람을 만듭니다."
(2019. 6. 7. 목포권역 진학지원센터 개소식)

제4장

더 품어주는
학교

"뽑으려 하니 모두 잡초였지만
품으려 하니 모두 꽃이었습니다."

(나태주, 「꽃밭에서」 중)

학교는 세상에서 가장 평등한 곳

촘촘한 교육복지 확대

<u>취약계층을 촘촘히 살필 것</u> 전국에서 전남은 가장 많은 비율의 취약계층 학생들이 있습니다. 이들에게 배움의 출발선을 평등하게 해주어야 할 책무가 있습니다.

그동안 지원했던 교육복지우선지원사업을 내실화하고 더욱 확대해 나갈 것입니다.

이러한 지원이 효과적으로 이루어지려면 교육지원청-학교-가정-지역사회가 안전망을 구축해 추진하는 것이 중요합니다. 이를 통해 사각지대에 방치될 위험이 있는 학생을 찾아내 생활, 학습, 심리, 가정 등 꼭 필요한 서비스를 맞춤으로 지원해야 할 것입니다.

<u>다자녀 가정에 실질적 혜택을</u> 현장 경청올레로 지역을 찾아갔을 때, 정부의 출산장려정책과 우리 교육청의 다자녀 가정 지원정책에 대한 뼈아픈 지적을 들었습니다. 지적하신 학부모의 목소리에 귀 기울여 도의회와 협력해서 세 자녀 이상 가정의 초·중·고등학교 학생교육비 지원을 확대하기로 했습니다.

<u>원거리 학생의 발 에듀택시, 에듀버스</u> 우리 교육청 히트상품을 꼽으라면 그중 하나가 '에듀택시'가 아닐까 합니다. 에듀버스가 2015년에 먼저 도입되었고 2019년에 에듀택시가 도입되어 농어촌 원거리 통학 학생들의 발 역

할을 톡톡히 하고 있습니다.

학생 수가 감소함에도 에듀버스와 에듀택시 신청자가 해마다 늘고 있습니다. 일부 교육지원청에서는 섬 지역 학생의 통학을 위해 '에듀보트'를 구상할 정도입니다.

문제는 재원입니다. '아이들은 손톱만큼 자란다.'고 하는데 재원을 어디서 마련해야 할지 고심이 깊어지고 있습니다. 이 문제의 해결을 위해서는 지방자치단체의 지원 없이는 어렵습니다.

아이들은 학교에 다니는 학생이면서 지역의 주민이기도 합니다. 따라서 앞으로 지방자치단체 및 의회의 적극적인 협력을 이끌어내어 전남에서는 교육비 걱정 없이 아이를 출산·양육하고 학부모의 어깨가 가벼워지는 환경을 만들 필요가 있습니다.

이렇듯 누구나 공평한 교육기회를 제공받도록 무상교육을 더욱 확대해 가겠습니다. 모든 학생이 전남교육의 따뜻한 품 안에서 차별받지 않고 각자의 꿈을 키워갈 수 있도록 보편적 교육복지를 더욱 확대해 나가야 합니다.

학교가 품지 못했던 아이들, 다시 품어야 합니다

"모든 아이는 소중하며, 모든 아이는 특별하다." 이 말은 교직생활 내내 저의 화두였습니다. 4년 전 교육감 출마를 결심하면서 이 화두를 '한 아이도 포기하지 않는 전남교육'으로 녹여보았습니다.

아이들이 학교라는 울타리 안에서 정체성을 확립하면서 꿈과 희망을 찾아가는 건강한 시민으로 자랄 수 있는 전남교육을 펼치겠다는 다짐은 변함없는 희망입니다.

<u>갈수록 증가하는 학교 밖 아이들</u> 전남교육의 책임자가 되어 학교 현장을 들여다보니 현실은 만만치 않았습니다. 그중 가장 큰 사안은 학교를 떠나가는 학생들이 너무 많다는 것이었습니다.

교육부에 따르면, 해마다 학생 수는 줄어드는 반면, 학업을 중도 포기하는 학생 수는 오히려 늘고 있는 것으로 조사되고 있습니다.

2019년 기준으로 학교를 떠난 전남의 학생 수도 1,302명이나 되었습니다. 같은 해, 전국에서 5만 2천 명이 학교를 떠났습니다. 이중 절반에 가까운 2만 4천 명이 고등학생이고, 부적응으로 학교를 떠난 고등학생이 6,700여 명입니다. 전남도 비슷한 상황입니다.

<u>품어내지 못한 학교의 책임</u> 세상의 변화를 따라가지 못하는 공교육의 실패라는 지적으로부터 우리 누구도 자유로울 수 없을 것입니다. 이들이 학교를 포기한 것도 우리의 책임이고 이들을 다시 품어내는 것도 우리의 의무이기 때문입니다.

아무리 좋은 교육과정을 만들고 혁신적인 교육정책을 펼치더라도 학생이 떠난 학교는 텅 빈 연극무대와 같을 것입니다.

학교를 떠나는 아이들은 그 이유가 다양합니다. 교직 생활 중에 학교를 떠나는 아이들을 안타까운 마음으로 지켜보았습니다. 그들은 개인적인 이유와 가정의 경제 사정, 그리고 학교 교육환경 등 여러 가지 이유로 학업을 그만두었습니다.

개인적 요인은 신체장애, 정서적 문제, 지적 능력 결핍, 친구 문제 등을 들 수 있고 가정적 요인은 결손가정, 빈곤가정, 부모의 신체적·정신적 결함과 가족 간의 유대 부족과 가정파탄 등을 꼽을 수 있습니다. 학교 환경적 요인은 입시 위주 교육과 과도한 경쟁, 그리고 획일적 교육과 부적응 학생에 대한 적절한 상담 및 지원 방법의 부재 등이 있습니다. 어떤 학생들은 이러한 요소들이 복합적으로 작용하여 부적응 행동을 일으키기도 합니다.

학생들은 학교에 제대로 적응하지 못하면 좌절감과 열등감을 느낍니다. 또 정서적으로 불안정하여 자아정체성과 성 역할, 그리고 가치관 등을 갖출 수 없게 됩니다. 학교생활에서 친구 관계를 맺지 못하고 수업에 집중할 수 없어 기초학력이 처지니 성적이 떨어집니다. 이런 상황이 쌓이면서 학교생활에 흥미를 잃습니다. 그러다 보니 마음이 난폭해져 범죄행위로 이어지는 경우가 많습니다. 여기에다 우울감까지 겹치면 극단적인 선택으로 이어지기도 합니다. 결국 건전한 사회 성원으로 성장하는 길이 막히게 되는 것입니다.

학업중단 위기학생을 품다 이처럼 학업을 포기하는 학생들을 어떻게 할 것인가? 건전한 민주시민으로 성장해야 할 학생들이 학교 밖으로 내쳐지는 것을 보면서 이들을 보듬어 배움을 이어갈 방법을 찾는 것이 급선무라는 생각이 들었습니다.

이를 위해 학업중단 위기학생에 대한 상담 지원방안을 검토하였고, 다양한 대안교육의 보금자리 마련을 고민하였으며, 학업을 중단한 학생들에게 학교 밖에서 배움을 이어가는 지원책이 필요했습니다.

전남교육청은 2020학년도 학업중단학생 다수 발생학교 중에서 고등학교 52교를 학업중단예방 집중지원학교로 선정했으며, 초·중·고 희망학교를 대상으로 학교 내 대안교실 24교를 선정해 운영한 바 있습니다.

학업중단예방 집중지원학교는 대안교실, 샘풀지원단, 심리치료, 기초학력 증진 프로그램, 각종 체험활동 등을 통해 학업중단 위기학생들의 학교적응력을 높여 학업중단을 예방하는 사업입니다.

또한, 학교 내 대안교실은 별도의 학급 운영을 통해 학교부적응 학생 및 대안교육을 희망하는 학생들에게 유의미한 학교생활이 되도록 지원하며, 전일제와 반일제, 요일선택제, 기수제 등으로 운영되고 있습니다.

학생들이 학업의 끈을 놓지 않도록 한 아이 한 아이에게 집중해 열과 성의로 보살필 것이며, 학교에서 학업중단숙려제, 위탁교육 등을 활용해 학생들의 학업중단을 예방해 갈 것입니다.

학교 밖 청소년 지원 우리 사회에는 다양한 이유로 학교 밖에서 배움을 이어가는 청소년들이 많습니다. 그중에는 생계까지 책임져야 하는 청소년도 있습니다. 삶의 길은 학교에만 있는 것이 아닙니다. 학교 밖이든 안이든, 이들이 내딛는 발걸음이 곧 길이고 희망입니다. 전남교육이 그들이 건강한 사회구성원으로 성장해서 행복한 삶을 이어가도록 다양한 지원책을 마련하여 시행하는 이유입니다.

2021년 우리 교육청이 학교 밖 청소년들에게 '교육 참여수당'을 지급하기로 했습니다.

이는 전남도의회 이혁제 의원의 발의로 시작하였습니다. 김영록 전남도지사님과 만난 자리에서 학교 밖 청소년을 지원하는 일에 우리 도교육청도 함께하겠다는 의지를 밝혔습니다. 학교 안과 밖의 경계를 나누고 누가 지원하는지를 놓고 옥신각신하며 시간을 보내느라 아이들을 방치할 수 없다는 생각에서 과감하게 전남도지사와 손을 잡았습니다.

교육참여수당을 지급하자 학교 밖 청소년 지원센터에는 더 많은 청소년들이 몰려들었습니다. 그만큼 교육에 참여하는 학교 밖 청소년이 늘어난 것입니다. 이 사업을 통해 학교 밖 청소년들도 우리의 소중한 아이들이란 사실을 깨달았습니다. 아이들이 학교를 그만두었더라도 학업을 지속해서 건강한 사회구성원으로 성장할 수 있도록 지원과 관리체제를 세심하게 마련해야 한다고 다짐했습니다.

배움의 새로운 방식 대안교육을 응원합니다

오늘날 학교는 학생들의 다양한 욕구를 담을 만큼 충분하고 다양한 교육과정을 갖추고 있지 못합니다. 대안학교가 그만큼 절실하다는 반증입니다. 대안학교는 학교마다 교육과정이 다릅니다. 10개의 대안학교가 있다는 것은 10개의 새롭고 창의적인 다른 교육과정이 있다는 뜻입니다.

새롭고 창의적인 대안교육의 부상 전남의 대안학교는 1998년 영산성지고등학교와 한빛고등학교의 개교로 시작되었습니다. 성지송학중학교와 용정중학교가 그 뒤를 이었습니다. 모두 사립에서 내디뎠습니다. 한때 이들 학교의 교육과정은 전남의 여러 학교에서 벤치마킹하기도 하였습니다.

저는 첫째 아들을 한빛고등학교에 보냈습니다. 획일적인 입시교육만 하는 일반고보다 다양한 체험학습과 토론수업 및 학생자치를 우선시하는 대안학교를 선택한 것입니다. 당시 사립 대안학교를 선택한 학생과 학부모의 마음도 같은 생각이었을 것입니다.

사립 대안학교의 성공적 출발에 자극받아, 마침내 공립 대안학교가 만들어졌습니다. 2012년 한울고등학교가 개교한 데 이어 2013년 청람중학교, 2018년 나산실용예술중학교가 문을 열었습니다. 2021년에는 전국 최초 민관협업형 공립 대안고등학교인 송강고등학교가 개교하면서 전남의 대안학교는 11개에 이릅니다. 전남에는 11개의 각기 다른 창의적인 교육과정이 운영되는 것입니다.

한울고등학교는 '해봄과정'을 통해 진로를 개척하는 교육과정을, 청람중학교는 다양한 체험활동을 통한 인성교육을, 나산실용예술중학교는 실용예술을 활용한 감성교육과 인성교육을 운영하고 있습니다.

최근 개교한 송강고등학교는 '스스로 서고 함께 성장하며, 삶을 창업하는 교육공동체 구축'이라는 교육비전으로, 학교 너머의 학교를 추구하고 있습니다. 창조적 괴짜를 길러내는 송강고등학교의 앞날이 기대됩니다. 이들 학교는 1년에 두 번씩 일반학교에서 전입생을 받고 있습니다. 학생들에게 자신의 진로를 바꿀 기회를 주자는 취지입니다.

이와 같이 특색 있는 교육과정을 만들기까지 많은 교사의 헌신과 열정, 그리고 피땀 어린 노력이 뒤따랐습니다. 대안교육에 온몸으로 헌신하다 먼저 하늘의 별이 된 백두선 선생님이 떠오릅니다. 선생님의 영전에 다시금 조의를 표합니다.

저는 이분들에게 보상 없이 헌신만 강요한 듯하여 늘 미안하고 고마운 마음입니다. 교사들에게 헌신만 강요하는 대안교육이 아니라 교육과정과 시스템으로 운영되는 대안교육의 방향성을 그리고 있습니다.

미인가 대안교육의 제도화　우리 도에는 약 20개의 미인가 대안교육시설에서 660여 명의 아이들이 교육을 받고 있습니다.

이들은 학교 교육과정에 적응하지 못했거나 자신이 원하는 교육을 받기 위해 이런 교육시설을 찾은 것입니다. 이곳은 수업을 이수해도 미인가교육시설이기 때문에 학력을 인정받을 수 없습니다. 이런 불이익을 감내하면서도 비싼 수업료를 내고 미인가교육시설을 다니는 것입니다.

앞으로도 이들이 소외받지 않고 자신의 꿈과 미래를 설계할 수 있도록 다각적인 지원방안을 마련해가야 할 것입니다.

미인가 대안학교를 보호해야 한다는 여론이 높아짐에 따라 마침내 2021년 '대안교육기관에 관한 법률'이 국회를 통과했고 2022년 1월에는 동법 시행령이 제정되었습니다. 그동안 법적 지위가 불안했던 미인가 대안교육시설을 대안교육기관으로 등록하는 법안입니다.

이로써 미인가 대안학교가 법적 지위를 부여받고 법적으로 인정되고 보호받는 대안교육기관의 정체성을 지니게 되었고, 이로 인해 취학의무가 유예되고 학교라는 명칭을 사용할 수도 있으며 대안교육기관지원센터 설치 등 교육부와 교육청의 지원을 받을 수 있게 되었습니다.

앞으로 이곳에서도 우리가 생각하지 못했던 교육과정이 펼쳐질 것입니다. 이런 면에서 전남의 대안교육은 미래교육을 향한 담대한 도전의 시작입니다. 그동안 학교 부적응 학생들만 다니는 곳이라는 편견을 벗고 학생들의 다양한 교육적 요구를 수용하는 곳으로 바라보면 우리 미래교육이 다시 발견되지 않을까 싶습니다.

미래교육을 향한 대안적 도전 미래를 향한 다양한 교육과정이 존재하는 학교를 그려봅니다. 인성교육, 생태교육, 체험교육, 교과융합형 프로젝트교육 등으로 내면에 잠재한 학생들의 역량을 이끌어내는 교육이 미래학교의 모습입니다. 주기적으로 교육과정을 바꾸고 수업방법을 바꿨시만, 학생과 학부모들의 교육적 요구는 더 다양해졌습니다.

앞으로도 전남교육은 학교 안이든 학교 밖이든, 우리의 미래를 이끌어갈 청소년들이 있는 곳은 어디서든지 그들이 건전하고 미래지향적인 민주시민으로 자랄 수 있도록 지원방안을 마련하겠습니다.

분리와 단절보다는 통합과 포용으로 미래사회를 이끄는 교육이 되도록 교육가족들과 함께 노력하겠습니다.

장애의 벽을 넘어 모두가 행복한 세상을

저는 교사로 재직하는 동안 전국교직원노동조합 활동을 하면서 장애인 교육권 확보를 위해 누구보다 뜨거운 관심과 열정을 바쳤습니다. 특히 2005~2006년 전국교직원노동조합 전남지부장 재임 시절에는 장애인 교육환경 개선을 위해 전남교육청 앞에서 45일 동안 천막농성을 벌이기도 했습니다. 그 결과 특수교육 지원 확대 등 26개 항의 합의를 이끌어내고 전남장애인교육권연대를 결성한 것은 지금도 큰 보람으로 여기고 있습니다.

시각과 청각 장애를 딛고 성공신화를 쓴 헬렌 켈러는 "희망은 볼 수 없는 것을 보게 하고 만질 수 없는 것을 느끼게 하고 심지어 불가능한 것조차 이룰 수 있게 만든다."고 했습니다. 그녀가 두 가지 장애를 극복한 힘도 '희망'이었습니다. 또한 그는 "앞을 볼 수 없는 것보다 더 비극적인 것은 꿈이 없는 것이다."라고 했습니다. 진정한 장애란 몸이 불편한 것이 아니라 희망이 없는 사람입니다.

지난번, 장애 인식 개선 차원에서 영화 〈학교 가는 길〉을 목포의 한 극장 전관을 전세 내어 우리 직원들, 특수학교 학부모님, 일반 학부모님들과 함께 관람했습니다. 서울 강서구에 있는 특수학교인 서진학교 설립과정을 다룬 다큐 형식의 영화입니다. 지역 주민들이 특수학교를 혐오시설로 규정하여 번번이 설립을 저지하였지만, 장애학생 부모들이 무릎 꿇고 눈물로 호소하여 마침내 학교를 설립하기에 이르는 내용의 감동적인 영화였습니다.

서울 서진학교의 사례에 비추어 볼 때, 올봄 개교하는 '광양햇살학교'
는 모범 사례라 아니할 수 없습니다. 전남 동부지역 특수학교의 과밀을
해소하고 장애 학생의 원거리 통학에 따른 불편을 덜어주기 위해 광양햇
살학교 설립을 준비 중입니다. 광양햇살학교는 광양시 옥룡면 주민들의
동의와 전폭적인 지원 속에서 폐교된 옥룡중학교 부지를 활용하여 설립
한 모범 사례입니다. 옥룡면 주민과 옥룡중학교 동문 여러분께 감사와 존
경의 인사를 올립니다.

　장애가 있는 자녀를 둔 부모님의 소원은 아이보다 하루라도 늦게 죽
는 것이라고 합니다. 가슴 아픈 현실입니다. 전남의 3,900여 명의 특수교
육대상 학생에게 용기를 주고 학부님들께도 위로와 힘이 되는 정책을 펼
쳐야겠다고 항상 유념하고 있습니다.

　저는 장애 학생 직업문제에 깊은 관심이 있습니다. 장애 학생들에게
직업을 갖는 것은 인간의 존엄성을 실현하는 기본적인 조건이라고 생각
해 왔기 때문입니다.

　장애 학생들이 학교에서 직업교육을 받고 졸업하여 장애인 작업장이
나 장애인 채용 기업에서 일하고, 점심 먹고 퇴근하여 근처 장애인복지센
터 등에서 휴식과 재활운동을 하고 저녁에 귀가하는 꿈을 꾸고 있습니다.
그렇지 않으면 특수학교, 특수학급 졸업 후 다시 집안에 갇히게 됩니다.
화급한 일이 아닐 수 없습니다.

　미래에는 정보 접근력에 따라 빈부가 좌우된다고 하는데, 정보화가
진행될수록 장애인들은 더 높아진 정보의 장벽에 부딪힙니다. 비장애인
들에 비해 정보화 기기에 접근하기가 쉽지 않기 때문입니다. 그래서 특수
학교의 스마트교육환경 개선에 특별 예산 지원이 필요합니다.

　장애는 조기에 발견하고 지원하는 것이 중요합니다. 장애 영유아를

지원하기 위해 통합교육 거점 유치원을 지정해서 운영하고 있습니다.

가정, 학교, 사회가 협력해야 영유아부터 평생교육까지 맞춤형 특수교육을 지속해갈 수 있습니다. 그래서 통합교육 지원체제를 구축하고 교육청-특수학교-특수교육기관-병원 등 지역 유관기관과 협력해 '행동중재지원단'을 구성한 것입니다. 이처럼 아이들 가까이 있는 지역 중심의 특수교육 생태계 구축은 전남의 모든 지역에 안정적으로 정착되어야 할 과제입니다.

앞으로도 전남교육은 장애학생들이 주체적 삶을 살아갈 수 있도록 꿈과 재능을 키워주는 교육에 최선을 다할 것입니다. 나아가, 공존과 배려의 공동체정신을 길러 따뜻한 사회, 정의로운 사회 건설에 이바지하도록 돕겠습니다.

"우리는 에듀택시, 에듀버스 타고 학교 갑니다."

(2021. 5. 20. 무안 일로동초)

세상에서 가장 안전한 전남의 학교를

우리에겐 'J방역'이 있다

2020년 5월, 전남교육정책연구소가 도민과 학부모를 대상으로 실시한 여론조사에서 주민직선 3기 전남교육감이 집중해야 할 최우선 과제로 '안전한 학교환경 조성'이 꼽혔습니다.

코로나19로 인한 학생들의 건강과 안전이 최대 관심사였던 당시 상황에서 나온 당연한 반응일지도 모르지만, 그만큼 학교에서 학생 안전에 대한 우려가 높았음을 보여주는 대목입니다.

지속되는 코로나의 위기 속에서도 전남의 학교들이 전국에서 가장 많은 등교일수를 확보하고 있으며, 학생과 교직원 감염률 또한 최저 수준임은 누구나 인정할 것입니다.

가정-학교-교육청-지방자치단체가 유기적으로 연결된 우리 교육청의 탄탄한 방역체계와 헌신적인 교직원들의 협력 없이는 불가능했을 것입니다.

신속한 전남교육방역체계 우리 교육청에는 '코로나 팀장', '코로나 과장'이라는 별명이 있습니다. 3년째 노란 안전복을 입고 매주 교육청 주간정책회의에서 가장 먼저 주간 코로나 상황을 발표합니다. 2019년 말부터 주간정책회의장은 온통 노란색입니다. 한 주간 각 실·과의 업무와 정책 방향을 논하기에 앞서 학교와 가정에서 학생과 교직원, 학부모님들의 안위를 먼저 살피는 것이 한 주의 시작인 셈입니다.

가장 빠른 어느 날 우리 직원들이 각자 개성에 맞는 일상복을 입는 순간을 꿈꿔봅니다.

대한민국의 'K-방역'이 세계적인 모범이 되었습니다. 국가에 K-방역이 있다면 우리 교육청에는 고도화된 '전남교육방역체계'가 있습니다. 저는 이를 'J-방역'이라 부르고 싶습니다. 전남도청과 우리 교육청이 긴밀히 구축해 학생, 학부모, 도민들의 안전을 지키고 학교의 신속한 교육 회복을 위해 협력해 가는 모범적인 사례이기 때문입니다.

지방자치단체 유관기관-교육청-교육지원청-학교-가정에 이르는 상시위기대응시스템을 통해 코로나19가 발생하면 전남도청과 코로나19 대응 TF팀이 신속히 정보를 공유하며 대응하고 있습니다.

앞으로도 전남교육은 현재의 상시 감염병 예방 시스템을 더욱 고도화하고 예방활동 범위도 확대해 나갈 것입니다. 특히 학교 방역소독 횟수를 지금보다 늘리고 각급 학교 감염병 대응 방역물품 지원을 확대하며, 소아·청소년 코로나19 백신 접종 확대를 권장해 나갈 것입니다.

코로나 우울을 물리치는 심리방역 그런데 문제는 '코로나 우울(Corona Blue)'이라는 마음의 병입니다. 코로나19가 장기화하면서 우울감이나 무력증이 늘어나는 추세입니다. 감염병은 백신으로 예방할 수 있지만 '마음의 병'은 백신도 없습니다.

학업과 입시 스트레스에 시달리는 학생들에게 코로나19는 엎친 데 덮친 격이 되었습니다. 지금 아이들에게는 학업 이상으로 '마음의 건강'도 중요합니다. 무엇보다 심각한 것은 '또래활동'을 예전처럼 할 수 없다는 점입니다. 놀이도, 관계망 형성 과정도 코로나19가 빼앗아갔습니다. 청소년 시기에는 친구들과 어울리면서 사회성과 문제해결 능력을 길러야 합니다. 아이들의 정신건강을 지켜줄 '심리방역'이 중요한 이유입니다.

우리 교육청은 다양한 학생 심리 치유 대책을 세워 추진 중입니다. 그 중 하나가 청정 자연환경을 활용한 '심리방역'입니다. 전남의 깨끗한 숲과 강, 바다 환경에서 에너지를 공급받아 면역력을 기르겠다는 취지였습니다. 전국적으로 보편화된 '생태방역(생태백신)'이라는 개념을 그때 처음 도입했습니다.

그런데 심리·정서건강 회복 문제는 교직원의 역량만으로는 힘에 부쳤습니다. 학교장과 교사들이 수업과 생활지도 외에 코로나 방역으로 과부하가 걸린 데다 심리·정서상담까지 감당해야 해서 힘들었습니다. 선생님들이 전문가의 손길을 간곡히 요청했습니다.

작년 초에 국립나주병원, 전남대 간호대학 등 지역 유관기관과 모여서 심리방역을 어떻게 할까 함께 고민했습니다. 그 결과 정신건강전문가가 학교로 찾아가서 정신건강 위기학생에 대해 전문적이고 실제적인 맞춤형 지원에 나서고 있습니다.

안전한 학교

우리 국민은 '안전'이라는 낱말을 떠올리기 전에 아픈 기억 하나를 끄집어내야 합니다. 세월호 참사입니다. 우리가 경각심을 갖지 않는 한 '제2의 세월호'는 언제 어디서 어떤 형태로 되풀이될지 모른다는 점에 유념해야 합니다.

학교 안전관리 강화 초등학교 학부모님께는 등하굣길 학생 교통안전이 큰 걱정거리입니다. 우리 교육청은 2020년 학교 앞 교통안전시설 개선 등

'등하굣길 교통사고 제로화'를 추진한 데 이어 어린이보호구역 교통안전 시설을 추가로 설치하고 있습니다. 스쿨존 안전시설도 추가 확충해야 할 것입니다.

학부모님께서 녹색어머니회에서 봉사하고 계시는데, 맞벌이 부부 중 가로 의욕과 달리 참여가 어려워 고민이 많으십니다. 그래서 지난해 지역 유관기관이나 단체들과 업무협약을 맺어 봉사, 캠페인, 교육활동을 지역과 함께해 가고 있습니다.

또한 안전한 과학실 환경 조성을 확대하고, 학교급식 위생·안전관리를 강화하며, 놀이시설을 개보수하는 등, 안전관리시스템을 확대 구축하여 운영할 것입니다.

2022년 중대재해처벌법 시행에 따른 대응체계로서 우리 교육청은 중대재해예방팀을 신설해 학교장 등 관리자를 대상으로 학교 현장에서 세밀한 관심을 갖고 더 안전한 근로 환경을 구축하도록 각종 활동을 전개해 나갈 것입니다.

직업계고 안전한 현장실습 가슴 아프게도 지난해 우리 직업계고 학생이 현장실습 중 불의의 사고로 유명을 달리했습니다. 직업계고 현장실습 관리·감독의 주체인 교육감으로서 꽃다운 생명을 지켜주지 못한 책임을 통감했습니다. 사고 후 300여 곳 현장실습업체에 대한 안전점검을 마쳤고 전국시도교육감협의회에 재발 방지 결의문과 현장실습 제도 개선 정책위원회 구성을 이끌어냈습니다. 뼈를 깎는 아픔과 각오로 현장의 목소리를 귀담아 들으며 거듭날 것을 약속드렸습니다.

교육부가 지난해 말 '직업계고 현장실습 추가 개선방안'을 발표했습니다. 그런데 현장실습 참여 학생의 수업결손 대책이 갖춰져 있지 않고 현장실습기업의 관리·감독 강화에 한계가 있었습니다.

이에 저는 전국 직업계고 공통으로 채용약정형 현장실습 시기 조정을 포함해서 직업계고 교육과정 정상화 방안을 마련해야 한다고 주장했습니다. 현장실습 기업에 대한 안전점검 및 관리감독이 실효성 있게 추진되도록 고용노동부의 역할과 책임을 명시하고, 현장실습학생 수당의 기업부담이 감소함에 따라 기업의 책무성 강화 방안이 마련되어야 한다고 추가 대책 마련을 촉구했습니다.

올해부터는 직업계고 산업안전보건교육, 노동인권교육을 실시하여 안전한 일자리 확보에 주력할 계획입니다. 직업계고 학생의 안전을 보장하는 정부의 현장실습방안이 나올 때까지 끝까지 책임지고 노력하겠습니다.

"학교는 세상에서 가장 안전한 곳이어야 합니다."

(2021. 3. 2. 광양중진초 학생 등교맞이)

제5장

모두가 빛나는
미래

"오늘의 아이를 어제처럼 가르치면 아이의 미래는 없다."

(존 듀이)

어떤 미래인가?

OECD 미래교육 시나리오

2020년 OECD는 현 교육 상황에 대한 진단을 토대로 20년 후 학교교육의 방향과 트렌드를 예측하는 보고서를 발간했습니다. 보고서는 크게 미래 학교교육에 대한 네 가지 시나리오를 제시합니다.

첫째는 정규 학교교육의 지속 및 연장 시나리오입니다. 전통적 학교의 틀은 유지되지만 다양한 혼합 교수방법이 등장해 수업 방식이 유연해지고 교과목 간 경계가 모호해집니다. 학교도 자원봉사, 파트타임, 비대면 등 다양한 조건하에 채용된 교직원들과 교육로봇이 학습콘텐츠를 전달합니다.

둘째 시나리오는 사회 변화에 따른 전통적 학교제도 해체 및 교육을 외부 기관에 위탁(아웃소싱)하는, 교사를 대신하여 다양한 형태의 민간 혹은 지역사회가 학교교육의 대안으로 떠오릅니다. 특히 교육 사립화에 대한 요구가 높아지면서 공공 교육체제가 난관에 부딪힙니다. 홈스쿨링과 튜터링, 온라인 학습, 지역사회 기반 교수·학습 활동 등 교육의 형태도 다양한 실험이 이뤄집니다.

셋째는 학교와 지역사회 연결 및 학습 허브로서의 혁신적 역할이 강조되는 모델입니다. 학교제도는 존속하나 다양하고 실험적인 교육방법론이 시도되며, 학교가 일종의 '학습허브(Schools as Learning Hubs)' 기능을 담당하게 됩니다. 학교 활동은 학교라는 벽을 넘어 더 광범위하고 역동적인 지역 내 교육생태계의 중심축으로서 서로를 연결하는 역할을 합니다. 또 학교는 교사가 아닌 전문가들이 교수활동에 참여할 수 있도록 개방됩니다.

넷째는 디지털 테크놀로지의 활용 및 학습의 상시화 시나리오입니다. 교육은 언제 어디서나 이루어지며, 정규교육과 비정규교육의 구분이 더 이상 유효하지 않게 됩니다. 인공지능, 가상현실, 증강현실, 사물 인터넷 등이 학교를 지배하게 되고 기존 교육과정과 학교체계 같은 구조들이 무너집니다. 사회 전체가 학교가 되어 학습기회가 언제 어디서든 주어지는 사회에서 살게 됨에 따라, 교사라는 전문직이 사라지고 개인 학습자가 자신의 학습의 생산자이자 소비자(프로슈머)가 되는 상황이 전개됩니다.

이상과 같은 OECD 미래 학교교육 시나리오는 학교교육의 형태와 주요 기능의 변화, 교직 및 교사의 역할 변화 등과 관련해 여러 가지 성찰거리를 줍니다.

결국 이러한 물음은 급변하는 사회에서 교육의 미래를 준비함에 우리의 지식을 얼마나 효과적으로 활용하는지, 얼마나 잘, 신속하게 행동으로 옮기는지에 성패가 달려있다고 볼 수 있습니다.

인간을 중심에 둔 미래

미래사회는 어떤 관점에서 보느냐에 따라 그 성격을 규정하는 용어 또한 다를 수 있습니다. 지식정보기술 사회, 디지털 사회, 네트워크 사회, 뉴노멀 사회, 고령화 인구절벽 시대, 다문화 사회, 기후변화 시대, 양극화 사회, 4차 산업혁명 시대 등이 그것입니다.

하지만 미래를 어떤 측면에서 규정하든 아이들은 이러한 사회적 특성을 총체적으로 직면하게 될 것이므로, 교육은 늘 이러한 특성에 대한 깊은 통찰에서 출발해야 합니다.

미래사회의 특성을 종합적으로 고려할 때, 학교는 인공지능, 사물인터넷, 로봇기술, 생명공학을 기반으로 한 4차 산업혁명이라는 거대한 변화의 물결 앞에 놓여 있음에 틀림없습니다.

디지털 대전환과 원격교육 시대 도래에 따른 학교의 기능과 역할, 교사의 역할, 교수학습방법론 그리고 시간과 공간은 물론 격식마저도 파괴하는 교육행정 등에 대한 새로운 모델이 나올 것입니다.

이미 교육 선진국들은 강의실 없는 학교, 온·오프라인 혼합교육, 학습자 자기주도학습 등 대안적 교육시스템을 적극적으로 도입하고 있습니다. 우리나라도 최근 미래교육을 받아들이기 위해 교육환경을 개선하고 있으며, 교육 방식과 내용 등을 새롭게 개편하려는 움직임을 보이고 있습니다. 여기에 코로나19 팬데믹과 기후위기 등이 겹치면서 변화 속도는 더 빨라졌습니다. 우리는 이런 변화를 지난 2년간 경험했습니다. 그 과정에서 인공지능(AI)교육이 만능해결사인 것처럼 교실을 휘젓고 있습니다.

하지만 미래교육이 에듀테크에 국한되어서는 안 될 것입니다. 공자가 가르친 회사후소(繪事後素)의 정신으로, 우리 교육도 먼저 인간됨을 본질로 회복하는 것이 미래를 준비하는 가장 빠른 길이 아닐까 생각합니다. 결국 우리가 추구하는 미래교육은 '인간', '배움', '성장' 같은 변하지 않는 가치들로 채워져야 합니다. 우리가 원하는 진정한 미래는 인간다움이 바탕이 되고 인간다움을 실현할 수 있는 성숙한 사회여야 하기 때문입니다.

우리 교육이 추구하는 미래의 인재상은 '가장 인간다운 활동을 할 수 있는 인간'이라고 정의할 수 있을 것입니다. 기계가 할 수 없는 한 단계 높은 차원의 인간적 가치와 능력을 개발하는 교육으로의 전환이 필요한 시점에 와 있는 것입니다.

미래는 '새로운 표준'을 만들어 갑니다

　우리 교육은 불확실한 미래를 대비하고 있는가? 아이들이 미래의 삶을 준비할 수 있도록 교육하고 있는가? 전남교육을 책임지고 있는 우리에게 묻고 또 물어야 할 질문입니다.

　미래를 향한 다양한 교육과정이 존재하는 학교를 미리 그려봅니다. 학생 중심, 체험 중심, 가치 중심, 역량 중심 수업으로 내면에 잠재한 학생들의 역량을 이끌어내는 교육이 미래학교의 모습입니다. 2년 전 우리 교육청은 2030 전남미래교육종합발전 방안을 수립하여 미래교육에 대한 청사진을 밝힌 바 있습니다. 전남의 어느 초등학교 김미래 학생의 학교와 지역에서의 배움과 성장을 중심으로 10년 후 어떻게 변화하는지를 보여주는 청사진이었습니다.

패러다임의 변화에 선제적 대응　앞서 우리는 2020년 OECD가 발표한 미래교육 시나리오를 잠깐 살펴봤습니다. 어떤 시나리오에 처하든 분명한 것은 획일화, 표준화된 방식으로 지식을 주입하는 근대 학교교육의 유효기간은 끝났다는 것입니다.

　이제 우리는 지난 교육의 패러다임을 과감히 버리고 새로운 미래를 지금 당장 준비해 나가야 합니다. 200년 이상 지탱해온 근대학교의 모습과 학교 역할에 근본적인 변화가 급속도로 진행될 것이기 때문입니다.

미래교육, 학생들에게 나침반을 쥐여주는 것

　과거에는 미래를 예측하고 그에 맞춰 인재들을 길러왔습니다. 지금은 기술이 사람의 역량을 앞서가고 있습니다. 우리가 했던 많은 일을 AI가 대체하고 있습니다. 그 속도는 너무나 빨라 숨쉬기도 힘듭니다. 변동성, 불확실성, 복잡성, 애매모호함으로 가득한 미래사회에서 우리 학생들은 어떻게 성장해야 할까요?

자신의 삶을 다른 사람들이 결정하지 않고 자기 스스로 결정하여 행동의 객체가 아닌 주체로서 자신의 미래를 스스로 만들어가야 합니다. OECD 교육국장 안드레아스 슐라이허는 "교육에서의 성공은 무언가를 가르치는 것이 아니라 학생들이 복잡한 세상에서 나아갈 수 있는 믿을 만한 나침반을 쥐여주는 것이다."라고 말했습니다. 그렇습니다. 빠르게 변화하며 불확실성으로 가득한 세상에서 자신이 원하는 미래를 향해 어떻게 나아가야 하는지 방향과 방법을 스스로 결정하고 행동할 수 있도록 교육적으로 지원해야 합니다.

학생들이 물리, 화학, 생물 등을 잘하는 것이 아니라 과학자처럼 생각하고 과학적인 질문의 본질을 이해해야 합니다. 이를 위해서는 적극적인 학습이 필요하고 학습에 대한 에너지, 흥미, 학습동기 등이 끊임없이 생겨날 수 있도록 학생들의 자기주도성을 길러주어야 합니다.

KTX가 달리기 위해서는 KTX 철로를 새로 깔아야 집단적 효율성이 강조된 교실 공유 교육 시대는 가고 개인의 개성과 욕구가 특화된 인공지능, 원격교육 시대가 도래했습니다. 근대 산업사회 시대의 틀에 박힌 학교체제로는 학생들의 자기주도성을 기르는 미래교육을 품을 수 없습니다.

당연히 기존 교육의 패러다임은 바뀌어야 하고 온라인 환경에 맞는 새로운 교육정책과 지침이 마련되어야 합니다. KTX가 달리기 위해서는 KTX 철로를 새로 깔아야 합니다. 이렇듯 온라인 환경에서는 다양한 학생 중심의 수업, 개인별 역량 평가 방식 등 새로운 교육정책과 패러다임이 요구되고 있습니다.

교사의 역할도 변해야 합니다. 이제는 단순한 교과 전문지식 전달자를 뛰어넘어 안내자(가이던스), 즉 상담가(카운슬러)의 역할을 해야 합니다. 교사들은 아이들의 발달단계에 맞는 상담이나 진로진학과 관련한 지도 능력을 키워야 합니다.

미래세대를 책임지는 사범대와 교대도 바뀌어야 합니다. 교육과정을 재구조하고 교수·학습 방법론을 획기적으로 변화시키며, 학생의 발달단계에 걸맞은 심리학과 상담기법 전문가를 길러내야 한다는 얘기입니다. 이와 관련하여 교육계를 중심으로 교원양성체제 혁신에 대한 논의가 활발히 진행 중입니다.

미래교육을 위해서는 이를 지원하는 교육행정도 혁신해야 합니다. 원격학습이 시간과 공간을 뛰어넘듯, 교육행정도 시간과 공간을 뛰어넘어야 합니다. 이를 위해서는 교육부가 초·중등 교육 권한을 과감히 시·도 교육청으로 이양하고 제도 지원 중심으로 가야 합니다.

에릭 리우가 쓴 『민주주의의 정원』이라는 책이 있습니다. 이 책에서 저자는 "민주주의를 가꾸기 위해서는, 정부는 큰 비전과 정책을 세우되 그 구체적 실천은 주체들에게 맡겨야 한다."라고 이야기하고 있습니다. 교육부 권한을 교육청과 학교 구성원들의 자발성, 협력, 창의에 맡겨야 한다는 것입니다. 이것은 이미 코로나19 원격수업 과정에서 우리 교사들이 실증적으로 보여준 것입니다.

'혁신을 넘어 미래로, 역량이 미래다.'

(2020. 6. 11. 전남 미래교육 공청회)

미래교육 기반 구축

미래교육, 교육과정이 출발입니다

학교는 교육과정이 시작이고 끝입니다. 따라서 미래교육에 대한 논의가 교육과정에 기반을 두고 출발해야 함은 자명합니다.

교육과정은 몸의 균형을 잡는 척추와 같고 살아있는 심장과도 같습니다. 그동안 표준화된 획일적인 교육과정에 익숙해진 우리에게 앞으로는 교육과정을 편성해야 할 책임이 주어지고 있습니다.

전남에 터전을 둔 학교와 학생들이 다양한 빛깔을 내고 성장하기 위해서는 전남의 실정에 맞는 교육과정 개발이 필수적이며, 이러한 틀 속에서 학교와 학생의 실정에 맞는 학교 수준의 교육과정이 고안되어야 합니다.

전남의 교원들, 새로운 교육과정 주도하다 2021년 교육부에서 「2022 개정 교육과정 총론 주요사항」을 발표하였습니다. '지역 교육과정', '학교교육과정'이라는 용어가 새롭게 도입되었습니다.

새로운 교육과정은 기존 교육과정 개발 단계에서 소홀했던 교사의 전문성을 존중하고 현장 경험에 대한 신뢰를 바탕으로 한 개발이 필요합니다.

교육과정은 교실에서 학생과 교사가 만나는 지점에서 실현됩니다. 그럼에도 그동안 교육과정이 국가 주도로, 이론가 중심으로 이루어지다 보니, 교실에서 교육과정을 실현하는 교사가 교육과정에서 주도권을 잃고 소외되는 모순이 있었습니다. 이번 개정의 방향은 교육과정을 학생, 교사, 학교, 지역에 돌려준다는 점에서 의미가 있습니다. 교육과정에 대한 분권과 자치의 측면에서 시·도교육청과 학교로 권한을 배분한 이번 개정을 환영합니다.

이번 전남교육과정 개발은 '전남교육과정 현장 네트워크'와 협치를 통해 추진하려고 합니다. 전남교육과정 현장 네트워크는 전국시도교육감협의회가 주관하여, '국민과 함께하는 2022 개정 교육과정'에 교직원의 참여를 위해 전국에 구축한 네트워크입니다.

전국 교육과정 현장 네트워크 중 전남이 전국적으로 가장 주목받고 있습니다. 회원이 400여 명으로, 전국 구성원의 약 20%를 차지할 정도로 전국 최다 구성원을 보유하고 있습니다. 올해는 그 두 배가 넘는 900여 명이 자발적으로 신청하여 전국을 놀라게 하고 있습니다.

이렇듯 회원이 많다는 것은 이 활동이 교사들에게 교육과정의 주도권을 회복시키는 '운동' 차원에서 진행되고 있다는 점에서 매우 큰 의미가 있습니다. 코로나19 상황에서도 매주 1~2회 온라인으로 모여 함께 공부하고 연구하고 사례를 나누고 나아가 2022 개정 교육과정의 흐름을 주도하는 건설적인 제안을 하고 있습니다.

전남교육과정 현장 네트워크 교원과 교육전문직원들이 정말 자랑스럽습니다. 저는 전남 교원들의 밑으로부터의 열정을 믿고 함께 힘 있게 전남교육과정 개발을 추진하려고 합니다. 그뿐만 아니라 도민과 함께 거버넌스 체계를 구축하여 사회적 합의를 통한 민주적 과정 자체를 존중해 가며 만들어갈 계획입니다.

미래형 전남교육과정의 상 우리가 만들어낼 미래형 교육과정은 학습자 주도성이 발현되는 교육과정이어야 할 것입니다. 잘 설계된 학교 교육과정은 미성숙한 아이들이 다양한 경험을 통해 성장하며 삶의 주체자로 살아가도록 도울 수 있습니다.

한 아이의 미래를 키우는 곳이 학교입니다. OECD Education 2030 연구보고에 따르면, 교육의 목적이 기존 '성공' 개념에서 '웰빙' 개념으로 바뀌고 있습니다. '개인과 사회의 웰빙', '학생의 행위주체성의 발현'을 교육의 목적으로 제시하고 있습니다.

전남의 미래교육에서도 '학생 주도성'을 길러주는 교육을 강화하려 합니다. 학생은 도전과 시행착오를 통해 스스로 배우고 성장해야 합니다. 개인의 문제를 넘어 삶의 공간에서 사회에 대한 책임감을 가지고 공동체에 긍정적인 영향을 미치는 배움이 필요합니다. 그러기 위해서는 전남교육과정 개발 단계에서부터 학생들의 참여는 필수적일 것입니다.

학생 참여는 물론 미래교육에 대한 도민의 사회적 합의를 바탕으로 한 범민주적 과정이 살아있는 교육과정이 되어야 합니다. 국가 교육과정을 존중하고 분권과 자치의 전남 지역 가치를 실현하는 교육과정이 필요합니다. 그리고 시·군과 학교 단위의 자치를 중심으로 교사교육과정을 지원하는 교육과정이 되어야 합니다.

미래교실을 설계하며

<u>예고 없는 미래, 중단 없는 배움</u> 코로나19의 대유행으로 전남교육청과 학교는 온라인 비대면교육, 온·오프라인 혼합 학습(Blended Learning) 등 그동안 한 번도 경험해 보지 못한 여러 가지 교육공학적 시도를 해야 했습니다.

사상 초유의 코로나 위기에서 우리 교육청은 교사와 학생들이 원격수업에 쉽게 적응하게 하는 것이 급선무였습니다. 전남 e-학습터를 비롯한 온라인 플랫폼을 잘 활용하기 위한 교사 연수를 화상을 통해 활발하게

실시하였습니다. 대면수업에만 익숙해 있던 교사들이 먼저 알아야 하고 변해야 했기 때문입니다.

놀랍게도, 열정적이고 현명한 전남의 교사들은 전남만의 온라인 학습 플랫폼「전남교실 ON 닷컴」을 개발하여 적극 활용했습니다.「전남교실 ON 닷컴」은 코로나19가 낳은 전남교육 최대 걸작이 되었습니다.

이 플랫폼은 단순히 콘텐츠 제공 형태에 머물지 않고 수업 진행 절차에 따라 학생과 상호 소통할 수 있는 시스템입니다. 특히 로그인하지 않고 웹이나 앱을 활용하며, 시간과 장소의 제약이 없이 접근이 매우 쉽고 간단하여 전국의 많은 학생과 교사들의 인기를 얻었습니다.

「전남교실 ON 닷컴」은 세계적인 온라인 교육시스템으로 활용될 가능성을 보여주며 코로나19 대응 교육 분야 우수 사례로 세계에 소개되기도 했습니다.

이처럼 전남교육청은 위기 속에서 상황을 극복하고 헤쳐나가기 위해 모든 학교에 중단없는 교수·학습 환경을 세심하게 준비하고 미래형 수업 환경을 구축했습니다. 한 마디로 교원들의 열정과 준비된 역량으로 '미리 온 미래'를 선제적으로 앞당긴 것입니다.

창의융합교육, 날개를 달다

미래형 인재를 키우려면 잘 고안된 창의융합교육이 필수적입니다. 2022 개정 교육과정에서도 강조될 디지털 기초 소양교육은 물론 학교급별 체계적인 인공지능(AI) 교육과정을 마련하고 모든 학교에서 인공지능과 소프트웨어(AI·SW)교육 연계 창의융합형 미래교육과정 운영이 준비될 것입니다.

이러한 교육과정의 바탕에서 다음과 같이 입체적인 창의융합교육을 펼쳐가려 합니다.

먼저, 인공지능(AI) 시대에 필요한 융합역량 함양을 중심으로 하는 인공지능(AI) 교육 선도학교, 온라인 콘텐츠 활용 교과서 선도학교 및 인공지능(AI) 융합교육 중심 고등학교 등을 내실 있게 확대 운영합니다.

둘째, 인공지능(AI) 기반 지능형 학습 분석 서비스를 제공하고 인공지능(AI) 튜터와 교사가 협업하여 학생 개개인의 수준과 상황에 맞게 학습할 수 있도록 지원하여 기초·기본학력을 키웁니다.

셋째, 4차 산업혁명 시대를 이끌어갈 인공지능(AI) 우수 인재 양성을 위해 과학, 수학, 정보 등 인공지능(AI) 핵심 교과 맞춤형 교육을 강화합니다. 지역 유관기관 및 대학과 연계하여 초·중·일반고·특성화고 학생을 대상으로 인공지능(AI) 미래인재 양성 프로젝트를 다양하게 운영하며, 한전 KDN 및 조선대학교와 함께하는 '주말 찾아가는 인공지능교육'도 운영합니다.

넷째, 교직원의 업무를 줄여주고 학생들과의 인간적인 만남, 학생 개개인의 성장을 지원하는 교사의 본질적인 역할에 집중할 수 있도록 단순하고 반복적인 부분을 대신할 인공지능 개인 비서, 챗봇 등을 지원합니다.

다섯째, 코로나19 같은 재난 상황에서 교직원이 언제 어디서나 업무를 할 수 있고 학생 개개인의 정보를 빅데이터화할 전남형 클라우드를 구축합니다. 또한 전남 지역이 넓게 분포되어 있는 특성을 고려하여 메타버스 플랫폼을 구축·운영함으로써 다양한 교육 활동에 소외된 학생이 줄어들게 됩니다.

여섯째, 전남의 학생들이 지속적이고 체계적인 에듀테크를 활용하여 창의융합교육을 받을 수 있도록 전국 최초로 22개 모든 시·군에 창의융합교육관을 구축합니다. 이를 통해 지역 단위로 수업 연계 창의융합교육 시스템을 마련하여 지속적이고 체계적인 미래핵심역량 중심 교육활동이 전개될 수 있습니다.

이를 통해 전남 학생이면 누구나 첨단과학기술을 활용한 문제해결력, 인문학적 상상력과 창조력, 다양한 지식의 융합역량을 갖추게 될 것입니다.

전남의 미래교육 대전환은 선택이 아닌 필수입니다. 아이들이 미래사회를 주도할 역량을 기를 수 있는 곳이 바로 전남이라는 확신을 갖고 모두가 빛나는 지속 가능한 전남교육을 위해 더욱 힘차게 달려나가야 합니다. 그리하여 10년 후 전남의 학생들이 장차 대한민국을 넘어 세계의 변화를 주도하는 소중한 인재로 성장하기를 기대합니다.

"창의융합교육으로 미래인재를 키웁니다."
(2021. 7. 2. 전남형 그린스마트 미래학교인 목포용호초등학교에서)

전남형 미래학교

넘나들며 성장하는 미래형 통합운영학교

　미래사회로의 진입을 앞두고 교육 패러다임에 급격한 변화가 일어나면서 전남교육도 치열한 도전을 시작했습니다. 그중에서 가장 시급히 대응해야 할 문제는 출산율 저하에 따른 학생 수의 급격한 감소입니다. 이는 교사와 학교의 존재 의미도 퇴색시키고 지역사회의 생존까지 위협할수 있는 절체절명의 위기임을 누구도 부정할 수 없을 것입니다.

　제아무리 좋은 교육정책을 내놓은들 교육 대상이 없으면 무슨 소용이 있겠습니까? 학령인구 감소는 갑자기 닥친 것이 아니라 지속적으로 경고되어 온 문제이며, 특히 전남에서는 그 위험도가 임계점에 이르러 전남교육은 더 이상 피할 수 없는 선택의 지점에 놓여 있습니다.

　2020년 통계청의 인구동향 조사에 따르면, 우리나라 합계 출산율은 0.84명으로 세계에서 가장 낮습니다. 2020년부터는 전체 출생아 수보다 사망자 수가 많아 인구가 줄어들기 시작했습니다. 이런 추세라면 지방자치단체 상당수가 30년 내 소멸할 수 있다는 분석도 나옵니다.

　국회 서동용 의원실은 국정감사 자료를 통해 "30년 후 우리나라 전체 시·군·구 229곳 중 절반에 육박하는 107곳(46.7%)이 소멸할 가능성이 크다."고 분석했습니다. 전남의 경우 22곳 중 17곳이 소멸위험 지역으로 분류됐습니다.

　이는 무엇을 의미하겠습니까? 학령인구(6~21세) 감소가 가져올 학교의 소멸입니다. 1980년 1,004만 명(유치원 포함)이던 우리나라 전체 학생 수는 2021년 595만 명으로, 41년 만에 무려 40.7%가 줄었습니다. 학생 수 감소는 도시보다 농산어촌에서 더 빠르게 진행되어 전남교육을 옥죄고 있습니다. 전남의 학생 수는 2012년 26만 8,000명(유치원 포함)에서 2021년 20만 3천 명으로 9년 만에 24.2%나 감소했습니다.

이 때문에 지속적으로 폐교가 발생해 지금까지 833교가 문을 닫았습니다. 현재도 학생 수 60명 이하 소규모 학교가 377개로 전체 초·중·고교 (874교) 가운데 43%를 차지하며, 그중 30명 이하 과소규모 학교도 22%에 달합니다. 이대로 가면 전남에 몇 개 학교나 살아남을 수 있을지 걱정입니다. 전남은 교육여건이 열악한 작은학교, 섬 지역 학교, 원도심 학교가 전체 학교의 절반이 넘는 66.7%를 차지합니다. 특히 면 단위 중학교의 극소규모화는 물리적·정서적으로 열악한 교육환경으로 이어지고 학생들의 정상적인 학습권마저 심각하게 위협하고 있습니다.

학교가 문을 닫으면 거기에 그치지 않고 지역공동체의 붕괴로 이어질 가능성이 크다는 데 문제의 심각성이 있습니다. 출산율 저하와 인구 감소, 이로 인한 학생 수 감소와 학교 통폐합, 지역사회 공동화의 악순환의 고리를 더 이상 방치해서는 안 됩니다. 우리 지역의 지속 가능한 상생을 위해 학교를 살리는 것은 미룰 수 없는 중요한 과제입니다. '응변창신(應變創新)'의 자세로 변화에 선제적으로 대응하며 새로운 길을 개척해야 할 것입니다.

작은학교의 해법, 미래형 통합운영학교　도시로 떠나는 사람(학생)들의 발길을 붙잡고 되돌리는 방안이 최선이겠으나 다양한 사회 인프라가 잘 갖추어진 도시 생활을 선호하는 분위기상 현실적으로 쉬운 일은 아닙니다.

그렇다면 도시의 학교들과 차별화되는 전남 학교만의 전략이 무엇이겠습니까? 작은 학교의 장점을 살리면서도 앞으로 지역교육 생태계의 구심점이 될 수 있는 학교의 형태는 '통합운영학교'라는 결론에 이르게 됐습니다.

물론, 이전에도 통합운영학교가 없었던 것은 아닙니다. 전남을 비롯한 전국에서 학생 수 감소가 본격화한 90년대 후반부터 통합운영학교가 도입됐으나, 기존 통합운영학교는 교육과정 연계 운영이라는 교육의 본질적 측면을 살리기보다는 예산 감축에 비중을 둔 물적·인적 자원의 통합운영에만 그친 탓에 매력적일 수 없었던 게 사실입니다.

전남의 특성상 1면 1교를 통한 작은학교 살리기 기조는 가급적 유지하되, 이제는 새로운 발상의 전환이 필요했습니다. 새롭게 추진하는 통합운영학교는 근거리 동일 학교급 간 학교를 통폐합하는 것과도 구별되면서 통합운영의 실질적인 취지를 살려내는 것이 핵심과제입니다. 즉, 동일 지역 내 다른 학교급의 소규모 초·중 혹은 중·고를 통합하되 미래교육에 최적화된 교육환경과 교육체제를 갖춘 학교를 만들어야 하는 것입니다. 당연히 실질적인 교육의 통합운영이 되도록 초등학교와 중학교 교육과정을 긴밀히 연계하고 교육자원을 함께 활용하는 것들이 중심이 되어야 합니다.

전남의 미래형 통합운영학교가 추구하는 가장 큰 목적은 학교급이 서로 다른 학교들의 연계를 통한 교육 경험 확대 및 학생 개인별 성장에 따른 맞춤형 교육의 실현입니다. 또한 교육공동체가 상호 소통하고 협력하는 민주적인 학교를 지향합니다.

미래형 통합운영학교는 폐교 위기의 학교 간 교육과정, 시설, 인적 자원 등의 통합을 통해 학생의 학습권을 보장함으로써 오히려 소규모 학교를 살리는 정책이라 할 수 있습니다. 현재 교육부의 방침만 놓고 보면, 당장 통합하지 않고도 작은 학교를 유지할 수도 있겠지만 이는 간신히 생명을 유지하는 것에 불과합니다. 너무 작은 학교는 교육과정 운영 측면에서 효율적인지 의문이고 학생의 교육활동 범위나 학교의 사회화 기능이 제한적일 수밖에 없기 때문입니다.

초·중 통합운영학교의 경우, 공동캠퍼스에서 초등학교에서 중학교까지 연계 교육과정을 운영함으로써 경직된 학제에서 벗어나 9년간의 유연한 교육체제를 구현할 수 있습니다. 일정 규모의 학생 수를 유지함으로써 지원 대상으로서의 학교의 조건을 갖추기 때문에 지속적인 교육환경 개선과 인적·물적 투자를 이끌어낼 수도 있습니다. 특히 통합운영학교 도입에 따른 교육부의 재정 지원을 통해 최첨단 미래 교육환경을 갖추고 행정 시스템도 일원화하여 학교운영의 효율성도 높아질 것입니다.

이는 학생 유입 및 증가를 이끌어내고 겸임이나 순회교사 없이 안정적으로 교육의 질을 높일 수 있는 선순환으로 이어질 것입니다. 또한 공동캠퍼스를 구축하고 남은 유휴건물은 지역민이 함께 사용할 수 있어 일석이조의 효과를 기대할 수 있습니다.

통합운영학교, 남겨진 숙제들 어려움이 없었던 것은 아닙니다. 가보지 않은 길에 대한 불안과 의구심은 가장 큰 장애물이었습니다. "발달단계가 다른 아이들을 함께 가르친다는 것이 과연 가능한 것이냐, 일반 학교와 다른 교육과정을 운영한다는데, 진학에는 문제가 없을 것이냐, 법과 제도가 갖추어지지 않은 상태에서 교차지도도 불가능한 실정인데 통합운영이 효과적일 수 있겠느냐." 등의 우려 섞인 목소리도 나왔습니다.

그러나 이 모든 우려는 통합운영학교의 지향점이 아닌 방법적인 것에 대한 걱정들입니다. 실패할지도 모를 실험을 하는 것이 아니라 조금씩 더 나은 결과를 위한 방법을 찾아가는 과정입니다. 시간이 좀 걸릴지라도, 혁신을 위해 '익숙한 것과의 결별'이 필요한 시점입니다.

미래형 통합운영학교가 성공하기 위해 가장 중요한 것은 교육과정의 통합운영입니다. 이를 위해 현행 학제를 뛰어넘는 제도의 변화와 초·중등 교차지도가 가능하도록 법령 개정이 시급합니다. 통합운영학교에 근무하는 교사의 자발성과 열정을 이끌어내고 학교급 간의 이질성을 극복하기 위한 학교문화 조성도 풀어야 할 숙제입니다.

이미 〈초·중등교육법〉 개정 제안이 전국시도교육감협의회 안건으로 채택되어 대정부 건의를 통해 입법 발의를 앞두고 있습니다. 법 개정을 위한 정부와 정치권의 노력이 함께 필요한 시점입니다. 법 개정으로 제도적 지원이 이루어지면 통합운영학교의 경쟁력은 획기적으로 높아지게 되어 모두가 가고 싶어 하는 학교가 될 것입니다.

무엇보다, 미래형 통합운영학교의 취지와 방향에 대한 이해를 넓히고 공감대를 이루기 위한 노력이 중요합니다. 따라서 우리는 국가 주도의 획일적 정책이 아닌, 지역의 여건과 특성을 고려한 교육자치 차원의 접근을 시도할 것입니다. 학교의 소멸을 학교만 고민할 수는 없습니다. 지역교육지원청을 중심으로 지역의 학교를 살리기 위해 지방자치단체와 지역민이 함께 고민하고 교육공동체와 지역민의 자발적 참여와 협의를 통해 점진적으로 추진해 나갈 것입니다.

전남 미래형 통합운영학교는 미래교육 환경 변화에 따른 전남의 선제적 교육 전략이며, 교육 소외지역 학생들의 차별적 요소를 최소화하는 교육의 공공성 강화 정책입니다. 우리는 이를 통해 지역을 떠나지 않고 상급학교까지 졸업할 수 있는 지역인재 양성 시스템과 선순환 체제를 이루어갈 것입니다. '작지만 강하고 아름다운 학교', 이것이 전남 학교의 대세가 될 것을 확신합니다. 나아가 전남 미래형 통합운영학교가 전국 농어촌 소규모 학교의 표준이 되도록 전남교육의 도전은 언제나 현재진행형입니다.

미래학교의 결정체, 그린스마트 미래학교

절박한 위기에 직면하여 찾아낸 기회는 마침 2020년 7월 한국판 뉴딜의 대표과제로 교육부에서 발표한 '그린스마트 미래학교' 사업을 만나 빛을 발할 수 있게 되었습니다.

교육부의 그린스마트 미래학교 사업은 2021년부터 5년간 총 18조 5,000억 원을 투입하여 포스트 코로나19 시대를 선도할 미래인재 양성과 미래지향적 친환경 스마트 교육여건을 구현한다는 것이 핵심입니다. 그리하여 이 사업은 사람 중심, 디지털 전환, 공간혁신을 포괄하는 미래교육으로의 전환을 견인할 새로운 성장 동력이 될 것이 분명합니다.

전남이 추구하는 미래형 통합운영학교의 일부도 이러한 '그린스마트 미래학교' 사업과 연계하면 더 큰 시너지 효과를 얻을 수 있을 것입니다. 그린스마트 미래학교는 40년 이상 된 노후 건물의 증·개축을 통해 안전하고 친환경적이며 최첨단 에듀테크가 구비된 미래형 교육환경을 갖춘 학교입니다.

미래형 통합운영학교와 마찬가지로 그린스마트 미래학교도 지역과 연계하여 교육과정을 운영함으로써 마을과 학교가 상생할 수 있는 교육 생태계 구축에도 기여할 것입니다. 이렇게 되면 학교의 경쟁력이 높아져 떠나는 학생들의 발길을 돌릴 수 있고, 도시 학생들의 매력적인 유학처로도 발돋움할 수 있으리라 기대합니다.

사업이 완료되면 학교는 아이들의 안전과 학습권이 보호되고 유연한 교수·학습이 가능하며, 휴식과 놀이가 균형을 이루는 삶 중심의 공간으로 바뀔 것입니다. 학교는 그 자체로 환경교육 콘텐츠이자 교재가 되어 기후변화에 대응하는 인재 양성이 가능할 것입니다.

교육에서 '웰빙'의 중요성이 강조되는 시대, 학교가 효율적인 수업공간에서 균형잡힌 '삶의 공간'으로서 교육 혁신을 지원하는 미래학교 공간이 되도록 정성을 다해 만들어야 할 것입니다.

'사람은 공간을 만들고 공간은 사람을 만든다'

사람에게 공간은 매우 중요합니다. 지리학자 에드워드 렐프는 "사람은 곧 자신이 살고 있는 장소이고 장소는 곧 그곳에 살고 있는 사람이다."라고 했습니다. 한 사람의 정체성 형성에 장소가 깊숙이 관여한다는 점을 시사합니다.

학교혁신을 위한 핵심 중 전문적학습공동체가 소프트웨어라면, 학교공간 혁신을 통해 하드웨어도 혁신해 가고자 합니다. 학교공간은 미래사회에 필요한 역량을 키우는 또 하나의 교육과정이며, 학생들이 민주시민으로 성장해가는 교육활동의 내용을 담는 그릇으로서의 의미가 있습니다.

건축가 유현준은 『도시는 무엇으로 사는가』라는 책에서 말합니다. 중학교, 고등학교도 같고 전학 간 학교도 같고 서울에 있든 전남에 있든 학교는 모양이 다 같습니다. 인격이 형성되는 12년 동안 학생은 다양성을 경험해 보지 못했습니다. 획일화된 공간에서 살았습니다. 전국에 있는 모든 공립학교가 똑같은 구조의 건물에서 배태됩니다. 이처럼 획일화된 공간에서 자라난 아이들에게 자신만의 삶을 살라고 가르치는 건 난센스가 아닐 수 없습니다. 이런 환경에서 차이를 인정하는 민주시민으로서의 성장을 기대하는 것은 어렵습니다.

우리가 공간을 만들면 공간이 우리 삶을 만듭니다. "학교 공간이 달라지면 아이들의 미래가 바뀌고 우리 사회가 바뀐다."고 유현준은 말합니다.

미래사회에서는 창의성, 자기주도성, 공동체역량 등이 중요합니다. 공간이 사람을 만든다고 합니다. 미래교육을 앞당기기 위해서라도 공간의 변화가 우선되어야 합니다.

창의적인 역량교육, 프로젝트교육을 위한 배움의 공간이 많아져야 하며, 쉼과 놀이 속에서 감성을 키워낼 수 있는 놀이공간이 만들어져야 합니다. 복도는 더 이상 통행 공간이 아니라, 친구들과 함께 프로젝트를 고민하고 표현하는 생활공간이 되어야 할 것입니다. 교문은 차보다 학생의 통행이 우선인 공간이 되고, 운동장은 다양한 신체활동과 생태교육의 복합적 학습정원으로 바뀌어야 합니다.

나아가 학교와 지방자치단체, 지역사회가 함께 거버넌스를 구축하고 유기적으로 연결되어 학생의 성장을 지원하며 지역사회에서 평생학습의 기반 역할을 할 수 있는 주민참여의 플랫폼으로서의 시설 복합화를 이루어가야 합니다.

'학습자중심 학교공간 혁신'이라고 사업명을 붙인 것처럼 전남형 미래학교와 연계된 학교공간 혁신 사업은 철저히 교육과정과 연계해 추진될 때 그 의미와 가치가 높아질 것입니다.

학교공간 혁신은 결과도 중요하지만 과정이 중요합니다. 학교공간의 주인인 학생들과 교직원, 학부모, 지역주민들의 의견을 충분히 수렴하고 의미 있는 배움과 공동체 협의를 통해 함께 참여하여 만들어가는 민주적 과정 자체가 교육이기 때문입니다.

전남교육 희망의 아이콘 농산어촌유학

지금까지 작은학교를 살리려는 다양한 시도와 노력이 있었습니다. 그 노력에도 불구하고 학교는 점점 작아지고 있습니다. 이제 전혀 새로운 관점으로 접근해야 한다고 생각했습니다. 그러던 중 상상한 전남농산어촌유학 프로그램은 코로나19 상황과 맞물려 작은학교의 새로운 대안이자 희망으로 떠올랐습니다.

전남의 농산어촌 작은학교는 열악한 교육여건에 있지만, 장점도 많습니다. 좋은 생태·자연환경이 있고 학급당 학생 수가 적어 개별학습, 맞춤형 교육이 가능합니다. 여기에 코로나19로 전남 농산어촌 작은학교의 가치가 새삼 주목받게 되었습니다.

전남의 면 단위 농산어촌 학교들은 대부분 학생 수가 60명 이하로, 사회적 거리두기가 가능하여 코로나19 감염위협에서도 상대적으로 안전하다는 것이 입증되었습니다. 때문에 이들 학교는 지금껏 거의 매일 등교가 가능했습니다.

흙을 밟는 도시 아이들 2020년 여름 조희연 서울시 교육감을 만나 서울 학생들의 농산어촌유학을 제안했습니다. 조 교육감은 "아이들에게 흙을 밟는 학교생활을 통해 기후위기 시대 생태적 감수성을 키울 수 있다는 면에서 대단히 의미 있다."며 흔쾌히 동의하셨습니다.

전남교육청은 학교의 제반 환경과 교육과정 운영에 대한 심사를 거쳐 서울 학생들이 유학 올 50여 개 학교를 선정했습니다. 학생들이 머무를 농가는 지역 마을교육공동체 주관하에 선정하여 유학생들이 안전하고 쾌적한 주거환경에서 생활하며 즐겁고 보람된 유학 생활이 될 수 있도록 준비했습니다.

흔히 '유학' 하면 농촌 아이들이 도시 학교로 진학해 학창생활을 이어가는 모습을 떠올리지만 이번에는 정반대입니다. 서울 소재 초등학교 4학년부터 중학교 2학년까지 학생이 전남의 작은학교로 전학 와서 6개월간 생활하는 것입니다.

역발상의 사업이고 그 핵심이 유학생 모집이라서 널리 알리는 것이 중요했습니다. 서울 학부모를 대상으로 유튜브 설명회를 개최하고 라디오, 신문 등 언론매체, 재경향우회, 학부모회 네트워크 등 다양한 채널을 통해 홍보했습니다.

서울시교육청에서는 '흙을 밟는 도시 아이들'이라는 슬로건 아래 전남농산어촌유학생 모집에 함께했습니다. 처음에는 '제대로 될까?' 하는 걱정도 했지만, 생각보다 서울 지역 학생·학부모의 반응이 좋았습니다. 2021년 1학기(1기)에 초등학생 66명, 중학생 16명 등 모두 82명의 서울 학생들이 전남의 10개 시·군 20개 학교에 전학을 왔습니다.

2기에는 1기의 약 두 배에 달하는 165명의 유학생이 전남으로 전학 왔습니다. 단순 전학이 아니라 주소지를 전남으로 옮긴 유학생 신분으로 당당한 전남교육가족이 된 것입니다.

농산어촌교육의 새로운 희망 기수마다 운영 성과를 면밀하게 분석해 잘된 점은 더욱 살리고 부족한 점은 보완해 완성도를 높였습니다. 유학마을은 지방자치단체·마을·학교·교육청이 힘을 합해 유학사업을 운영하는 마을입니다. 마을에서는 자체적으로 농촌체험, 문화체험 등 다양한 프로그램 등을 개발·운영합니다. 체험프로그램에는 전남 학생과 유학생이 모두 함께 참여합니다.

안전한 생활환경 조성을 위해 지방자치단체, 마을과 협력관계를 공고히 하였습니다. 우선, 사업 참여 농가와 유학센터 관계자에게 아동학대 및 성폭력 예방교육, 심폐소생술교육을 의무적으로 이수하게 하고 있습니다. 더불어 시·군청과 마을은 학생 안전을 위해 CCTV 카메라 설치, 방범순찰 강화 등 안전대책 마련에 함께하고 있습니다. 젊은 학부모와 학생이 늘어나며 지역에 활기가 넘치기 시작하면서, 지방자치단체들은 유학생 유치를 위해 지원금을 늘리고 관련 조례를 제정하기 시작했습니다.

전남농협에서도 전남농산어촌유학 프로그램 활성화에 힘을 보탰습니다. 팜스테이 체험프로그램을 제공하는 한편, 상당액의 기부금과 함께 지속적인 참여와 지원을 약속했습니다. 전남농산어촌유학 프로그램이 지역사회가 함께하는 사업으로 자리 잡게 된 것입니다.

해외 언론도 관심을 갖다 2021년은 전남교육이 대한민국 농어촌교육을 선도하고 실천모델을 만들어가는 의미 있는 한 해였습니다. 그 중심에 전남농산어촌유학 프로그램이 있었습니다. 이 프로그램은 전남의 열악한 교육 여건을 극복하기 위한 창의적인 노력으로 주목받았습니다.

국내 언론뿐 아니라 해외 언론도 주목하기 시작했습니다. 세계 최대의 공영방송인 영국 BBC TV가 코로나19 시대 새로운 교육 대안으로 전남농산어촌유학 프로그램을 소개한 데 이어, 일본의 유력지《아사히신문》도 이 프로그램을 보도했습니다. 전남농산어촌유학 프로그램이 어느덧 코로나19 시대 전남교육 '희망의 아이콘'이 된 것입니다.

농산어촌유학 프로그램에서 약정한 6개월의 프로그램 참여가 끝난 후에도 한 학기 연장을 희망하는 학생이 많아졌습니다. 1기 참여 학생 중약 70%, 2기에는 약 56%에 달하는 학생이 한 학기 더 재학하고 있습니다.

특히 5명의 초등학생은 전남의 중학교로 진학을 희망하였고, 서울시 교육청이 학생 1인당 최대 1년간만 유학경비를 지원함에도 1년 이상 장기 유학을 희망한 학생도 27명이나 됩니다. 그만큼 전남에서의 생활과 학교 교육에 대한 만족도가 높다는 것을 증명합니다.

유학생 학부모들은 유튜브 등을 통해 스스로 유학생활을 소개하고 전남교육을 홍보했습니다. 농촌 유학 수기를 책으로 발간하기도 하고, 수기 공모전에 응모하여 다수 수상을 하기도 했습니다. 아이와 함께 내려온 어떤 학부모는 아예 "전남에 정착하겠다."며 현지에 빵집을 차렸다는 소식도 들립니다. 단기유학이 귀촌으로 이어진 것입니다.

지역과 함께 성장하는 전남농산어촌유학 전남농산어촌유학 프로그램은 침체에 빠져 있는 작은 학교를 살리는 것은 물론 지역경제 활성화, 인구 유입 효과도 거두고 있습니다.

전남 아이들은 유학생 친구와 함께 축구도 하고 단체 활동을 할 수 있어서 즐거워했습니다. 유학생과의 만남을 통해 세상을 보는 안목이 넓어지고 의사소통 역량도 높아졌습니다. 덤으로 전남의 친환경에 대한 자부심도 생겼다고 합니다.

서울 친구들은 낮에는 숲에서 놀고 밤에는 별을 헤며 생태 친화적 생활을 했습니다. 난생처음 텃밭을 가꾸고 토끼도 길러보았습니다. 무엇보다 서울에서는 원격수업 하느라 갈 수 없었던 학교를 매일 다닐 수 있어 너무 좋아했습니다. 학급당 학생 수가 적다 보니 선생님과 더 가까이서 호흡하고 눈을 맞출 수도 있었습니다.

선생님들은 복식수업이 해소되고 토론과 모둠활동 등 다양한 수업이 가능해져 힘이 났습니다. 수업 분위기도 활기가 넘쳐났습니다. 전남 아이들의 발표력이 좋아지고 타지역 문화에 대한 이해도도 높아져 또래학습의 성과를 체감하고 있습니다.

지난 1년간의 성과와 경험을 바탕으로 2022년부터 전남농산어촌유학 시즌2를 시작합니다. 생활인구 유입형인 단기유학과 정주형 장기유학을 활성화하고 범부처 연계 국가시책사업으로 확대하는 것이 핵심입니다.

장기유학은 5년 이상 체류를 조건으로, 지방자치단체와 마을이 주택과 일자리를 제공하는 형태입니다. 첫 번째 모델은 '해남북일초등학교+두륜중학교'입니다. 도교육청은 프로그램 운영비 지원과 더불어 공간혁신 등을 지원합니다. 또한 농식품부의 농촌에서 살아보기, 농촌 유학 등과 연계한 협업방안을 모색하여 전국단위 사업으로 확장될 것으로 기대됩니다.

섬과 섬, 교육으로 희망을 잇다

전남은 우리나라에서 섬이 가장 많습니다. 전국 3,343개 섬의 65%에 해당하는 2,165개의 섬이 있는데, 신안은 그중에서도 가장 많은 1,025개의 섬이 있습니다. 전남에 섬 학교는 116개교가 있고 학생 수는 3,696명으로, 전남 전체 학생 수의 약 2%입니다.

전남의 섬은 천혜의 관광자원, 수산자원과 청정에너지원이 있어 전남의 미래 성장 동력으로 떠오르고 있습니다. 하지만 육지에서 멀리 떨어진 지리적 여건과 불편한 접근성은 지역주민의 삶을 힘들게 합니다. 특히 교육적인 측면에서는 더욱 그렇습니다.

2019년 6월말 교육감 취임 1주년을 맞아 1박 2일로 비금도, 도초도, 흑산도를 찾아 학생, 학부모님, 교직원들을 만나 많은 이야기를 들었습니다. 그 후 지도, 임자도, 도초도 등 신안 관내 섬과 금일, 약산, 고금, 신지 등 완도 관내 섬 그리고 거문도 등을 방문해서 많은 말씀을 들었습니다. 학부모님과 주민들은 수많은 말씀을 해주셨습니다. '육지에 비해 교육여건이 미비하다.', '학교에 아이들을 믿고 맡겨야 할지 모르겠다.', '차별받고 있다는 소외감도 크다.'는 등의 말씀을 하셨습니다.

경청올레 내내 섬 지역 교육여건 개선 및 체계적이고 지속 가능한 교육활동을 위해서는 섬 지역 학교에 대해 특별한 지원방안이 필요하다는 생각을 했습니다. 특별히 어려운 여건에 있는 아이들에게는 특별한 관심과 지원이 이루어져야 모두가 똑같은 출발선에 서서 출발할 수 있습니다. 이것이 진정한 평등입니다.

교육청에 돌아와 '섬의 날'을 맞아 '섬 교육 혁신포럼'을 열고 「섬 교육 활성화 방안」을 마련하였습니다. 의회에서는 「전라남도교육청 섬 지역 교육 진흥 조례」를 제정하여 지원하였습니다.

섬 지역 교직원과 학부모가 가장 바라는 것은 문화예술체험기회 확대, 수준 높고 지속적인 방과후학교 제공, 도시 체험 기회 확대였습니다.

이에 '찾아가는 문화예술프로그램', '벽화 그리기' 등의 프로그램 운영비를 지원하고 도서벽지 방과후학교 강사의 수당을 인상하였습니다. 그리고 원도심과 섬 학교를 자매결연 맺어 도시 방문의 기회를 확대하였습니다.

「섬 교육 활성화 방안」은 세 가지 분야의 지원을 담았습니다.

첫째, 교육과정 운영 지원 면에서는 창의융합교육과 진로체험을 활성화하고 방과후학교와 마을학교 운영을 지원합니다.

둘째, 인사제도 개선 면에서는 우수교사가 섬 근무를 지망할 수 있도록 인사상 유인책을 마련하고 중학교에 경력교사, 보건교사, 사서교사, 영어원어민교사를 배치합니다.

마지막으로, 교직원 정주 여건을 위해 통합관사를 확대하고 관사 내 시설 및 기자재 확충을 우선적으로 지원합니다.

향후 질 높은 방과후프로그램 제공을 위해 방과후강사, 스포츠강사, 특강강사 등 모든 외부강사의 수당을 현실화할 뿐만 아니라 지방자치단체와 협력하여 주거를 제공하여 섬 지역 학생들에게 외국어, 문화예술, 체육 등 방과후프로그램과 진로·진학 프로그램들이 지속적으로 제공될 수 있는 여건을 만들어야 합니다.

신안에 사단법인 꿈틀리(이사장 오연호)의 '섬마을인생학교'가 있어 신안 아이들의 진로 지도에 도움이 되고 있습니다. 이러한 모델이 2호, 3호… 다른 섬으로 확산되어야 합니다. 마지막으로 신규교사 선발 시 도서전형을 확대하고 근무 기간을 늘리는 등 아이들의 지속적 배움을 위해 인사제도를 개선해 나가야 할 것입니다.

작은학교, 섬 학교를 살리는 일은 전남교육을 살리는 일입니다. 이는 지역사회와 함께하지 않으면 안 됩니다. 지방자치단체와 협력 체제를 더 강화해야 합니다. 이를 통해 학교가 마을로 들어가고 마을이 학교로 들어오는 교육공동체를 만들어야 합니다. 그래서 섬마을과 섬학교에 희망을 주어야 합니다.

전남교육 희망의 아이콘 '농산어촌유학'

(2021.2.26. 전남농산어촌유학생 환영식)

지속 가능한 미래를 위한 생태전환교육

기후위기와 탄소중립 실천

코로나19는 인류에게 세 가지 위험을 가하고 있습니다. 감염으로 인한 건강과 안전의 위협, 세계적 경기침체로 인한 실업과 빈곤의 위협, 국경폐쇄와 접촉차단으로 인한 격리와 고립의 위협이 그것입니다.

여기에, 수많은 경고에도 우리가 애써 외면했던 기후변화 대응 문제는 아이들이 살아가야 할 미래까지 위협하며 더 큰 위기로 우리에게 다가서고 있습니다.

많은 전문가들은 코로나19 바이러스 발생 원인을 인간이 자연을 훼손하고 약탈하여 생태환경이 파괴되고 그 결과 유해 바이러스가 출현해서 자연의 면역력이 약화되었기 때문이라고 분석합니다. "지금 지구촌은 인구절멸, 인구대멸종의 초입에 있으며, 그 조짐이 코로나19"라고도 합니다.

기후는 이렇게 변하는데 사람은 변하지 않고 있습니다. 아니, 변하지 않으려 합니다. 우리는 지금 당장 행동하지 않으면 안 됩니다. 기후위기는 우리의 작은 결단과 행동의 변화에 달려 있습니다.

대통령이 2050년을 목표로 탄소중립을 실현하겠다고 합니다. 탄소중립은 이산화탄소를 배출한 만큼 흡수하는 대책을 말합니다. 그래서 이산화탄소 실질 배출량을 0으로 만드는 정책입니다. 한데, 정부는 이것을 2050년까지 달성하겠다고 합니다. 당장 행동 없이 30년 후의 목표만 이야기하는 것은 말잔치에 불과할 수 있습니다.

성장 중심 사회 및 경제체제에 대한 근본적인 성찰과 대전환이 필요한 시점입니다. 지금 당장 2030년 온실가스 50% 감축을 목표로 설정하고 실천에 들어가야 합니다.

지구를 살리는 것은 아이들 생존, 미래와 직결되는 문제라고 합니다. 그러나 환경운동가 그레타 툰베리(Greta Thunberg)가 말했듯이 "어른들이 자녀를 사랑한다고 하고 미래를 이야기하지만, 지금 하는 것을 보면 아이들의 미래를 훔치고" 있는지도 모릅니다.

우리 교육청은 '더 늦기 전에, 지금 나부터'라는 슬로건으로 생활 속 2050g 탄소발자국 줄이기 실천 공동행동을 펼치고 있습니다.

고무적인 것은, 아이들의 미래를 위해 우리 학부모들이 나섰다는 것입니다. 전남학부모회연합회가 아이스팩을 수거하여 재활용하기, 플라스틱 분리수거하기 등 아이들에게 깨끗한 지구를 물려주기에 서약하고 실천운동을 주도적으로 이끌고 있습니다.

또한 우리 청은 전남환경운동연합, 전남지역 7개 아이쿱(icoop) 생활협동조합과 업무협약을 체결하여 건강한 저탄소 식생활, 공정무역활동, 사회경제활동 등에 대한 학생교육을 협력해 가기로 약속했습니다.

탄소중립 사회로의 전환은 선택이 아닌 미래세대의 생존을 위해 당면한 문제입니다. 더 늦기 전에, 당장 나부터 자발적 실천 의지를 다져야 할 것입니다. 이것이 바로 미래를 위한 우리의 최소한의 책임입니다.

코로나19 시대, 생태환경교육으로의 전환

기후위기 대응 탄소중립을 위해서는 인식도 중요하지만 무엇보다 실천이 중요합니다. 교육청이나 지역사회뿐 아니라 학교 현장에서도 기후위기에 대한 인식을 공유하는 데 그치지 않고 행동으로 나아가야 합니다.

학교에서 교육과정과 연계하여 환경교육을 강화하고 일회성 행사가 아닌 생각과 행동양식 등 삶의 방식을 총체적으로 변화할 수 있도록 지속적이고 체계적인 생태환경교육으로 전환이 시급합니다.

이에, 우리 교육청에서는 생태환경교육을 핵심사업 중의 핵심사업으로 설정하여 추진하고 있습니다.

먼저 시급히 환경 전담 장학사를 교육청에 배치하여 종합계획을 수립하였습니다. 그런데 생태환경교육은 교육과정부터 조직문화, 삶의 양식 변화까지 그 과제가 매우 폭넓고 만만치 않았습니다. 이에 시급히 새로운 전담팀을 꾸려 종합계획을 수립하고 전방위적으로 생태환경교육으로 전환을 준비해 가고 있습니다.

상대적으로 청정자연의 혜택 속에 있는 전남교육은 학생들이 지속가능한 세계관을 정립하고 생태적 감수성을 함양하는 교육을 통해 생태시민으로 성장하도록 적극 도울 것입니다.

'더 늦기 전에, 지금 나부터'

(2021. 12. 15. 탄소중립 실천 약속 선포식)

제6장

함께 꽃피우는
자치

"빨리 가려면 혼자 가고 멀리 가려면 함께 가라."

(아프리카 코사족 속담)

교육자치의 씨앗, 협치로 꽃피우다

교육자치와 분권, 어디까지 왔나?

2021년은 교육자치 30주년이 되는 해였습니다. 1991년 5월, '지방교육자치에 관한 법률'이 시행된 지 30년이 지났습니다. 일반행정과 중앙교육으로부터의 분리·독립을 골자로 한 교육자치제는 2010년 교육감을 주민이 직접 선출하면서 새로운 국면을 맞이하였습니다.

주민 직선 교육자치 시대가 열림에 따라 학생, 교직원, 학부모 등 교육주체들의 요구를 반영한 교육정책이 본격화되기 시작하였습니다. 또한 지역주민의 참여가 활발해지고 지역 실정과 특성에 맞는 교육정책을 실행함으로써 교육의 자주성, 전문성, 정치적 중립성에서 진전이 있었습니다.

특히 '경쟁과 차별'을 넘어 '협력과 지원'이라는 새로운 교육 패러다임이 만들어졌고 혁신학교, 무상급식, 학생인권 등 새로운 교육적 의제가 본격적으로 제기되고 실현되기에 이르렀습니다.

교육자치의 핵심은 학교자치 지금까지 교육부가 갖고 있던 유·초·중등교육 정책 권한 등 실질적인 교육자치와 학교자치 실현에 필요한 권한을 지방으로 이양하고 있습니다. 교육부와 전국시도교육감협의회는 유·초·중등교육정책은 일차적 책임과 권한이 시·도교육청에 있다는 원칙 아래 그동안 법률적 근거가 없거나 모호한 지침을 폐지해왔으며, 시·도교육청과 학교 현장의 자율성을 침해하는 제도를 발굴해 개선을 추진해 왔습니다.

2017년부터 2019년까지 3차에 걸쳐 총 131개의 권한배분 우선 정비

과제를 발굴했고, 이 가운데 124개 과제는 교육부가 교육청에 권한 이양을 마쳤습니다.

권한이 넘어온다는 것은 책임이 따른다는 의미이기도 합니다. 이로써 과거에는 교육부에 의존하거나 잘못되면 교육부를 탓했던 업무들 상당수가 앞으로는 지방교육의 책임으로 전환되고 있습니다. 따라서 무엇보다 먼저 우리가 자치사무를 추진할 역량을 갖춰야 합니다. 학교자치의 탄탄한 힘을 바탕으로 지역교육 자치가 성장해갈 수 있을 것입니다.

이제 교육부와 시·도교육청 간 권한 배분 문제를 넘어, 지역적 특성과 다양성을 고려한 학교자치가 실현될 수 있도록 대비해야 할 때입니다.

이를 위해 학부모와 지역민들의 지역사회 협력체제 구축 등이 필요하고 학교 단위의 자치능력을 토대로 마을과 지역사회의 힘도 키워야 합니다. 교직원자치, 학생자치, 학부모자치 등 학교자치의 기반 위에서 우리의 자치역량을 키우고 전남의 상황과 자율적인 철학에 기반해 지역 수준의 교육과정 개발과 운영 역량을 키워가야 합니다.

학교자치조례가 학교 현장에서 제대로 구현되어야 하고, 학교마다 민주주의 지수를 스스로 진단하고 부족한 영역을 보완하는 노력이 필요합니다.

교육자치, 협치의 날개로 더 높이 '자치(自治)'란 말 그대로 스스로 책임지고 운영하는 것을 의미합니다. 이를 위해서는 관료제적인 행정 간섭과 통제를 넘어선 네트워크형 협치(協治), 즉 거버넌스(governance)를 구축하여 위에서 지시하고 다스리는 교육이 아닌, 교육주체들이 다 같이 참여하고 소통하는 교육행정 구조가 되어야 합니다. 지방 풀뿌리 민주주의의 토양 위에서 자치의 씨앗이 뿌려졌지만, 이것이 제대로 뿌리를 내리고 꽃을 피우려면 협치라는 물과 햇볕을 만나야 합니다. 자치는 협치의 날개를 통해 더 높이 날아갈 것입니다.

전남교육청은 교육참여위원회, 주민참여예산제, 청렴시민감사관제, 학생의회, 학부모회 등을 통해 학생과 교직원, 학부모와 도민들이 주체적으로 참여하고 소통하도록 교육공동체 협치의 장을 열었습니다. 교육 거버넌스 구축을 핵심과제로 삼고 이를 위해 노력해 왔습니다.

마을 속의 학교, 학교 속의 마을을 구현하고 마을과 학교교육의 협력 기반을 확대하기 위해 마을교육공동체를 적극적으로 지원하고 있습니다. 지방자치단체와 교육협력을 강화하기 위하여 민간이 주도하고 지방자치단체와 교육청이 참여하는 중간지원조직을 성공적으로 만들어가고 있으며, 교육행정협의회가 내실 있게 운영되고 있습니다.

나아가 교육부의 유·초중등교육 권한 이양에 대비하여 도교육청은 정책기획 중심으로 재편하여 정책역량을 강화하는 한편, 학교를 지원하기 위해 시·군 교육지원청의 인사권과 예산편성권을 포함한 자율성을 강화하는 방안 마련을 위해 혁신교육지원청을 시범 운영하려 하고 있습니다.

국가교육위원회 출범에 거는 기대

우여곡절 끝에 '국가교육위원회 설치 및 운영에 관한 법률'이 2021년 7월 1일 국회 본회의를 통과했습니다. 그동안 국가교육위원회 설치를 희망해왔던 우리 시·도 교육감들과 함께 환영 입장을 밝혔습니다.

지금까지의 교육정책은 정권이 바뀔 때마다 수시로 바뀜으로써 학생과 학부모를 비롯하여 국민적 혼란을 일으키는 등 장기적 교육비전을 제시하는 데 구조적 한계를 보여 왔음을 상기한다면, 늦었지만 다행스러운 일이라 하겠습니다.

국가교육위원회를 통해 중·장기 국가교육발전계획이 수립되어 안정적이고 일관성 있는 교육정책이 추진될 것을 기대합니다. 그동안 국가교육회의가 숙의의 방식으로 미래의 교육과정 개정, 교원양성체제 개편, 국가교육의제 선정 등 정책 수립 과정에 국민들과 교육주체들의 의견을 반영했던 시도는 참신했고 시·도교육청에서 정책 수립의 모델이 되었습니다. 출범 후에도 국가교육의제에 대해 교육공동체의 의견을 적극적으로 수렴하여 올바른 대책을 수립해주기를 기대합니다.

차기 정권에 거는 기대, 국가교육의제 20선 전국의 시·도교육감들은 국가교육위원회 출범에 기대를 걸고 차기 정권에 국가 교육의제 20가지를 7대 영역으로 구분하여 제안한 바 있습니다.

첫째, 학습의 질 확보 영역으로는 1. 안전하고 질 높은 교수학습을 위한 학급당 학생 수 법제화 2. 코로나19 세대를 위한 '교육회복 프로젝트'의 발전적 추진입니다.

둘째, 학습여건 향상 영역으로, 3. 지방 균형 발전을 위한 미래형 농산어촌교육 지원 강화 4. 특수교육 기관 확충 및 특수교육 대상자 확대 5. 미래교육을 위한 학교공간 혁신사업 확대입니다.

셋째, 아동 청소년의 삶의 질 보장 영역으로는, 6. 아동 청소년의 삶의 질 향상을 위한 돌봄 생태계 구축 7. 청소년의 '시민으로서의 권리' 보장입니다.

넷째, 교육 공공성 강화 영역으로는 8. 교육 공공성 실현을 위한 무상교육 확대 및 학부모 부담 제로화 9. 사학의 공공성·책무성 강화를 위한 사학법 체계 개편입니다.

다섯째, 진로·진학의 새 틀 영역에서는 10. 미래를 대비하는 학제 개편에 대한 사회적 협의 추진 11. 초·중등교육 정상화를 위한 대입제도 개선 12. 미래를 선도하기 위한 진로·직업교육 체계 구축입니다.

여섯째, 미래교육을 위한 능동적 대응 영역으로는, 13. 미래교육과 교육자치를 위한 교육과정 개편 14. 미래교육 전문성 강화를 위한 교원 정책 15. 기후위기 탄소중립 달성을 위한 환경교육 전면화 16. 교육발전을 위한 국가교육위원회 안착 및 활성화 17. 인공지능 시대를 대비하는 미래교육 체제 구축입니다.

마지막 일곱째, 지방교육 자치 확대 영역에서는, 18. 학교자치 및 지역교육공동체 활성화를 통한 학교혁신 지속, 19. 유·초·중등교육 자치 강화를 위한 법률 제정 20. 교육자치 실현을 위한 지방교육재정의 안정화입니다.

이러한 의제들이 국가교육위원회를 중심으로 차기 정권에서 반드시 실현되기를 갈망하고 있습니다.

전남교육의 미래의제 교육공동체와 전국 시·도교육감이 가장 강력하게 제안한 것은 학급당 학생 수 상한 법제화였습니다. 안전하고 질 높은 교수학습을 위해 유아 14명, 초·중등 20명, 특수학교 학급별 3~5명 상한을 제안했습니다. 우리나라 학급당 학생 수 평균이 초등학교 23.1명, 중학교 26.7명으로 OECD 평균인 초등학교 21.1명, 중학교 23.3명보다 많습니다.

국내 연구자들에 의하면 미래교육, 학생 맞춤형 교육, 기초학력 부진 학생 개별지도 등을 위해서는 학급당 20명 정도가 적당하다고 합니다. 더구나 코로나19 상황을 겪으며 교실 내 거리두기를 위해서는 1인당 1평 이상의 공간이 필요합니다.

전남교육청은 2020년부터 기초학력 및 정서·심리 학습복지 차원에서 초등 1, 2학년 학급당 학생 수 25명 상한제를 전국적으로 앞서서 실시한 바 있으나 교육재정 부족, 교육부의 정원 배정 등 여러 가지 여건으로 과감한 감축을 시행하지 못하고 있습니다. 하지만 현재 국회에서 발의된 법률안들이 통과되기 위해 최선의 노력을 함으로써 미래형 학습여건을 확보할 것입니다.

또한 저는 전남의 열악한 실정을 감안하여 지방 균형 발전을 위한 미래형 농산어촌교육 지원 강화에 대한 입장을 여러 경로를 통해 제안해 왔습니다. 인구소멸과 작은학교가 급속히 증가하는 전남 농어촌교육 현실에서 지역과 학교가 상생하는 방안으로 앞서 소개한 바 있는 미래형 통합운영학교를 고심하여 추진하고 있습니다. 통합운영학교가 활성화하려면 국가 차원의 법적·제도적 지원이 뒷받침되어야 합니다.

학생이 농산어촌에 태어났어도, 도서벽지에서 학교를 다니더라도 차별 없는 교육을 받을 수 있도록, 단순히 학교 추가 지원 방식을 넘어 농산어촌 지역의 종합적 활성화와 연계된 농산어촌 학교 종합 지원 방안을 요구하였습니다. 특히 농산어촌 학교에 교원 특별 정원 배정을 강조하였습니다.

같은 맥락에서 교육자치 실현을 위한 지방교육재정의 안정화를 요구하였습니다. 앞서 제안했던 학급당 학생 수 상한이 현실화되려면 지방교육재정 확충이 필요합니다.

또 전국적으로 전남이 가장 앞서서 추진했던 그린스마트 미래학교를 모든 학교로 확대해야 합니다. 작은 학교의 딜레마가 학생이 적어서 시설투자가 보류되고 시설 낙후가 학생 수 증가에 저해 요인으로 악순환된다는 것입니다. 40년 이상 된 학교 건물을 대대적으로 개축 완료하고 지속적으로 현대화하는 그린스마트 미래학교 사업 확대를 위해서는 한시적 특별회계가 신설되어야 합니다.

"현장에서 묻고 현장에서 답하며, 교육자치를 꽃피웁니다."
(2021. 6. 17. 전남교육희망 랜선 경청올레)

온마을이 학교다

마을교육공동체, 교육생태계의 중심

분권과 자치 그리고 협치는 이 시대 우리에게 주어진 중요한 과제이며 시대정신입니다. 교육에서도 핵심적인 과제입니다. 저출산 고령화가 심화되고 농산어촌 작은학교가 존폐 위기에 처한 전남은 더더욱 그렇습니다.

아이들이 살아가는 마을과 지역이 학습의 장이 되고 배움터가 되어야 합니다. 배움이 넘나들며 교육의 장을 확대할 때 아이들은 보다 나은 성장을 경험할 수 있게 됩니다.

이러한 취지에서 마을교육공동체 구축은 우리 청이 2013년부터 추진해온 혁신교육지구 사업의 핵심이며 지역교육생태계의 중심축입니다. 마을교육공동체는 마을의 아이들이 잘 배우고 민주시민으로 성장할 수 있도록 마을과 학교가 협력하는 새로운 형태의 지역사회입니다. 그러기 위해서는 학교와 마을이 유기적으로 분업하고 협력해야 합니다.

학교는 정규 교육과정, 마을은 방과후활동과 돌봄을 나누어 맡고 아이들의 삶을 함께 책임져야 하는 점에서 협력해야 합니다. 이처럼 분업과 협업의 원리가 원활하게 작동되는 협력교육시스템이 바로 혁신교육지구가 구축해야 할 마을교육공동체입니다.

그동안 전남교육청도 22개 시·군을 혁신교육지구로 지정하고 마을교육공동체 구축을 위해 노력해 왔습니다. 하지만 기대에 미치지 못한 것도 사실입니다. 이제는 전남 혁신교육지구 사업 '버전2.0'을 추진하고자 합니다.

지금까지 이룩했던 성과를 교육청, 지방자치단체, 학교를 뛰어넘어 지역 시민사회, 아동청소년 관련 기관(지역아동센터, 청소년상담복지센터, 학교 밖 청소년 지원센터, 청소년수련관, 대안교육기관)뿐 아니라 도서관, 박물관, 공연문화 시설까지 포괄하여 지역의 아동·청소년들의 성장과 발달을 위한 역할을 재구조화하고 새로운 교육생태계를 구축하고자 합니다.

전남의 22개 혁신교육지구 사업을 한 단계 끌어올리고 마을학교 운영을 내실화해서 마을이 학교이고 학교가 마을인 공동체를 만들 수 있도록 견인해 내야 합니다.

다행스럽게도, 순천 풀뿌리교육자치지원센터와 곡성 미래교육협력센터 등 새로운 협력 모델이 구축·운영되고 있고 여수와 해남, 구례에서 거버넌스의 새로운 시도가 진행되고 있습니다.

이제 마을의 교육적 기능은 통합적 지원시스템을 통해 더욱 확장되어야 합니다. 학교, 교육청, 지방자치단체, 지역사회와 유관기관이 모두 함께 돌봄과 방과후학교를 통합한 '통합 돌봄 체제'를 구축하는 것도 한 예가 될 것입니다. 이러한 통합 지원의 품속에서 아이들은 온종일 학교와 마을의 품에서 안전하게 성장할 수 있고, 학부모는 안심하고 생업에 종사할 수 있을 것입니다.

이를 위해서는 지방자치단체와 지역사회, 학교와 학부모 모두가 연대하고 협력해야 합니다. 학교는 새로운 교육적 요구에 적합한 교육내용과 방법을 혁신하고 마을 교육과정을 준비해야 합니다. 지역사회와 학부모는 학교와 협력하고 삶터인 가정과 마을에서 배움이 가능하도록 해야 합니다. 지방자치단체는 학생교육이 우리 지역의 미래요 희망임을 인식하고 교육청과 머리를 맞대야 합니다.

이처럼 모든 교육주체와 지역사회가 함께 아이들을 잘 키우는 것이 마을을 살리는 일이고 미래를 여는 일임을 공감하고 서로 협력할 때 진정한 교육 거버넌스의 장이 열릴 것입니다.

지역과 상생하는 전남교육

<u>폐교를 지역민의 품으로</u> 2021년 10월 29일 여수 옛 돌산중앙초등학교에서 공감쉼터 열림식이 열렸습니다. 운동장 가득 해바라기꽃이 피어 있고 나진초등학교 풍물패는 신나게 풍물을 울렸습니다. 둔전마을 이장님을 비롯한 주민들도 여럿 오셨습니다.

2020년 '폐교를 주민 품으로' 정책을 발표한 뒤 (구)돌산중앙초는 승남중외서분교장, 곡성 도상초, 영광 홍농남초 계마분교장과 함께 시범사업 대상으로 선정되어 사업을 추진한 결과 첫 결실을 보게 된 것입니다. 2007년 폐교된 돌산중앙초는 지금까지 방치되어 있다가 공감쉼터 조성 사업으로 주민 곁으로 돌아왔습니다. 이 공감쉼터는 '돌산365가든'이라는 이름이 말해주듯 지역민들이 언제든 찾아와 일상에 지친 몸과 마음을 치유하고 교류하는 힐링과 소통의 공간이 될 것입니다. 이 공감쉼터는 예술작품 전시관 및 기후변화협약당사국총회(COP) 탄소중립 체험장, 목공체험실, 로컬푸드 매장 등으로도 활용될 예정이라 합니다.

전남의 농산어촌 지역 교육기관 방문길에, 많은 폐교들이 흉물처럼 방치되어 있는 것을 보게 됩니다. 때문에 민원도 많다고 들었습니다. 기본적인 관리는 한다고 하지만 "왜 폐교를 이렇게 방치하는지, 활용방안은 없는지?" 하는 생각을 많이 했습니다.

국가의 교육예산이 태부족한 60년대 70년대, 지역민들이 나서서 아이들의 미래와 희망을 위하여 땅을 기부하고 성금을 모으고 노동력을 제공하여 학교를 세웠습니다. 학교는 마을공동체의 중심으로 지역민에게 꿈과 희망의 공간이자 추억의 장소였습니다. 하지만 학생 수가 급격하게 줄어 급기야 학교가 폐교되고 매각 대금마저 관련 법률에 따라 도교육청에 귀속되면서 지역민의 상실감은 물론 공동체의 붕괴, 지역사회의 침체까지 우려되는 상황을 맞고 있습니다.

그동안 폐교 정책은 폐교가 발생하면 매각하거나 임대하여 그 수를 줄이는 데 초점을 맞춰 추진해 왔습니다. 하지만, 이러한 정책은 지역의 구심점, 문화의 중심지, 마을공동체의 터전이 사라지는 결과를 초래하였습니다. 일부 시설이 매각 당시 약정한 용도로 사용되지 않거나, 장기간 사업을 추진하지 않아 방치되었기 때문입니다.

'매각 또는 대부' 위주의 폐교 정책을 이제는 전면적으로 전환할 때가 되었습니다. 대안은 '폐교를 지역민들께 돌려드리는 것'이라 생각합니다. 폐교는 그 지역, 그 마을의 소중한 자산이기 때문입니다.

이런 취지에서 우리 교육청은 소중한 폐교 자산을 민간에게 매각 또는 임대하지 않기로 했습니다. 단, 지방자치단체가 주민들을 위한 쉼터, 문화예술 주민복지시설에 사용할 경우는 예외를 인정하기로 했습니다. 그리고 경관이 좋거나 교통이 편리한 곳은 지방자치단체의 대응투자를 유치하여 주민들을 위한 쉼터, 학생 체험공간, 체육활동, 주민복지시설, 문화예술공간으로 활용하기로 하였습니다.

구 거문초 등 3개의 폐교는 머지않아 116년 거문도 교육 역사를 한 눈에 살펴볼 수 있는 역사관과 주민 문화 복합시설로 새롭게 탄생할 것입니다. 그리하여 폐교가 지역사회의 새로운 배움과 삶의 중심공간으로 되살아나도록 할 것입니다.

지역경제 활성화, 우리도 함께해요 학교와 교육청은 지역사회와 함께해야 합니다. 긴밀히 소통하고 협력하고 상호지원해야 합니다. 76%의 학교가 농산어촌에 소재한 전남의 경우에는 더더욱 그렇습니다. 학교는 지역사회의 요구와 현안문제에 깊은 관심을 갖고 함께해야 합니다. 지역의 사회·경제적 문제도 예외가 될 수 없습니다. 폐교 문제와 함께 '지역사회와 함께'하는 차원에서 우리 교육청이 관심을 갖고 적극 추진한 것이 '지역경제 활성화'에 동참하는 것이었습니다.

최근 거대 유통자본이 골목상권을 잠식하면서 소상공인들의 설 자리가 갈수록 좁아지고 있습니다. 더욱이 2년 넘게 이어지는 코로나19 감염병으로 모두가 감내하기 힘든, 끝이 보이지 않는 고통의 터널을 지나고 있습니다.

모두가 힘들지만 고통의 무게는 다 같지 않고 그중에서도 중소상공인과 자영업자, 소규모 농어업인들의 어려움이 특히 큽니다. 감염병 예방을 위한 조치인 모임 금지, 영업 제한 등에 따른 피해가 이들에게 집중되고 있기 때문입니다.

이에 우리 도교육청에서는 코로나19 감염병 장기화에 따른 경기침체로 경영 위기를 겪고 있는 전남지역 소상공인 지원 및 경기 활성화를 위한 행·재정적인 지원 대책을 마련하여 실행하기로 했습니다. '지역경제가 살아야 학교도 상생 발전할 수 있다'는 인식 아래, 전 기관과 교직원이 지역경제 활성화에 적극 동참하고 실천에 옮겼습니다.

2021년 3월, '전남업체와 교육기관과의 상생발전을 위한 지역경제 활성화 방안'을 마련하고 시행했습니다. 그 핵심은 전남상생카드 도입과 우리 지역업체의 물품·용역 우선 구매·계약이었습니다.

또한, 지역업체와 소상공인들에게 도움을 주고자 광주은행 및 NH농협은행과 업무제휴를 통해 전국 최초로 전남에서만 사용 가능한 '전남교육 지역상생카드'를 개발·보급하였습니다.

아울러, 전남업체 계약을 적극 유도하기 위해 타 지역업체와 100만원 이상 물품 수의계약 시 지출결의서에 사유를 기재하거나, 지역 제한 입찰 시 지역 제한을 적극 적용하도록 하였습니다.

그리고, 각급학교에서 사용 중인 학교장터(s2b) 시스템에 '전남업체 코너'를 별도로 마련하였고, 전남에 없는 타 시·도 제품을 전남업체가 납품할 수 있도록 개선하는 등, 각급 학교에서 전남업체 계약을 적극 활성화하도록 하였습니다.

2021년 4월에는 중소기업중앙회 광주전남지역본부, 전라남도소상공인연합회와 업무협약을 맺고 교육 관련 기자재 구매 시 전남업체 제품을 우선 구매하기로 하였습니다. 이와 함께 각 지역 소상공인과 중소기업 대표 등으로 구성된 지역경제 활성화 자문단을 운영하여 현장의 애로사항과 의견을 가감 없이 듣고 어려움도 같이 했습니다.

지역 대학과의 협력 급격한 학령인구 감소로 우리 교육청 초·중·고등학교의 설 자리가 크게 위협받고 있습니다. 이에 더해 지역 대학의 어려움도 가중되고 있습니다. 2021년 전국의 고3 재학생은 지난해보다 다소 늘어난 44만 6천여 명이지만 여전히 대학 정원에 비해 부족합니다.

이런 현실은 광주·전남을 비롯한 지역 대학들에 더 혹독한 시련을 주고 있습니다. 올해 우리 지역 대학의 신입생 충원율은 87.1%로 전년(2020년) 93%에 비해 6.3%p가 하락하였습니다. 앞으로의 입시에서도 이를 만회하기가 쉽지 않은 게 숨길 수 없는 현실입니다. 우리 지역 대학이 경쟁력을 가지고 생존하기 위한 전략적 협력이 필요한 시점입니다.

최근 광주·전남 지역 여러 대학에서 의학계열을 비롯한 선호 학과의 지역인재전형 선발 비율을 높이기로 했습니다. 지역 학생들을 인재로 육성하고자 하는 대학의 의지를 보여준 것으로, 적극 환영합니다. 교육부에서 사회통합전형 10% 의무모집을 발표하면서 지방대학에는 5%를 지역인재로 갈음할 수 있도록 예외를 두었습니다. 향후 지역 대학과 협의를 통해 상생방안을 모색할 생각입니다.

우리 교육청은 지역 대학의 인적·물적 자원을 활용한 다양한 교육적 협력을 통해 교육의 질 향상에 도움을 받아 오고 있습니다. 미래교육센터를 통해 초·중학교 학생들과 대학생을 연계하여 멘토링제, 온라인 튜터제를 운영하여 기초·기본학력을 지원받고 있습니다.

교육대학생, 사범대학생들의 입장에서도 안전하고 질 높은 교육실습이나 교육봉사를 통해 보람을 느끼고 진로 적성을 강화한다는 측면에서 상생하는 의미가 있습니다.

미래사회는 개별 학생 맞춤형 교육이 이루어져야 하기 때문에 중학교 자유학기제, 고교학점제에 대비하여 학생들의 선택권 확대를 위해서도 대학의 학과들과 연계가 더욱 활발해져야 합니다. 그리고 장애학생이나 직업계고 학생의 진로와 취업을 위해서도 대학과 연계가 확대되어야 할 것입니다.

최근 메타버스(Meta-verse)가 신개념으로 등장한 것에 발맞추어, 지역 대학의 한 연구소를 통해 저를 비롯한 직원들이 연수를 받은 후, 도내 고등학생의 학과 탐색이나 진학지도 등에 활용하는 방안을 추진하고 있습니다. 대학 역시 학과 홍보나 신입생 유치를 위한 설명의 기회가 되었을 것입니다.

교육부에서 교원양성체제 개편안이 마련되었습니다. 이에 대비해 앞으로 교육청에 교육실습 담당자를 두어 대학생들의 교육실습을 지원하고 대학원은 현장교사의 부전공, 복수전공, 1급 정교사 자격연수기관으로 기능하는 등, 교육청과 대학 간에 긴밀한 상호협력이 전개될 것입니다.

우리 교육청은 전남대, 광주교대, 순천대, 목포대 등 지역 국립대학에 협력관을 파견해 유치원 및 초·중등학교-대학 연계 프로그램 운영, 교원 자격 연수 및 교원 대상 직무 관련 연수 프로그램을 공유하고 공동연구를 하는 등, 상호 협력사업을 펼쳐왔습니다.

특히 전남대와는 지방자치단체-대학 협력 기반 지역혁신사업 관련, 고교-대학 교류 및 교육 프로그램 연계를 위한 협력이 한창 진행 중입니다.

각 시·군 교육지원청과 초·중학교들은 겨울방학 동안 전남대와 광주교대 등과 연계한 대학생 멘토링을 통해 교육회복을 위한 기초학력 향상 프로그램을 운영하고 있습니다.

앞으로 일부 대학에 파견되어 있는 협력관의 위상을 격상시켜, 보다 실효성 있는 협력을 이끌도록 지원할 방침입니다.

교육과 행정이 만나면 저는 도청과 지역인재 육성을 위해 주기적으로 교육 행정협의회를 엽니다. 상호 협력할 안건을 발굴하여 실천함으로써 전남 학생들의 교육력 향상과 도민들의 만족을 이끌어내야 하기 때문입니다.

2021년 신학기 개학을 앞두고 전라남도와 전라남도교육청은 '코로나19 총력대응 및 미래인재 육성을 위한 협력 비전'을 공동발표하고 적극적인 협력을 약속하기도 했습니다.

이 발표를 앞두고 저와 김영록 전라남도지사님은 신학기 등교를 앞두고 코로나19 위기로부터 도민과 학생이 안심할 수 있는 교육환경을 만들기 위한 두 기관의 협력방안에 대해 고민을 나누었습니다.

이날 전라남도는 '함께 꿈꾸고 더불어 성장하는 인재육성'이라는 비전 아래 총 97개 교육지원 사업에 4,250억 원의 예산을 지원하기로 약속했습니다. 또한 '새천년 인재육성 프로젝트'로 선발된 '으뜸 인재'들에게 최장 10년 동안 매년 최대 500만 원의 재능계발비를 지원하는 등, 전남 아이들의 미래에 대한 투자를 아끼지 않겠다고 밝혔습니다.

지역에 경청올레를 가면 학부모님과 지역민들이 교육청이 할 일, 시·군이 할 일을 구분하지 않고 제안해 주십니다. 그만큼 협력이 필요한 사업이 많다는 뜻이지요. 그중 자주 나오는 제안이 방과 후 청소년들이 여가와 문화를 향유할 공간을 구축해 달라는 것입니다.

도청과 시·군 지방자치단체가 이를 수용하여 방과후 아카데미, 꿈사다리공부방을 통해 다양한 프로그램을 운영하고 있습니다. 방과후 돌봄과 전남연기캠프, 꿈다락 토요문화학교, 나주 소프트웨어 미래채움센터, 가상현실 스포츠실, 학교숲, 문화의 집, 수련관, 꿈꾸는 마루 등이 그것입니다.

최근 우리 청에서 주력하고 있는 지역과 학교의 상생 프로그램인 전남농산어촌유학 프로그램이야말로 지역의 협력 없이는 어렵습니다. 다행히 도청과 시·군에서 뜻에 공감하고 활성화를 위해 적극적으로 협력에 나서고 있습니다.

향후 시·군에 돌봄과 방과후학교 통합체제 구축를 제안해 봅니다. "한 아이를 키우기 위해서는 온 마을이 나서야 한다."는 아프리카 속담처럼, 온종일 학부모가 안심하고 자녀를 양육하기 위해서는 학교와 지역사회가 역할 분담을 하여 협력해야 합니다.

또 지역에는 시·군과 교육청의 도서관이 혼재해 있고 청소년, 다문화가정, 위기학생, 학부모 관련하여 유관기관들의 업무중복이 많습니다. 교육청과 지방자치단체가 유기적 협력을 통해 예산이나 자원을 효율적으로 사용함으로써 도민에게 더 양질의 혜택이 갈 수 있으리라 생각합니다.

교육자치의 든든한 파트너 지방의회　지방의회는 지방자치와 풀뿌리민주주의의 꽃입니다. 주민들이 뽑은 의원들이 도정(道政)과 교육행정을 주민의 의사에 따라 견인하여 지방자치를 구현하기 때문입니다.

그동안 전남에서는 학교 통폐합 위기나 지방교육재정 감축 등 교육 현안이 있을 때마다 도의회와 함께 해결방안을 모색하였습니다. 특히 도의회 교육위원회는 전남교육정책 발전을 위한 냉철한 조언을 아끼지 않고 때로는 입법활동을 통해 정책을 뒷받침하는 등, 큰 힘이 되었습니다.

지난해 5월, 전남도의회는 목포 지역 고등학생을 대상으로 '학생이 교육위원 되다'라는 주제의 토론회를 개최해 눈길을 끌었습니다. 전남도의회 '찾아가는 전남교육 정책연구회'가 고등학생들의 최대 관심사인 대입경쟁력 강화 방안과 특성화고 취업대책 마련을 위해 학생들의 눈높이에 맞는 논의 자리를 마련한 것입니다.

또 11월에는 도의회 교육위원회를 중심으로 전남 학생들에게 최적화된 개별 맞춤형 수업 여건 마련을 위해 초·중·고 학급당 학생 수를 20명 이하로, 유치원은 14명 이하로 운영해 줄 것을 정부와 국회에 건의하는 등, 중앙정치권에 대해서도 적극적인 활동을 하고 있습니다.

앞으로도 가속화될 전남교육 위기 상황 등을 고려할 때 도의회와 협력은 필수라고 생각합니다.

도민이 참여하는 교육참여위원회

취임 초 했던 일들 중 무엇보다도 보람 있게 생각하는 것은 민·관·학이 함께 만들어낸 지역교육 생태계 구축입니다. 그중에서도 도민들의 교육정책 참여 기회를 확대하기 위해 22개 시·군과 전라남도에 교육참여위원회를 설치한 것은 대표적인 예입니다.

교육참여위원회는 2019년 5월 전라남도와 22개 시·군에서 일제히 출범했습니다. 이는 지방자치단체, 교육청, 교육시민단체 등이 참여하여 지역 실정에 맞는 교육방향을 제시하는 민·관·학 교육거버넌스 모델입니다.

촛불혁명에서 분출된 직접민주주의 실현 요구, 전남교육에 직접 참여를 통한 변화의 요구를 반영하고 구현하기 위한 틀을 처음으로 갖췄다는 점에서 의미 있는 일이었습니다.

지금까지 학교와 교육청이 독점하던 교육에 관한 권한을 나눠 지역사회, 지역주민, 학부모의 참여를 보장하고 협력하는 협치체제로 전환했습니다. 처음 가는 길이다 보니 우려와 반대를 불식시키기 위한 이해를 구하는 과정을 겪어야 했고, 위원들의 참여역량을 기르는 데 긴 시간이 걸렸습니다.

그렇지만 교육참여위원회가 구성되고 출범하는 과정에서 예상을 뛰어넘는 관심과 참여 열기를 보고 깜짝 놀랐습니다. 지역사회의 신망을 받고 계시는 많은 분이 참여를 희망했고 그중 683명이 참여위원으로 위촉되었습니다. 그만큼 교육참여위원회의 출범은 시대의 간절한 요구였다는 증거였습니다.

교육청과 교육참여위원회는 상하관계가 아닙니다. 상호 독립성을 유지하면서 공동 목적을 위해 함께하는 동반자입니다. 저는 교육감 권한의 일부를 내려놓고 공유하고자 했습니다.

전라남도교육참여위원회는 협치 차원에서 지금까지 어떤 거버넌스 협치기구보다 발전된 모습을 갖고 있다고 자부합니다. 민·관·학이 함께 모여 개방과 공유와 소통과 협력을 통해 전남교육의 비전을 공유하고 발전을 모색해 가고 있습니다.

민간의 새로운 관점, 문제의식과 창의가 중요합니다. 아이들을 중심에 놓고 지역교육 발전 차원에서 다양하고 생산적인 제안이 쏟아져 나와 교육참여위원회 활동내용을 풍성하게 했습니다. 도 교육참여위원회에서는 여학생 위생용품 지원을 제안하고 도교육청은 이를 받아들여 예산을 반영했습니다. 또 도참여위원회가 아이들의 건강을 위해 초·중·고등학교에 대해 월 1회씩 전문청소업체에 의뢰해서 학교 구석구석을 청소하자고 제안한 것도 받아들여 관련 예산을 반영했습니다. 순천 참여위원회는 초등학교 6학년생의 중학교 배정방식을 지금까지의 근거리 배정에서 희망지 배정으로 전환하여 중학교 배정방식을 공정하고 합리적으로 만드는 데 순천교육지원청과 함께 큰 역할을 하였습니다.

제11회 도 교육참여위원회가 열렸는데, 교육회복을 위해 초등학교 1학년 학급당 학생 수 20명 상한제 전면 실시를 제안하였습니다. 또한 학생자치 활성화를 위해 학생회나 학교협동조합이 매점을 운영할 수 있게 하는 방안도 제안하였습니다.

무엇보다도, 미래교육 대전환 시대에 교육참여위원회가 전남 미래교육을 적극 지원하고 학생교육회복을 위해 힘을 합치겠다고 결의하였습니다.

그 외에 많은 모범사례가 있습니다. 이것이 쌓이면 전남교육 발전의 큰 자산이 될 것입니다. 교육참여위원회의 발전상을 지켜보며 진정한 협치를 이뤄가는 모습에 기뻤습니다.

학교에는 학생회, 교직원회, 학부모회, 학교운영위원회가, 지역에는 청소년참여위원회, 학부모회연합회, 교육참여위원회, 행정협의회가, 도교육청에는 전남학생의회, 전남학부모회연합회, 전남교육참여위원회, 그리고 도민이 참여하는 각종 위원회가 협치기구로서 활발하게 기능하고 있습니다.

현장의 눈으로 참신한 정책 아이디어를 발굴하고 전남교육 정책이 현장에서 실현되는 것을 모니터링해 주며 응원하고 협력해 주어서 전남교육감으로서 든든하고 큰 힘이 되었습니다.

4년을 돌아보며, 전남교육은 교육가족 한명 한명의 참여로 완성되어가는 멋진 예술품 같다는 생각을 했습니다.

미래 대전환, 함께 가면 멀리 갑니다

"빨리 가려면 혼자 가고 멀리 가려면 함께 가라."는 말이 있습니다. 남아프리카공화국 최초의 흑인 대통령이자 흑인인권운동가인 넬슨 만델라가 종종 인용했던 아프리카 코사(Xhosa)족의 속담입니다. 수단 난민의 슬픔과 기쁨을 소재로 한 영화 〈뷰티플 라이〉에 등장하는 마지막 대사이기도 해서 더욱 감동이 느껴지는 말이기도 합니다.

우리는 혼자 서 있는 외나무보다는 함께 서는 푸른 숲이 되어야 오래갈 수 있습니다. 우리가 가고자 하는 목적지는 혼자 주인이 되는 세상이 아니라 모두가 주인이 되고 모두가 빛나는 세상입니다. 빨리 가서 쉴 수 있는 경유지가 아닙니다.

아직 닿지 않은 길을 준비하는 게 교육입니다. 이 땅에 길은 본래부터 없었습니다. 처음부터 사람들에게 주어진 길은 없는 법입니다. 사람들이 필요해서 걷다 보면 길이 열립니다. 한 사람 한 사람의 발자국들이 모여 길을 만듭니다. 그 발자국은 시대가 가리키는 방향을 따라 좇아갑니다. 발자국과 발자국이 모이는 곳이 바로 길이요, 시대정신입니다.

우리는 이제 혁신을 통해 낡은 길을 폐기하고 새로운 길을 여는 미래 교육 대전환의 길목에 서 있습니다. 변방에서 시작된 전남교육의 새 길이 어디로 향할지 방향은 분명합니다.

무너진 학교의 일상을 회복해 교육력을 키우는 것을 시작으로 아이들에게 삶의 푯대를 세우는 진로·진학교육을 강화하는 일, 탄탄한 교육안전과 복지망을 구축해 모든 학생을 안전하고 따뜻하게 품어내는 일, 미래교육의 기반을 튼튼히 쌓는 일, 그리고 지역과 함께 소중한 자치와 협치의 꽃을 피우는 일, 이 모두가 우리의 갈 길입니다.

때로는 험준한 산을 넘고 거친 바다를 건너야 할 여정이 우리를 기다리고 있을 것입니다. 학부모님과 도민 여러분께서 길동무가 되어 주시면 더 멀리 갈 수 있을 것입니다. 전라남도와 도의회의 탄탄한 협력과 지지는 아이들의 희망을 살려내고 전남의 학교들이 춤추게 할 것입니다.

그리하여 마침내 모두가 빛나는 지속가능한 전남교육의 미래에 도달할 것임을 믿습니다.

"폐교를 주민 품으로 돌려드립니다."

(2021. 5. 26. 폐교정책 브리핑)

스스로 꽃길이 되어, 다시 처음처럼

"백 리를 가야 하는 사람은 구십 리에 이르고서도
이제 겨우 반으로 여긴다."

『전국책(戰國策)』「진책상(秦策上)」편)

이제 겨우 시작입니다

지금까지 변방에서 시작된 우리 교육의 길과 희망의 여정을 소개해 드렸습니다. 긴 호흡으로 함께해주신 여러분께 진심으로 감사드립니다.

박노해 시인은 "희망찬 사람은 / 그 자신이 희망이다// 길 찾는 사람 은 그 자신이 새 길이다"라고 노래했습니다.

4년을 그렇게 걸어왔습니다. '한 아이도 포기하지 않는 교육'이 희망 이라 믿고 '모두가 소중한 혁신전남교육'이 새 길이라 여기며 뚜벅뚜벅 걸 어왔습니다.

다시 돌이켜보아도 쉽지 않은 여정이었습니다. 무지개를 찾아 나선 소년의 마음으로 '학교를 학교답게, 교육을 교육답게' 만들기 위해 앞만 보고 걸어왔지만 어려움도 많았습니다. 좀 더 깊은 성찰과 긴 호흡으로, 때로는 단호하게 산적한 문제의 실마리를 한 결씩 풀어냈습니다.

혁신의 그 길에서 우리는 선제적인 교육복지의 확대, 교실수업 혁신과 맞춤형 진로·진학지도 강화, 미래교육을 위한 기반 조성, 민주적 조직 문화 형성, 민·관·학 거버넌스 토대 구축 등 다양한 색깔의 무지개를 찾았습니다.

이제 겨우 시작에 불과합니다. 중국 역사책인『전국책(戰國策)』「진책상(秦策上)」편에는 "행백리자반구십리(行百里者, 半九十里)"라는 말이 나옵니다. "백 리를 가야 하는 사람은 구십 리에 이르고서도 이제 겨우 반으로 여긴다"는 뜻입니다. 지금까지 이룩해 온 성취들에 만족하지 않고 마칠 때까지 긴장을 늦추지 말고 최선을 다하라는 경구로 저에게는 다가왔습니다.

모두가 함께 발견한 무지개를 현장에 드러내기 전까지는 아이들과의 수업은 아직 끝나지 않았습니다. 현장에서 여러분과 함께 배워가면서 추상이 아닌 구체적인 실천성을 담보해야 함을 잘 새기고 있습니다.

'능히 끝을 얻는 사람' 되어

사람들은 처음에는 누구나 그럴 듯이 시작하지만, 끝까지 노력해 끝을 맺는 사람은 드물 것입니다. '최신의 끝이 참된 시작'임을 저는 믿습니다. 끝이 없으면 시작도 없는 거나 마찬가지입니다. 치열하게 최선을 다하는 삶은 항상 새로운 시작을 만들며, 최선의 끝으로 이어지기 때문입니다.

『시경(詩經)』에는 '미불유초 선극유종(靡不有初 鮮克有終)'이라는 말이 나옵니다. "처음을 갖지 않은 사람은 없으나 능히 끝을 얻는 사람이 적다."는 뜻입니다. 소름이 돋는 훌륭한 경구입니다.

유종의 미를 헌신짝처럼 취급하는 사람들에게는 늘 '시작'의 다짐만 중요할 것입니다. 화려한 다짐의 수사(修辭)만 있고 끝을 얻도록 치열하게 노력하지 않는다면 이는 시작하지 아니함만 못할 것입니다. 따라서 '끝을 얻는 사람'이 되도록 매일 매일 시작의 다짐을 새겨야 할 것입니다.

서두에서 말씀드렸듯이 전남은 비록 변방에 속하지만, 끝이 아니라 길이 시작되는 곳입니다. 굳건한 성채를 쌓았던 중심부와 달리 사방으로 통하는 길을 만들어 왔습니다.

성채의 중심부에 고여 있는 물은 언젠가 썩을 뿐만 아니라, 대해로 흐르는 강물과 만나지 못합니다. 하지만 수성(守城)할 이유가 없는 우리에게는 이미 대안적이며 창조적인 삶의 에너지가 충만합니다.

전남이 지향하는 지점은 기존 중심부를 닮아가는 것이 아닙니다. 오히려 우리를 새로운 중심부로 만드는 것이 중요할 것입니다. 이는 지방자치와 분권의 시대가 요구하는 시대적 과업이기도 합니다.

미래의 플랫폼으로서 전남은 정치와 교육, 경제 모든 분야에서 서울 버금가는 새로운 중심의 역할을 도맡아야 합니다. '크거나 많고 빠르고 집중되고 강하고 앞서가는 것'이 좋음이 되었던 기존 패러다임과 달리 '작고 더디 가고 분산되고 약하고 함께 가는 것'이 새로운 삶과 교육의 모델이 되는 대안적 미래의 중심이 되어야 합니다.

변화의 물꼬가 시작된 바로 그 지점에서 이미 우리는 미래의 큰 강물과 마주하고 있는 것입니다. '대한민국 교육 1번지 전남'이라는 큰 강물은 이미 우리의 발끝에서 흐르기 시작했습니다. 모두가 함께 이룩한 전남교육의 도도한 물결은 혁신을 넘어 미래로 향하고 있는 것입니다.

대장정의 길, 스스로 꽃길이 되어

미래 대전환을 향한 대장정의 물결은 시작되었습니다. 하지만 한 치 앞을 볼 수 없는 어둠도 계속되고 있습니다. 우리가 등불을 들지 않는 한 우리에게 길은 저절로 열리지 않을 수도 있습니다.

길 없는 어둠을 헤쳐나갈 수 있는 유일한 등불은 간절함으로 일구어 낸 우리의 희망일 것입니다. 거친 바람이 불수록 연은 더 높게 날 수 있고 동틀 무렵이 가장 어두운 법입니다. 어두운 지금이 가장 이른 새벽입니다. 겨울이 봄을 품고 있듯이 차가운 어둠은 따뜻한 빛을 품고 있습니다.

지금까지 아무도 가보지 못한 길을 우리가 걸으며 만들었듯이 "교육에서 미래를 만들어야 한다."는 우리의 믿음은 전남교육의 큰 길을 열어 갈 것입니다. 길은 내 안에도 있고 옆 사람에게도 있습니다. 지리산에서도 열리고, 섬진강에서도 열리고, 가거도에서도 길은 열릴 것입니다.

불길도 헤치고 물결도 헤엄치고 가시밭길 돌무덤과 바위산을 뚫는 교육노동의 생채기를 보듬고 스스로 꽃길이 되어 주는 사람이야말로 '우리 교육의 봄'을 여는 사람임을 믿습니다. 한 사람 한 사람 나부터 길이 되고 희망이 되면 좋겠습니다.

여러분과 함께 앞물결 뒷물결이 되어 큰 강물을 이루며, 드넓은 미래의 바다로 가겠습니다. 처음처럼 다시 새날을 꿈꾸며 오늘도 뚜벅뚜벅 현장 속으로 발길을 내딛습니다.

참된 삶과 교육에 관한
생각 줄기